ヤマケイ文庫 クラシックス

新編 上田哲農の山

Ueda Tetsuno
上田哲農

Yamakei Library
Classics

著者

新編　上田哲農の山　目次

エッセイ 9

紀行　249

詩と散文 391

論叢

解説・追悼

カバーデザイン＝米山芳樹
本文レイアウト＝エルグ
編集＝安川茂雄・萩原浩司・山本修二

エッセイ

ある登攀

それはまさに「死」の重圧から、危うくすりぬけた思いだった。

思い出しただけでも、背筋の寒くなるような、あの日の経験——それを今くりかえしている者がいる。

四月——ぼくらは白馬岳の頂上で、いわゆる越中あげの烈風に抗しながら、信州側の削ぎ落したような氷崖を覗きこんでいた。そこは頂上から一気に千メートルの奈落の底へ逆落しにかかった、メイン・リッジと呼ばれる、しかし、稜《リッジ》というよりむしろ、壁ともいうべき氷の斜面である。

こいつはもっとのびやかに育つべき運命を自然の酷烈な取扱いによって、千メートルの垂直距離の間に、その長大な肉体を無理やりに押しこめられ、歪められ、右、あるいは左にたたまれて、憤怒の極点に達したという不敵な面魂をもっている。そ

のくの字に折り曲げた姿勢と、八の字を寄せた額――。ぼくらの眺めているのは、頂上から百メートル余り下の、このメイン・リッジの首筋にあたるところにとまっている、そう、とまっている二つの人影だった。いや、その二人の運命をだった。
悪戦苦闘の後、かつてぼくらが辛うじて克服し得たルート――そのルートで、今かれらは闘っている。登攀という意欲よりも、ただ生を求めんとするために強いられた苦闘、その二人の立場を知ることのできるぼくは、息をのんでそれを注視していたのだ。

かれらは、やっと雪崩の頻発するリンネを避けて、雪庇の中央へ続く黒い岩の肋稜の一つに達したところだ。しかし、二人はそれっきり動こうとはしない。休憩ではない。動こうにも動けないのだ。——ぼくにはそれがよくわかる。あの時のぼくも、やはりあそこでは動けなかったのだ。

このメイン・リッジは上部と下部とに幾つものバットレスを重ね、中央部は雪庇の悪戯から、複雑な、鋭いナイフ・リッジになっていて、そこから頂上までが、このルートで最も悪いところなのだ。二人のいるのは、嶮しいバットレスに遮断された取付点で、辛うじて人間二人を立たせ得る唯一の憩い場、ノミで穿ったような氷雪の歯が乱立しているところだ。

かれらにとっては未知のルートである巨大な障害について、ぼくの古い山日記にはこう記してある。

白馬主稜登攀記の一節

再び傾斜加わり、間断なきステップ・カッチング。くだけ散る氷屑、五彩の色硝子の如し。上より数えて第二のバットレス下に到着。頂上早や指呼の内にあり。傾斜、いよいよ度を加え、辛うじて立ち得るのみ。この時、Kのサック破損、修理もとより不

能なり。やむなく、負紐を口に咥えて登攀続行。二ピッチにして、小さき肋稜の一端に達す。ようやく片足を容るるに足る瘤あり。ここにて応急処置をなす。これより肋稜の上方はさらに傾斜を加え、登路を予見し能わざるのみか、稜線を覆う塔状の氷塊はオーバー・ハングを成して頭上にあり、取りつく術なし。よって、ルートを白馬沢寄りの雪壁――春の太陽に腐りたるザラメ状の氷粒斜面にとる。直登の他になんら手《て》段《だて》なき該斜面に平常のステップを刻まんか。われらが重量に耐え得ずして崩壊するは必定なり。左記方法によりクライミング開始。これは結果的に、極めて有効なりき。まず、両足収容の大ステップを作製。手袋にて叩き固む。第二に一メートル程上に離れて同様のもの作製。第三に上下両ステップの中間、右側方に外れて片足爪先のみの普通の

ものを作製す。これを中継とし、能う限り衝動を与えざるよう注意しつつ、上方大ステップに至る。これを反復すること三、四十回。ピッケルは中間足場付近に深く突き差し上方への手懸りとなすも、次のステップに至り、これをひきぬかんか、危険はまたしてもこの時に在り。如何となれば平衡その度に失い、毎回、慄然たればなり。一人に些細の過失あらんか。確保もとより能わず。一行の致命を招かんは言を俟たず。この労苦、この労力、また筆舌に尽し難し。

雪壁、やがて終らんとするに至りシュルンド二つあり。一条は容易に乗越し得たるも、第二のものを眺め、愕然たり。幅僅かに一メートルに足らずといえども、付近の傾斜すでに六十度乃至七十度を越え、登攀者にありては垂直以上のものに感ず。したがってシュルンドの切断面は水平に近く、絶好の足掛りを提供せるも、上部雪壁に対しては完全なる懸崖をなす。これ下方よりは全く望見し能わざりし予想外の障害にして、後退はもちろん、横断すら不可能なりき。

この苦境を如何にして脱せんか。一行の困厄面《おもて》に表われたり。

しかるに、天祐なりき。

シュルンドの中間に、ただ一つ五十立方糎ほどのスノー・ブロック、置き忘れられたる如くにあり。これぞ、正《まさ》しく、「生」の世界に通ずる唯一の幸福の橋にてありき。雫は滴り、触らば崩れんばかりに腐りたるブロックなれど、意を決して利用せざるべからず。眼をとじ、腹を据え、ブロックを踏みて上方に移動を試む。微妙なるバラン

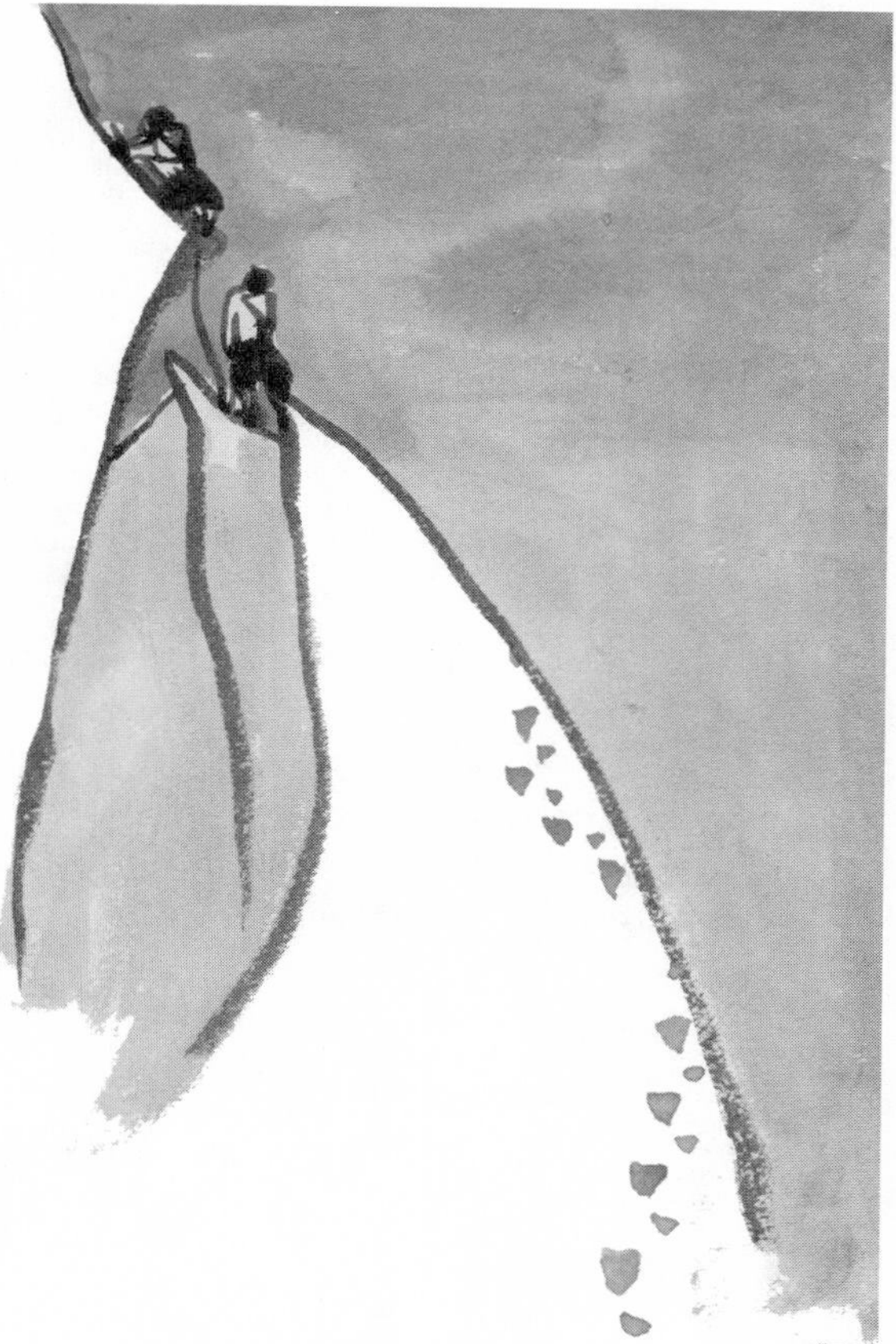

ある登攀

ス。激動による崩壊を懼れステップ・カッチングには一切ピッケルを使用することなし。掻くが如く撫でるが如く、指先にて作製す。上半身を極度に谷側に傾けたれば、目前、上部雪面の末端――ただ一筋の白き線、右から左へ目に映るのみ。全身に無限の空間を感じ、一瞬のうちに永遠を覚えたり。徐々に、しかしてすみやかに――体重を懸け――ああ、無事に通過。

ザラメ雪のスノー・ブロック、如何なればわれら三名の重量に耐え得しか、崩壊せざりしか、理論の外の偶然の僥倖ともいいつべし。

さらに、一ピッチを加えて上部第一バットレスの登攀を完了、テラスに達す――。

ちょうど、二人はこれからこの悪場に立ちむかおうとしている。

昨晩、この二人とぼくたち三人はともに猿倉の小屋で一夜を明かした。薄明《はくめい》の中でたがいに別れた一刻はまことに緊張した一瞬だった。

「行ってきます」

「お大事に――」

しかも言葉はそれだけで別れてしまった。

いま、頂上から二人の位置を発見し、すでに下半分を完了してこんなにも登ってきている幸運を喜び、反面かれらの前途に深い懸念を感じていた。

うまく、いってくれればいいが――。

あの意地悪いシュルンドも、今年はできていなければいいが――。きっと、あの悪場では登る年々によって常に状況は一定していないに違いないのだから。

一見まるい窪みで、そのくせ嶮しく、加えて冷酷なあの壁が、ぼくを唆《そその》かした時のように、また、あの二人を唆かさなければいいが――だって、二人の気持はギリギリの極点にまで高まっているに相違ないのだから。

アッ、動き出した。いよいよ登る気らしい。

――二人の姿はぐっとそこだけ濃い蔭をはらんだ例の雪壁の方へと隠れて行く。

案の定、誘惑されたのだ。

唆かされたのだ。

「あれから先はいったいどうなっているのだ？　まだ悪いのか？」

これは緊張の中から洩れた仲間のHの声である。

「あそこさえ登り切れば、ずっと楽になる。あとは頂上の雪庇を切ればいい」と、ぼく。

嘘をつけ！　それにしても、これはまたなんと冷淡な答えをしてしまったものだろう。そのうえ「さァ、行こう」とまでつけ加えてしまったのだ。

こんな返事をしてしまったのも、いつのまにか喋るのも厭な、なんとも説明のつかないうっとうしい気分にとらわれはじめていたからである。

しかし、実際は、頂上に達するまでには、もう一つ、困難な上部第二バットレスの登攀を続けねばならない。

再び記録
テラスを後に再び隔時登攀。T、K両名の確保下にN登る。相変らず、大ステップ、小ステップのコンバイン。雪質、俄然凍結。Nの刻む氷片、われらの上に霰と降りかかり、手袋を脱ぎたる素手は容赦なく破られ、きずつき流るる血、雪を染むるに至るも避く能わず。ひたすら全身の重みにて、雪面に寄りかかれるのみ。
ようやくにして、上部第二バットレスの雪庇状シュルンドに達す。Tの確保にて乗越作業。
該シュルンドは最前のものより、さらに嶮しきオーバー・ハングを呈す。一見して、

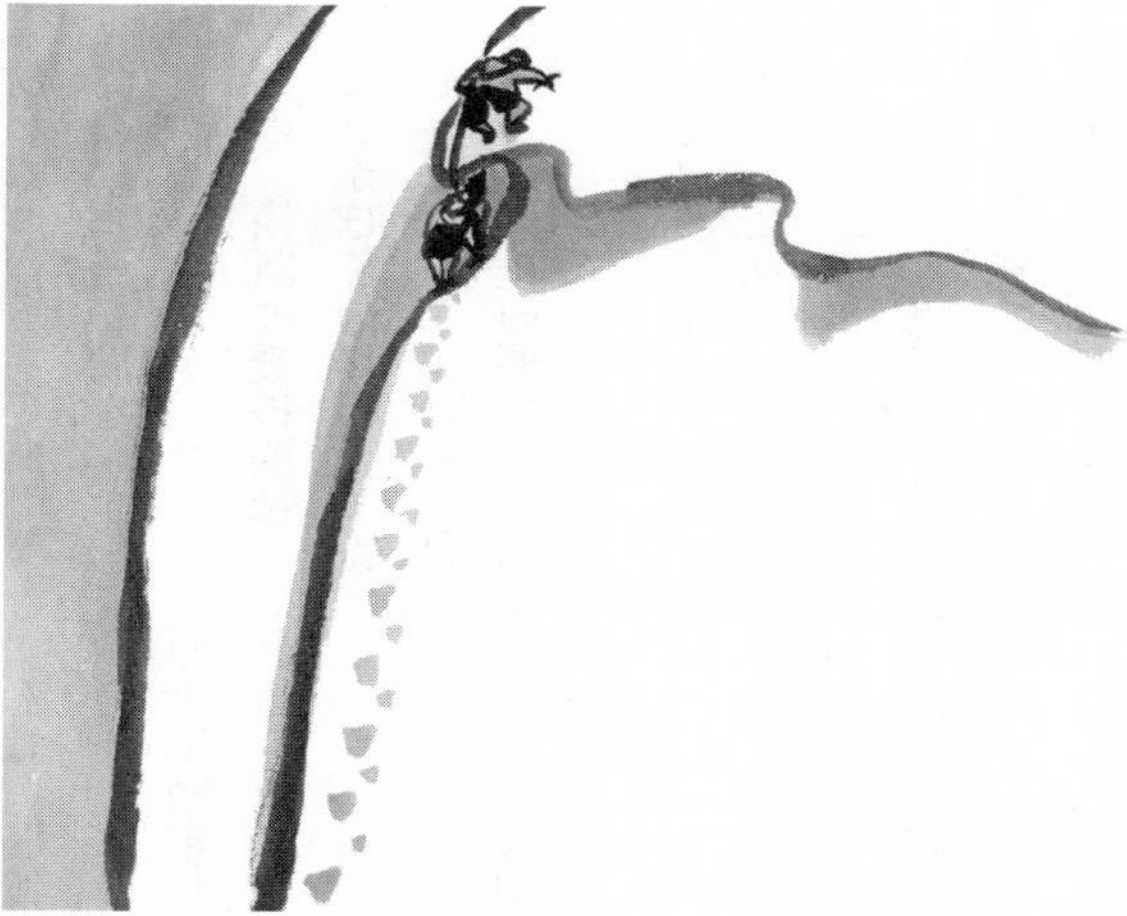

直登は到底不可能なるも、幸いにも、右方へ向ってトラバース可能。辛うじて——危険なるそれを完了す。シュルンド接合点に至り、オーバー・ハングを削り落さんとするも過度の力を加えんか、上部崩落必然なり。依然傾斜急。平衡困難。遂に、上部崩壊す。そのブロックは足下のリンネに小雪崩惹起——。

これである——。

今、思いだしても気味が悪い。

雪にめりこましてある身体が、——まず、右肩が空気に触れる——やがて、そこだけが行動を始めて、空間に乗り出す。——少しずつほんの少しずつ。――今が一番むずかしいところだ。

さらに――左肩を――

やっと、右肩が、新しい雪面の感触を知った――。

あの、横断の幾秒間は、忘れようたって忘れられやあしない。

これがぼくの場合だった。

しかもまだ二人の前には隠されているが、どうしてもかれらが乗り越えねばならないこの最後の悪場について、簡単な説明すらする気になれないというのは何故だろう?

生と死との間を、あるいは右へ、あるいは左へと傾きながら、登りつつある二人を眼の下に見て、そんな冒瀆ができるものではないとでもいうのか。

そうではない。そうではないのだ。

それは実に恐るべき不安だった。不安といっては十分ではない。むしろ、それは嫉妬に近い感情だった。

「日本へきたメフィストフェレスがいうのである。〝自分が初登攀に成功したというだけでは不十分だ。他人が失敗しなければいけない〟」というある書物の中にあったアフォリズムは、この場合の気持に近いものであったかも知れない。少なくともぼくにはこのメイン・リッジがかれらによって容易に完登されることを望まないという気持があり、またそういう自分のエゴイズムを不快に思うものがあり、それが二人の登攀を声援するというおおらかさを失わしめてしまったのだった。

「白馬の主稜なんかチョロイ」といわれるのが何より恐ろしかったのだ。そうだ、ぼくは、「どうだね、白馬の主稜はそう簡単にはいくまい」と誇りたかったのだ。

越中あげの強風に煽られながら、ぼくは唇をかみ、ゆううつだった。

（『日翳の山　ひなたの山』昭和三十三年八月・朋文堂刊）

守護符

ぼくは山の中で、変なところへ迷いこんで道がわからなくなったり、ひどくむずかしい岩場などにぶっつかると、ポンポンとお尻を叩く。人といっしょだとみっともないからこっそりやるけれども、単独行の時なら大っぴらに岩の上でお尻を叩く——。

いつごろからこんなことをするようになったのかはっきりしないが、今では癖になっていて、そういう場合に立ちいたると、チョイと、思わずやってしまうのだ。これというのもお尻のポケットに大切なお守袋が縫いつけてあるからである。母の言葉に従うと、これはぼくにとって絶対のお守り本尊だから、ありとあらゆる危難から救って下さる——夢々疑うことなかれ——ということになっている。お尻を叩くのはこの霊験あらたかな護符に「どうぞ無事に通れますように——」とお祈りをするわけである。これをやらない限りは岩登りの時や雪崩道のトラバースなど、どうも不安で腰が切れない。

ぼくの生れは中国の天津。ぼくが胎内に宿った時、父の友人が安産のお守りにと、はるばる日本から送ってくれた水天宮の護符がつまりこれなのである。

いいえ、水天宮のお札といってもただのお札じゃない。

戍の歳、戍の月、戍の日、戍の刻のお札である。くわしいことは知らないが、こんなふうに戍づくしの続く日と祭礼とが合致する時は六十年目に一度しかないとかで、この日は水天宮はもちろん、蠣殻町一帯は怪我人まで出るおびただしい人群で、父の知人もこの混雑の中で人波にもまれながら、死ぬような目にあった揚句、やっと手に入れてくれたのだそうである。

それからまもなくぼくが生れた。生れたには生れたが、気絶をしていたそうである。父が母の枕の下からお札を取りだして一心に念じながら、水を吹きかけたら、やっと呱々の声をあげたという念の入った始末、以後この護符は切っても切れぬ縁で、ぼくのお守りとなったのである。水神として崇める人の多い水天宮さまが、場違いの山登りを御守護下さるのも生れる前からのお守本尊であらせ給う深い因縁からである。

この世に生を亨けて四十六年、ぼくのありとあらゆる秘密を知る点では、父よりも母よりもまして友だちなどは問題にならない。病気をしたといっては枕の下、遠足だといっては腹巻につく、入学試験はもちろん、先生に叱られて廊下にまで立たせられたり——。

さて、中身の護符であるが、これは一度袋の縫い替えの時、母から拝ませられた記憶がある。十歳ぐらいの時だった。その頃すでに奉書の紙がいい加減古臭くなって、色も黄色く変り、折り目などは破れかかっていた。母は目の前で破れかかった折り目をていねいにのばし、再び新しく折りなおして支那緞子《どんす》の丈夫な布に総ぐるみ縫いこんでしまった。この緞子の布は、ぼくが赤ん坊の時着ていた初着であった。

やがて、ぼくは成長して山に浮身をやつす男になった。

支那緞子の袋は、常にズボンのポケットにあって、北岳の雪崩でもろとも跳ね飛ばされたし、穂高の岩崩れでは死ぬかと思ったし、一の倉の墜落でもいっしょに雪渓の上を転がり落ちたわけなのだ。

黒部の雨では立往生したし、十勝の吹雪では雪庇のかげで震えたし、思いかえせばきりがない。なにからなにまでいっしょなのだ。考えてみれば、これは山なんざあさだめしお嫌いであろう、水天宮さまにとっちゃ随分と御迷惑な話に違いないのだ。——その上、こちらの都合が悪くなるたびごとに、お尻の上から叩かれて虫のいい願掛けを聞かされたんじゃたまったものじゃあるまい。

　いくら頑丈な支那緞子でも四十六年の年月と、度重なる山の荒仕事で、近頃は袋も目にみえて傷んできた。先日も母から、

「一度ホゴして縫いなおそうか」

と、たずねられて、ぼくはハッとした。

　そうして、慌てて止めた。ホゴさないで、袋の上へさらに袋をかけてくれるようにと主張したのである。

　――そうじゃないだろうか。

　今から三十年前でさえ、あの通り傷んでいたものが、その後に始まったはげしい山生活の連続にあって、もと通り無事に鎮座ましますとは到底考えられないからだ。あるいはもう雨や雪に溶け、岩に擦られて形も何もなくなっているのかも知れないのである。

　それをうっかり開けてみようものなら、それこそお札の魂だけが、「ヤレヤレ」といわんばかりに、いきなりスーッと、白い烟《けむ》りになって逃げて行ってしまったらそれこそ大変である。烟りは出ないまでも、中身が影も形もないと判ったら、ぼくだってこれから山へいくのにどんなに心細いか知れないし、ぼくがこれを常住座臥身につけているという一事だけで無理に安心をして下山を待つ母にしても、たちまち縋るものを失ってしまうのだ。

開いてはいけない。

見てはならない。

母は面倒くさがりもせず、ズボンからズボンへと丹念に山へ行く度に袋をつけかえてくれているし、ぼくは、ぼくなりに相変らず岩の上でお尻を叩いて虫のいい願掛けをしているのである。

ぼくの護符はこれからも袋の上から袋をかぶせられて二度目のお札がいただけるという五十九歳の白髪の翁になるまで、決して開かれようとはしないであろう。

（『日翳の山　ひなたの山』）

地獄の門

今日は、一の倉スケッチ講習会の日である。柄にもなく、講師先生に祭りあげられたぼくは、この偉大な岩壁を前に、どんな方法で指導をしようというのか。草の葉一本すら満足に描けない未熟な腕で——おそろしいことだ。早くあやまった方が無難だろう。

けれど、あやまらなかった。画家としてではない。登山家的気風がそうさせなかったのだ。

なおも谷を溯って、一ノ沢の出合に、それぞれ絵具箱をあけさせたし——失敗したら、もちろん、責任はぼくにある——あまつさえそのぼくさえ、白い紙をキャンバスにピンと張った。純白のダビット・コックス紙は、雪の反射を吸いこんで、ヤケに光った。

ここを登ろうとしたこと、登ったこと、何度かある。ルンゼに、奥壁に。それは快適な登攀。あれは死にそこなった登攀。

しかし、絵具箱を開いたのは、今日が初めてなんだ。そのいずれの時でも、今ほどの困難さに逢着したことはない。てんからルートがわからない。どう筆をつけていいのか始末がつかないのだ。左手に持った煙草は短くなっても、右手にはさんだ木炭は一向に減ろうとはしないのである。

――やがて、「畜生」と叫びながら、威勢よく煙草を捨てると、猛然と画架の前に突立った。冒瀆の行をあえてしようとするのだ。

予感はあたった。やっぱり駄目だ。最初から、対象に呑まれきっていたぼくに、どうして力強い絵や、まともな作ができるはずがあろうか。

画面の一の倉は、つっつけばつっつくほど、薄よごれたイジケきったものになりゆくばかりである。

「糞ッ、どうともなりやがれ」

煙草をくわえなおすと、一番軟かいコンテを取りあげて、忿怒にまかせて、グイグイと太い線で上をコスリ廻した――。

と、オヤ、意外、これは効果的だった。少なくとも、前の説明に堕したものより、やや表現に近づいてきた。気持のイラつくのも、これで鎮まってくる。鼻うたはまだ出ないまでも、岩の思い出に浸る余裕も頭の隅っこに湧いてくる。一旦、この調子に入ると画はたいていまとまるものなんだ。永年の経験から割り出された勘である。

岩を攀じてゆく――行きづまる。それも二度や三度じゃない。時にはどうにもならない。退くも進むも不可能の時、おまけに、雨が降ってくる。バランスの失調。リズムの中断。

好ましくないことだが、そんな時だ。誰しも経験がありはしないだろうか。

バランスの失調をリズムに頼って強引に、ただ強引に押しきらざるを得なかった岩登りを。理論、定石の範囲をこえて死中に活を求めるより手段のなかった登攀を――。

今日のぼくは、それに似ている。

岩登りをする心、絵画する心、生やさしいものではない。そうして、どちらも同じものなのだ。

調子がととのってきた。烏帽子岩を描き始める。堅固な方形に組みたてられたピサの斜塔。いかめしい峭壁の物見櫓、大空にポツンと残された展望台、空間と壁と平面の、いずれからでも等距離に置かれた、その平坦な塔頂。

ぼくは、そこで真夏の日を浴びての昼寝を思い出す。苔蒸した、去り難いあの地点、うさぎの脛骨の散らばった鷲と鷹の住居を訪問した昔の日を——。

この物語ふうの珍しい塔頂を、画面ではたった四本の線をもっていとも簡単にやっつけてしまったが、それでいいのだろうか。岩峰のいかめしい渋面は少しも表現されていないじゃないか。ましてや、ジャンダルムを吹き通す、風の香りなど求め得べくもない。少しばかり調子を加えると、また一服。

こんどは左の方、滝沢だ。右の烏帽子岩に調子を合わせれば、これも同じようにやらなければ釣合がおかしくなる。しかし、ここだけは、もう少し、くわしく描きたいものだ。

というのは、二十年ほど前、ぼくは親しい仲間を二人までここで失っている。この画架を立てているところだって、二人の友が滝沢初登攀の闘志を秘めながら晩春の暗夜を登っていったところなのだ。目の先のデルタといえば、後日の捜索隊の一人だったぼくが、変り果てた仲間の姿を発見したところである。いやな鳥の鳴き声と、ひっきりなしの雪崩におびやかされながら、遺骸のポケットから、ロック・ピトンの残りと雪に濡れた手帖とを辛うじて取り出したところなんだ。

その後、復讐に燃えたぼくは、なんとかここを登りきろうと、何度もこの付近をウロツキ廻った。ある時は上から、ある時は側方から、這松の間に露営をしたり、身体を横たえることもできない岩の隙間で一晩中、湯檜曽河原とニラメッコをしてみたり、それはぼくの山生活の中で一番危険な時期だったかも知れない。

そんなに思い出深いところなのに、技術の拙劣さは、登山家的愛着を満足させるに適当な方法を見つけ得ないのだ。せめてこのボキボキした線の中に亡友への回向の気持を含めた敬虔さだけは保たせたいものだが――。

結局、ぼくは疲れた。同行の若い人たちはもうとっくに描きあげて、雪渓でたわむれている。

一番時間のかかったのもぼくだし、一番下手な画をかいたのもぼくだった。描き始めのころは正午の陽を一面に浴びていた奥壁も、すっかり陰り、陰惨な一の倉の相貌をあらわし始めた。長い影がキャンバスの上を走りさった。もう三十分もすると、この大バットレスはいよいよ深々と陰影を吸いこんで、あたかも巨大な鉄門のようになるのである。だから、仲間ではその午後の一の倉を称して「地獄の門」と呼んでいる。この谷の一番凄絶な一瞬間であろう。

やがて――『地獄の門』が扉を開き始めた。門からは十数名の人たちが三々五々はじき出された。一日の講習会が終わったのである。

その人たちは、それぞれ異なった一の倉の印象と作品とを土合へ持ち帰った。ところが、麓でながめるそのどれもが、一の倉の景色であって、そのどれもが一の倉の風景でなかったのをそれぞれに発見した。一の倉は上州の山奥にやっぱり忘れてきた。『地獄の門』はあんまり厳しすぎて、三文画描きたちには到底くぐれなかったものであろう。

(『日翳の山　ひなたの山』)

御坊沢由来

二十数年前、一の倉出合の笹小屋できいた話

今の話ですかィ……いや、全くのとこ、あん時は驚きましたョ。なんしろ、死人《しびと》が歩いたんですからねェ――。

今のごぼう沢さ、なにネ、まだ、雪渓のある時分にあれを降りてきたとしゃされ。沢の名? なに、その時分はまだ名前などありましネェ。途中までくると大坊主が一人死んでる。

かがみこむような格好で……もっとも死んでから大分日にちもたってるとみえて、顔なんか半分腐りこけていた。なんかのこしたもんでもとみまわしたら、そこに風呂敷にくるんだもんが一つ。

開けてみたところが、なんと、骨壺。坊主に骨壺はつきもので不思議はねえよう

なもんの、カラッキシ、この判じもの見当がつかネェ。ともかく、下の旅籠《はたご》まで知らせてヤンベェと、骨壺だけはかかえて降りかけたが、中では仏さまがガサガサいわっしゃる。それに、あの急な雪渓のこんだ。

もしも、粗相があっては申しわけネェと、途中の樺《かんば》の木の根元におあずけ申して、その日はくだってしまった。どうせ、明日はまた坊主のお迎エに登るから、いいと思ったんだ。

ところがせェ、翌日、登ってみるテーと、骨壺は昨日のところにその通りたしかにマシマしたけんど、話はこれからだ！

なんと、骨壺のすぐ傍らのところに、あの大坊主が上にいた時と同じ格好でかがみこんでいるじゃないか、いいえ、本当だ。死んじゃってそれも半分くさりこけた奴がおっかけて降りてきていたんだ。

おれは歯がガクガク鳴って膝の骨が立ってもいられねェほど力が抜けてしまったぞ。うんにゃ、誰がなんといっても思い違いなんどするもんじゃねェ。たしかに仏さまは歩かしゃったんだ。

それからせえ――おら、山にある時、毎日お経をあげるようになり、お客さまからァ、坊主人夫なんてありがたくもネェあだ名をいただくようになったし、でも、この話はめったにしたくねェ。

たいげえのお客さまからは、嘘つきだと思われるし、そのくせ、お経をあげるのをめっかると縁起《えんぎ》でもねェという顔《つら》をされるもんだ。

お経なんて決してそんなもんじゃねェのにのゥ。

だからせェ、この沢は――ウン――山ごぼうもあるにゃあるが――、ごぼ

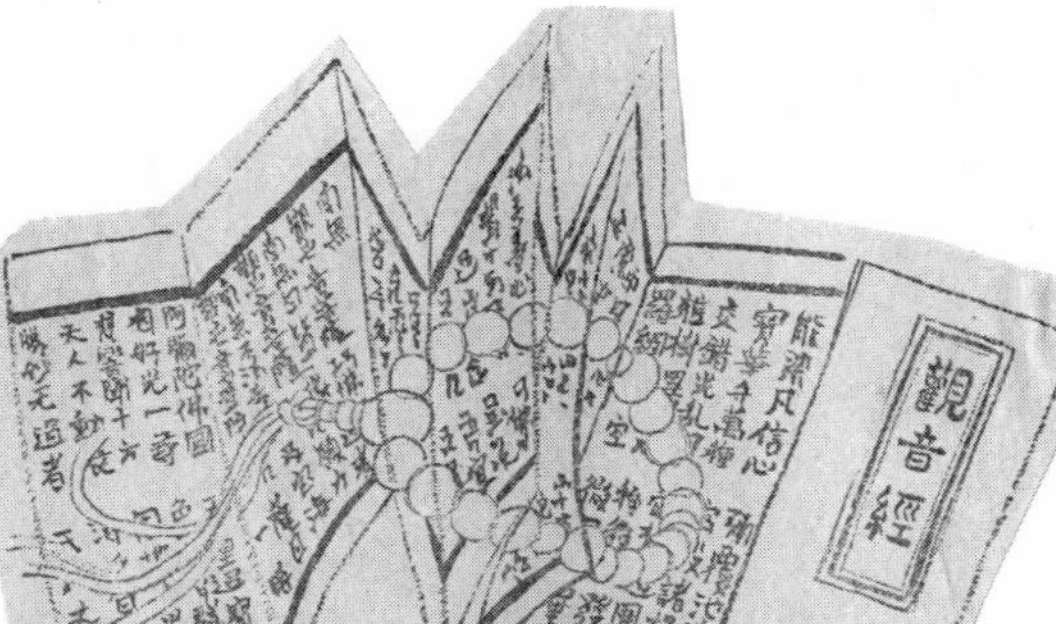

う沢は御坊沢というのが本当なんだ。さっきもいったようにそれまでは名もネェ沢をそいからだ、おいらが御坊沢といい出したんだから——。

南無観世音菩薩、南無観世音菩薩。

（『日翳の山　ひなたの山』）

山岳画家

山岳画家といい、山岳画といい、どちらもわかったようなわからぬような言葉である。

山岳画家とは、山を主として描く画家のこと。山岳画とは、山を主として扱った画のこと。それなら、世間にザラにいるし、ザラにある。

それなのに山岳画家は少ない。山岳画はさらに少ないといわれるのだ。登山家ごころを満足させるものが少ないという意味なのであろう。

そこで、ぼくも考える。

山岳画というものは、単に山を表わした美術という以上に、むしろ、山を発生の場とし山によって育まれた美術という意味におしひろげて要求されているらしいと思うのである。

捕虜の蒙古王族像

実証的に例をあげると、山岳画とは次のようなものじゃなかろうか——。

ちかごろ、ぼくは、ペルシャやインドのミニアチュール、おなじく影絵に夢中になっている。題材は仏説、肖像、動物と多岐多様にわたり、とりたてて山を描いたわけでもないその中に、ぼくの登山家ごころを、じんじん刺激するなにかがはげしく潜んでいるからだ。例えば挿入の十五世紀ペルシャ作品「捕虜の蒙古王族像」でもわかる通り、顔付、姿態、どこを見ても、どこの山にもきっと見かける山人のそれで蒙古王族などという遠い貴人のものではなく、ごく親しい猟師の一人と身近かに話をしているような気持のするものである。つまり山岳画としての意味を無意識的に持っているからである。

ペルシャのものはさておき、インド、ミニアチュール、これはモーグル朝を風靡したと伝えられる一代の英傑アクバル帝、つづいてその子ジャハンギールの朝に、もっともさかんであったらしい。

アクバル・ナーマ写本の色彩的豊麗さ、シャー・ジャハーンの宮廷画家の作品とされる驚嘆に価する辛棘正確な素描、愛すべき「クリシナとラーダ」の恋物語をかいた数葉、いずれもその背後から山の雰囲気をちらつかせた一連の不思議な作品である。

もし、ぼくに書斉があるならば、下手な山の画など全部取払って、この中の一葉だけを選んで額縁に入れてかけておく。知らない者が見たならば、なに一つ気付かないで去るだろうし、眼の高い人が見たならば……、ハテこのあるじは……といった生活をしてみたい。

額縁は、樫で細身につくる。細い銀で唐草模様を浮き出させ、地を、テルドンブル・ブルーレで塗りつぶすのだ。マットは、純白の厚手。

さて、中に収める画は、どれにしよう。きまっている。バハーリーの「死の力」さ。それに飽きたら同じ作者の化粧、あのラーダの浴《ゆあ》み、柳の枝にそよぐ北インドの風をきこう。

説明によると、こうあった。「死の力」とは、その画題である。またの名を「デビイ」とも呼ぶ。

デビイとは、四本の手をもち、眼の三つある物凄い老女のことである。

遠くの丘から手前へかけて、画面の右側に河が流れている。

今しも、着衣を川辺にぬぎすてて、彼女らしい食事をむさぼっているところ——一つの手は口に運び、一つの手は食餌を漁り、また一つの手では、聖水の瓶を持って、これをかたわらの骨に注ぎ、さらに、残った手で鉢をかかえこむ。

周りには、財《さい》が残り物のおしょうばんを待ちうける。

時は、惨たる三日月の夜。

丘には、リンガムを祭るサイヴァの祠。

バハーリーは十八世紀から十九世紀へかけたラジュプト絵画の大家で、その作品は、特に田園的要素を多分に含み、一枚一枚が時代をインドの中世、場所をヒマラヤのお花畑や山の町マツーラ、ジャイプール・デルヒなどへの夢を遺憾なくみせてくれるのだ。この図にしても曲《かね》七寸×五寸とあるから、たいして大きなものではない。それにしても直接、山の見当らぬこの画に溢れんばかりに盛られた山の持つ感情は、なんと凄い迫力であろう。

荒涼としたこの高原の奥がどこへ繋がるのか。

南インドの平原か。それともネパールの森林か。いやいや、大ヒマラヤに囲まれた北インドの山中をおいて舞台は感ぜられないのである。

死の力

バハーリーのくわしい伝記が手元にないので、どんな経歴の人物か詳らかではないが、ロマン派の堂々たる山岳画家の一人とみてさしつかえないことが、この一葉の作品によってもわかるのである。

バハーリーといえば、これと離れられない関係にあるラジュプトの影画、これは純然たるヒマラヤの山中に生れた美術だけにさらにうれしい。ツルガ・ブジャ祭の数日前になると、人形や玩具とともにこの影画の市がたち人々は熱心にしかも批評的にこれらの店々を次から次へとのぞくというが、材料になる技術上の拘束から表現の単化を狙い、一線一劃の無駄もゆるさず、きわめて強い印象を与える諸作品は生れつき山岳画の体質をそなえているものである。表現は素朴であり、一定の画因が常に反復されるのを常としていても、遠い伝統の上にたち、きわめて山地の生活に深く根ざしていること、農牧生活に強い重点をおいているということ、とても、いわゆる行きずりの山岳画家などとは桁の違ったものなのである。ぼくがこんなにもこれらの諸作に力こぶを入れるのは、山岳画家不振の秘密をとく鍵が、案外ここらあたりにあるらしいと思うからである。

ドラクロアの言葉をかりると「素材として天才の各個を性格づけるものは、素材、そのものが持つ表象を、そのまま取りあげることではない。作者が、まず、その素材を征服して後に、作者が把握することのできる表象を創造するものでなければならぬ」ということになる。だとすれば、ババーリーを初めとし、北部インドの作者のように生れついた山男的体質を備えていない都会そだちの不幸な山岳画家にとって、征服するに足る実力とは、まず、登山家的修練の時代があって、その後、画家的諸問題が発生すると考えなければならない。山岳画家は絵がうまいだけでは、ちょっと、なりきれないのである。

いいかえると、山岳画家の問題は、すべて山登りの問題のあらわれであり、登山家精神の延長線上にある。山岳画家に問題がある時には、

乳をしぼる女達

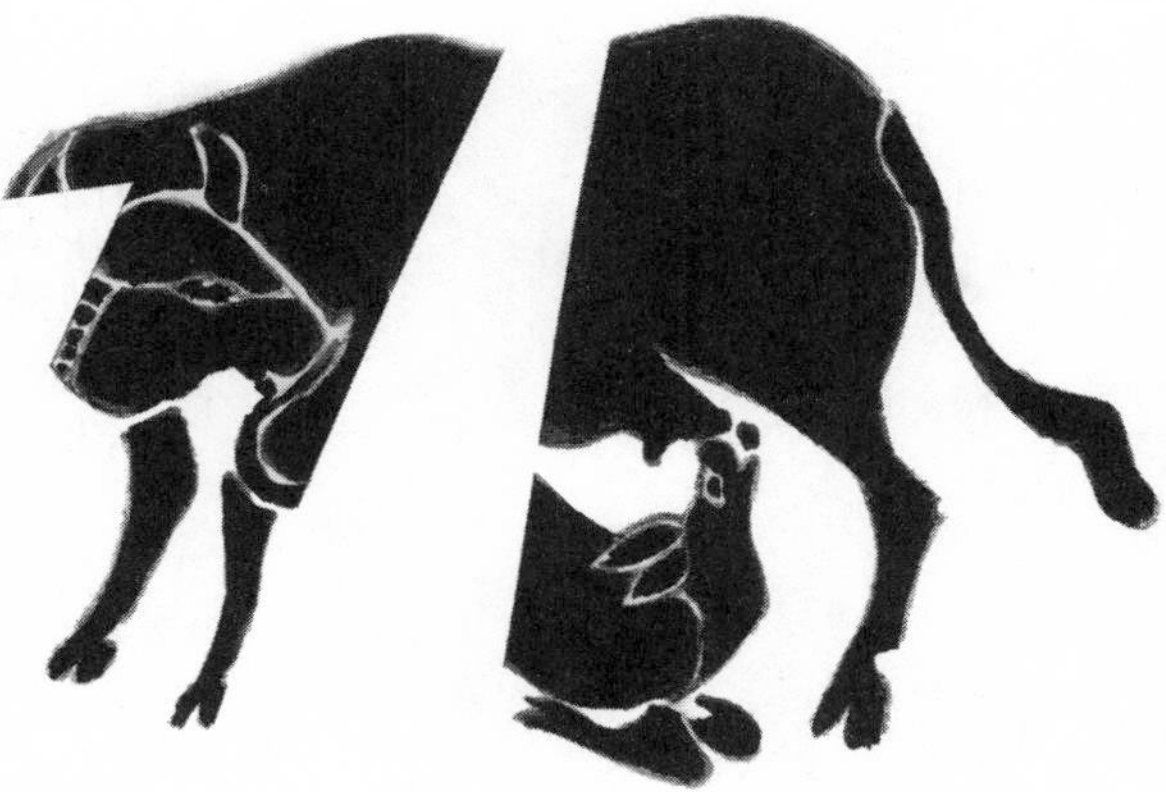

乳を飲む仔牛

それがそこだけの問題かのように見えるものであっても、問題の根源は、かならず、作者が、どの程度の山岳人であるかに繫がるのだ。登山精神には全く無関係で、山岳画家だけにある問題などというものは、本質的には、一つだってあり得ないのである。

登山における問題が、その作家の体質及び修練によって、最初に解決されていることが山岳画家不振の問題を解決するための唯一の道なのである。

つまり「登山家精神」の充実という言葉だ。そこから技法の出発も考えられるのである。しかも、その精神の充実ということが、実はぼくたち一人一人の自覚如何に決定権をゆだねられているところにむずかしさが潜んでいる。
よき山岳画家が少ないというのも、技法出発点の位置決定を、絵画上の他の分野と同じところにおいたという誤謬にもとづくものなのだ。

（『日翳の山　ひなたの山』）

岳妖　本当にあった話である

昭和十五年一月五日、東北の名山朝日岳の山ふところにある朝日鉱泉へ、二組の登山隊が訪れた。そのうちの一組は案内Uを伴ったぼくらの山仲間のMとOである。

その日は朝から霙――赤い色をしていたという――が降っていて、夜に至るもやまなかった。

M一行は、十時頃から出発して、鳥原小舎まで、根拠地を前進させようとしたので、鉱泉のあるじは今日は山へ登る日じゃないと勧告をし、またいっしょに到着した他の一組の登山者I氏らも、登行を断念するようにすすめたが、三人は大丈夫だといって出かけた。

荷が少し重いので、Yなる別の人夫が臨時に荷かつぎとなって、一番骨の折れる標高七四〇メートル付近まで同行した。

当日の雪質は、ワカンが非常にぬかったというけれど、大部分のラッセルをYがやったから、そこまでは三人ともほとんど体力を消耗させていなかったわけである。天気はよくもないが、たいして悪いともいえない。登路は風あたりも少なく、安全である。

「二、三日、小舎で遊ぶ…」

と、いい残して三人は、極めて元気で、Yと別れて登っていった。

もう小舎まで、直線距離にして、せいぜい三キロあるかないかであったろう。

Yはお昼時分にはすでに鉱泉に戻っていた。

だが、それっきり、このM一行三人は、この世から消え失せてしまったのである。

以後の経過概要は、鉱泉側の記録によれば次のようである。

【記録】

六日、快晴。

登山者なし。

七日、晴、午後より天候悪化す。

I氏一行、鉱泉主人を案内とし、中釣尾根を経て、大朝日岳に登頂せしも、頂上附近に登山者の足跡を認めず。また、大朝日小舎に呼び声をかけたるも、応答なし。

一行は往路を戻り、午後三時半、鉱泉に帰着。

右の状況より推してM一行は、なお、鳥原小舎に待機中なりと推察せり。


八日、朝来、風雪激し。

M一行、本日は鉱泉帰着の予定なるも、風雪のため、なお、停滞中と推定。

九日、風雪。

三人の消息なし。やや不安。されど鳥原小舎には、東北帝大生の残置せる食糧（米二升）あり、風雪強ければ引続き停滞中と推察。

十日、風雪、午後より時々晴間をみる。

午後に至り天気回復の徴ありしをもって、本日こそ下山と待ちいたりしに遂に来らず。

十一日、朝より雪、後に至りて風雪。

鉱泉主人政治爺、遭難に対する疑念を深め、人夫二人（前記Y外一名）を伴い、未明出発。途中金山沢上部にて呼声をかけたれど応答なし。鳥原小舎の手前、約二百メートル附近にて風雪一層烈しく、小舎の所在すら見分け難し、たがいに呼び交しつつ小舎に到着せり。しかるに、小舎の扉には外側より錠かかりおりしため、屋内にＭ一行はおらざるものと直感せり。時に午後三時。小舎内部に入りたるところ、過ぐる一月二日の朝、下山せし東北帝大生一行が使用せる後、何人も侵入したる形跡を認めず。

以上の如き次第で、事の急は東京の事務所へ報ぜられた。ぼくら仲間の者は急遽、雪を冒して鉱泉に集結、本格的の捜査が開始されたのは、正月十五日のことである。

さて、ここで一応気にかかるのは、この一行、三名についてであろう。

リーダーＭは、ぼくも何度となくいっしょに山を歩いた仲間で、慎重で、粘り強い性格の持主だ。山の経験も、夏冬を通じ十年をよほど越え、とりわけ朝日岳を好み、すでに夏に数回、冬も二、三回は入っていた。

芝で機械商を営んでいたので、年末繁忙の疲労もあったのであろうが、鉱泉まで二日もかけてゆっくり這入ってきたくらいだから、それも大分恢復している時分である。年齢も三十を少し越えた、いわゆる分別盛りであった。

Oは二十代の頑健な青年。山の経験はMに較べ浅いのは致し方がないが、体力からいえばおそらくMより数等優れていよう。よいリーダーのもとにあれば、少しも懸念する必要がない男である。

また、政治爺の語るところによれば、案内Uは当地区で一、二を争う名案内で、特に冬の朝日には経験をつみ、強力無双として鳴る大男、鉱泉、鳥原小舎間は自分の庭の如く知悉していたという。

したがって、一行の総合力は、この地域にあっては、かくの如き天候下においても、なお、十分強力であったと思われる。

次に地形である。

鉱泉から鳥原小舎に至る行程を少し説明すると、鉱泉から登って、三人が人夫Yと別れた七四〇メートル地点までが登り一方で、一番骨の折れる急斜面の山腹のツメである。

そこからは、急なところは部分的にあるだけになって、尾根の末端、九九二メートル三角点に着く。

三角点から金山沢まで、右方は「佐兵衛ダシ」と呼ばれる急斜面になるが、尾根

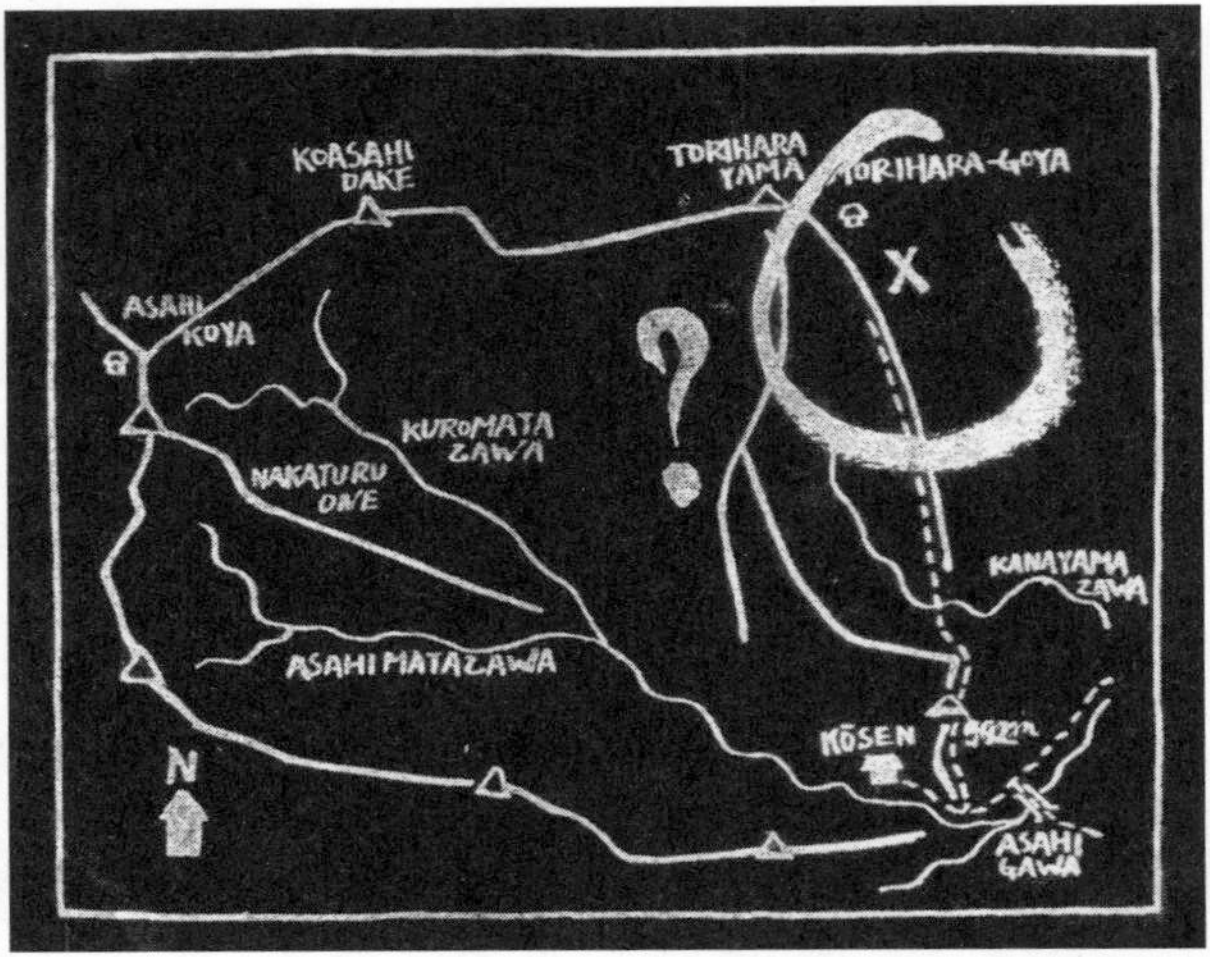

筋は樹木が茂り、悪いところもないし、「佐兵衛ダシ」のお陰でかえって迷うところもない。

やがて、金山沢へ斜滑降一本で降りる。金山沢は谷も埋り、滝一つない雪谷である。

小舎へは、これを横切って正面の尾根に取りつけばいい。

尾根は最初森林帯の広い斜面に過ぎないが、間もなく尾根らしい円味があらわれ、右側にところどころ小雪庇をかける。しかし山毛欅の森林が並木のように続くので、ここでも迷ったり落ちたりする心配もない。仮に左方の山毛欅林で迷ったと考えても、下へ降ればいやでも今横切ったばかりの金山沢のシュプールに出る。

山毛欅の林を抜ければ、二百メートルで小舎へ着く。尾根はこの辺からやや広くなる。けれどもこのくらいの地形は、どこの山に行ったってかならずある。

さて、所要時間であるが、鉱泉から鳥原小舎まで、速い時は三、四時間、深雪で条件が悪ければ七、八時間、M一行が登った一月五日はおよそ五、六時間と推定するのが妥当であろう。条件は上々といえぬまでも、中のところである。十六日の捜索隊の行動によると、気象的条件は五日よりはるかに悪いにかかわらず、所要時間は次の如きものであった。もっとも人数も多かった。

【記録】

十六日、曇後雪となる。

午前九時半、捜索隊員十三名鉱泉出発。

全員ワカンにて、ラッセル腰に及び難渋を極む。午前十一時三十分、極高九九二メートル三角点附近にて昼食をとり、午後〇時五分同所発、「佐兵衛ダシ」を経て金山沢に降り、途中雪庇崩落個所二ヵ所を調査、されど斜面緩く、かつ沢浅きため危険を認め得ず、また、途中尾根筋も迷うおそれ無し。尾根を急登し、午後二時三十分鳥原小舎到着。同三時十分、小舎発。風雪、ようやく烈し。途中にて日没となり、五時四十分鉱泉へ帰着せり。

これでもわかる通り、小舎から鉱泉へは二時間半にて下降し得るのだ。スキーを利用すれば、もっと速い。

捜索は二十日まで引続き行われたが、なに一つ手掛りが得られない。「神隠し」などというのは、こんなものじゃなかろうか。名状し難い変な気持のまま第一次捜索を打切ったのであった。

組織だった第二次捜索は、雪消えを待って、四月二十七日から始まったが、約一月後の五月二十二日に至って、やっと雪に埋もれた三名の遺骸を発見することができたのである。

【記録】

五月二十二日、快晴。強風。

七時出発。T及びYは尾根。他の五名は金山沢。Yは午前九時半鳥原小舎下の斜面（傾斜約十五度、小舎まで約三百メートル、山毛欅の林の終る辺、標高約一二八〇メートル地点）にて、三名の遺骸を発見。ただちに捜索隊員集結。該地点は正しき登路上にあたり、捜索開始以来連日通過せしところにして、本日、初めて雪面に遺骸の露出をみたるなり。露出面積約〇坪八合。

状況、左の通り――

人夫U、上方に両足を開きて伸ばし、斜面下方へ向けて仰向けに倒る。

Oはその胸部にUの足の方を頭とし、重なりて伏す。

MはUの上方、二、三メートル離れて、あたかも斜面を登る形に伏したり。

MとOは、ヤッケの頭巾を被りたるにかかわらず、三名とも手袋は脱ぎ捨てて傍らにあり。O、Uはワカンを穿き、Mはスキー靴のみ。Mのワカンは見当らず。付近に見出せしスキーは、Oのものにて×形に括りたり。後に付近よりOのルック・ザック発見され、さらに二百メートルほど下方にMのものありき。遺骸の傍らよりUの荷物（食糧、炭、Mのアイゼン等）及びスキー杖あらわる。すなわちMはスキー杖を突きて登りおりし如し。Uのメンツには飯いっぱいにつまり食したる形跡なし。

全く、これは不思議な遭難事件であった。場所は迷う心配もなければ、危険なところもない。三人とも山は達者だし、わけてもUにとっては自分の庭先にしか過ぎないのだ。

引返そうとするなら、ラッセルの跡があるし、たとえ大吹雪の際でも、そう簡単に森林帯に刻まれたシュプールのすべてが消え失せてしまうとも思えないから、僅々二時間の辛抱で鉱泉まで下れたはずである。

しかも、当日雪は降っていたが、政治爺のいう通り、この付近だけ進退もままならぬ大風雪だったとは考えられない。現にその後の捜索隊は、五日の日と比較にならぬほど風雪の烈しい日に、何度かこの地域を上下している。

遭難と推察された日のラッセルは相当ひどかったという。しかし、それも最難所七四〇メートルまではYがやったし、あとわずか二、三十町あまりの短距離で、三人とも死に至るほど、急激な疲労に襲われることがあり得るだろうか。

また、真に疲労困憊の揚句、倒れてしまったのなら、最後の地点までスキーのような邪魔物を、なんで担ぎ上げたのであろうか。

また、仮にラッセルがそれほど困難であったならば、まして素人じゃない三人のこと、かならず引返すはずである。Mの慎重な従来の山歩きから判断しても、ぼくははっきりそれがいえる。実は、鉱泉から小舎へ登るのは、ごく簡単な行程に過ぎず、それよりもむしろ鉱泉に這入るまでの、鮎貝から始まる頭殿山越えの方が、何倍かの大仕事なのである。

リング・ワンデルングでもない。猛吹雪にあったのでもない。疲労死でもない。そうかといって雪崩とも思えない。いい忘れたが、常識で考えて、雪崩れるような斜面は付近に一つもなかったのである。

いったい、これはどうしたわけだ。原因はなんだろう?

Mはワカンを穿いていなかったので、スキーもOより下方にあった。ワカンなしで、深雪の中を歩けるはずがないから、急になんらかの原因で具合が悪くなった――例えば急病で――、二人によって踏み固められた跡を、トボトボ登って行ったものでもあろうか。もっとも、ワカンを穿いていなかったのはMだけだったが、三人の中の誰にでも同様のことはいえる。

それにしても、誰か一人ぐらいは報告に帰ってきてもよさそうだし、残りの二人だって避難方法ぐらい十分心得ていた連中である。

そこで、避難方法の一つとして露営——なにかの理由で三人いっしょに——の夜を迎えねばならなかったとする。これは霙で濡れた身体には相当こたえたかも知れない。

発見当時の三人の装備は次のようであった。

M

ヤッケ。上衣。チョッキ。白本ネルワイシャツ。純毛シャツ二枚。黒ラシャ黒ズボン。純毛ズボン下。

O

ヤッケ。チョッキ。ラシャワイシャツ。メリヤスシャツ。綿シャツ。黒サージ長ズボン。メリヤスズボン下。

U

二人に比較すると、不完全で綿類が多いのは、なんといっても、Uである。しかし小さい時から雪国に育ち、雪の山に馴染んだ彼の装備が、彼自身にとっては、それほど二人にくらべて不完全であったとは考えられないのである。

そのうえ、翌六日は、すばらしい快晴なのである。小舎へ行くなり、下山するなり思いのままではなかったか。

Uにしても、Mにしても、雪の露営には馴れている。スノーホールを掘って一夜を明かすぐらい、朝飯前のことなのだ。おまけに二人のルック・ザックには着替類がていねいにたたんでそっくり入っていたのだから、露営中に起った晴天前の温度急降下による凍死でもあるまい。

あるいは、Uの飯を食べた跡がないという。ポーターのYと別れたのが十一時半だというが、もう少し進んだ九九二メートル三角点付近、金山沢付近、このどちらかで食事をしているはずだ。

けれども、Uの飯に手がついていないとしても不思議はない。フランスパンだけでも三人二日分を一行は用意していたのだから――頭殿山越えの時にも食べたであろうが――知りたいのは鉱泉をたつ朝、残りが幾つあったかということなのだ。

生前、三人は非常な健啖家であった。この日だけ、揃いも揃って食欲不振におち入り、ヘバってしまったとも思えないのである。

さて、こうなると、いきおい、あれこれと憶測を逞しくするより仕方がない。

UとOとが、互い違いに——格闘でもしたかのように、打ち重なっているというのはどうしたわけだろう。Mは、一歩上方へ逃げ登ろうとでもしているように見られないこともない。

UとOとが突如発狂したとでも考えようか——格闘が行われてゆく——やめようとしたが二人とも、共に倒れてしまった。その上に雪がつもった。

いや、これも違う——。

それなら、誰かに、どこか外傷があるはずだ。

そんなものは一つもない。

また、一見、この不気味な三人の姿態も人間が凍死の直前、無意識に暴れて、あたかも格闘をしたかの如き痕跡を残す——あれであろうか。それなら他にも幾つかの例があるのだが——。

違う！　それならヤッケの頭巾などとっくに跳ねのけているはずだ。

もう一つ、最後に、劇毒物を三人とも飲んだか、飲まされたかしたということ。

この一つの理由であるが、これらはこの三人に限って想像すらむずかしいのである。三人とも温厚な、他人の怨恨など買うことの皆無な人物であったし、また、Mにせよ、Oにせよ、温かい家庭と、冬の休みを山で暮らそうという恵まれた境遇にあったからである。

別に一つ、これは最近起った他の遭難事件から連想を得たのであるが、雪洞避難中に天井の落下崩壊でやられたのではないか、ということ。しかし、それなら、Mはもっと他の二人と近いところにいなければならない。雪洞はそんなに広く作る必要はないのだから。あるいは、M一人脱出に成功をしたが、そこで根が尽き果て斃れた——それにしてもおかしな節がある。

そうだ。大事なことをいい忘れた。この奇妙な事件を解くに、一つだけ手掛りになりそうでならないものがあったのだ。あるいは、反対に全くなんでもないことかも知れないが——。

それは後になって出たMのルック・ザックである。キスリングの大型で、その口の締紐が引き抜いてあった。知っての通り、キスリング型で締紐を抜けば、使用不能になる。いわば、一番大切なものであろう。ルック・ザックの底には他の紐が仕舞ってあったから、よほど慌てたかなんかして、なにかを縛らなければならなかったのかもしれない。――そうまで急いで縛らねばならなかったものとは、なんだったろうか。

遺骸及び遺骸の近所にその締紐はどうしても見あたらなかった。だからこの紐の行方は発展しそうであって、これ以上発展しないのである。

あまり不思議な遭難なので、遂に所轄警察の手が入った。他殺ではなかろうかということになったからである。

当時、この山塊をめぐる山の人――といっても、厳冬期のこんな奥山に籠っている人々は、いずれも善良そのもので、数からいっても十二、三人である。そうしてその人々は、兄弟のように睦みあって暮らしているのだ――を、片端から調べても、それぞれ確実なアリバイがあるし、その他に行きずりの人間など通るわけはないのである。

万が一、通ったと仮定しても、大の男を三人までなんの凶器も使用せず死に至らしめるようなことは、十人、二十人の凶悪な一団が計画的に行うにあらずんば不可能である。冒険譚ならいざ知らず、そのような山賊の一団をこの場所で想像するのさえ、少しく山を知った者なら噴飯ものであろう。岩見重太郎の講談ではないのだから――。

かくて警察もなんら発見するところなく手をひき、事件はうやむやのうちに葬られてしまった。

なお、これ以上、原因を追求しようと思えば、発見当時の遺品について、もう一度徹底的な再調査を試みるより方法がないが、当時その処分法を、遺族の希望によって、土地の人々に大部分を委せてしまったので、今となっては手の下しようもないのが残念である。

ぼくも、幾つか関係した遭難事件の中でも、こんな奇怪な、不気味なものは生れて初めてである。風もなく、しんしんと赤い霙雪が降っていたという――朝日岳の山懐ろ深く、いったい、どんな奇怪な出来事が展開されたのであろうか。キスリングの締紐は、どこへ行ったのであろうか。

遺骸が発見されてから一ト月ほど過ぎたある夜のことである。それは梅雨明けの

いやにむしむしした晩だった。捜索隊の一同がぼくの家に集っていた。目的は今度の遭難の原因推定のためである。しかし、親しい山の仲間の不慮の死に加えて、不気味な内容を持つ事件だけに、座の空気はとかく湿りがちだった。

話は途絶えがちになり、重苦しい空気が、あたりをつつんでいた。

――すると、今まで、傍らで黙って聞いていた家の者が、突然

「見たのと……違うかしら？」と、いった。

うつむいていた一同は、ハッとしたように顔をあげた。

「なにを……」

「なにかを……なんだかわからないものを……」

誰も答えるものはなかった。

（『日翳の山　ひなたの山』）

大地堂先生

先生という言葉のこと

ぼくはそのころ全く型破りの一登山家を知ったのである。それが大地堂良助先生なのだ。

「先生といわれるほどの馬鹿でなし」という言葉がある。自分もそんなふうに呼ばれる職業の一人だが、「先生」という言葉は使いようによっては多分の軽蔑をふくむ場合が多いし、いわれた方でも、時にとって不快を感ずることがあるものだ。だからぼくはわが身につまされて滅多に人さまを「先生」などとは呼ばない。ぼくの場合は、その人が真実、尊敬に値する時に限る。

大地堂良助氏を先生と呼ぶのもこの意味にほかならない。

「破格ニシテ格アリ、道ニアリテ、無道ナリ」これが良助氏である。良助氏こそその「先生」に値する人物なのである。

初めて会った時のこと

冬のことだったと覚えている。

ある日、ぼくの属している山岳画家の集まりに、一人の新入会員が紹介された。それが良助先生である――。もっともまだ少しも尊敬など払ってはいなかった――むしろ変なやつが飛びこんできたぐらいにしか考えていなかった。

第一、年齢の見当がつかない。

先生はどことなく蟷螂《かまきり》に似た貌《かお》と身体つきで、紹介の席だというのに、あまりいい身なりではなかった。それに髪の毛がモシャモシャして見る目にもうるさかった。用件がなければしゃべる必要はないといわんばかりに、プスッとしていたが、皆でコーヒーを飲んだ時いやに真新しい十円札を出した。それからテキパキと会計をして、一同から割勘を取りあげた。おもてに出て、はめた手袋が、これがまたなんと

拳闘に使う試合用の薄手のグローブだった。

このあたり、すでに良助氏の先生が先生たるゆえんを見せていたのだが——失礼にも、変に絵描きずれのしたやつだと腹がたって、

「すごい手袋ですネ」

と反応実験を試みた。

と、先生は、

「夜店で三十八銭で買ったんです。暖かくて丈夫で、山にもとてもいいですヨ」

と、ニンマリ笑ったのであった。眼はおそろしくきれいで、まっすぐに人を視るし、やせた頬にも清純な影を宿している。ぼくは、みごとに背負投げをくらったような気がした。

しかし、どうも気にかかる。歩きながら、注意をしていると、先生は普段、視点の位置を水平より高

いところにおいて身体をシャッキリと立て、グイグイと大股に歩く人であるのに気がついた。

これを見ているうちに、「凡ならず」と畏敬の念が湧いてきたのも妙である。

ようやく、良助先生のこと

姓は浅田、名は良助。大地堂とは本職の額縁屋さんの屋号である。大地堂は大痴堂とも書く。住居は谷中で、美術学校のすぐ裏手。美術院の古い人。彫刻を修め、年期も入れているから上手であるということ。したがって絵でも面の扱いが彫刻的で特徴がある――ただし絵はごく最近になって始めたのだということ。材料や技法のコツがわからないために、いつも失敗をしていると自ら称すること。それ

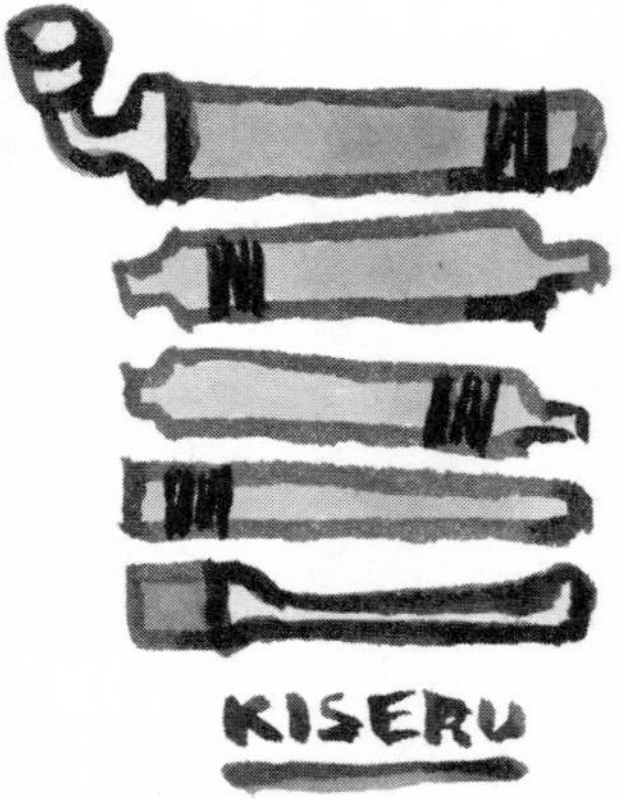

も近頃少しずつわかりかけて気をよくしつつあるということ。

山はいつ頃から登り始めたか不明であるが、北岳ばかり登っているとのこと。珍しく、今春、千頭星から鳳凰をねらい、深雪に拒まれて引返したということ。山道具は全部自分で考案、製作すること――。以上が紹介者を通じて知った先生のあらましと、予備知識の全部ででもあった。

最後の山道具うんぬんについて、紹介者は先生考案のルックザックを例に、さかんに弁じていたが、ぼくはそういうマニアを多く知っているので、かえってこれはいまに会にとって困った種類の一人になるんじゃないかしらと案じていた。

往々、そういう人に限って登山の慣習律によるスポーツ的フェアプレーの精神に全く無関心

で、とても荒れた山歩きをする人が多く、ちょっと仲間を組みにくいのを知っていたからだ。

こんどはぼくのこと

ぼくも前は油絵を専門に描いていた。そのころはどこの展覧会でも、大作を出品する習慣だったので百号前後の粗雑な駄作をむやみに作ってはよろこんでいたものだ。

そんなわけで、今は不用になった大額縁が相当ある。ちょうどおこずかいも欲しかったし、整理をしようと思っているところへ、幸い先生が入会されたので、その譲渡方を依頼したのだ。

ところが、自分の交渉ぎらいから当然訪問

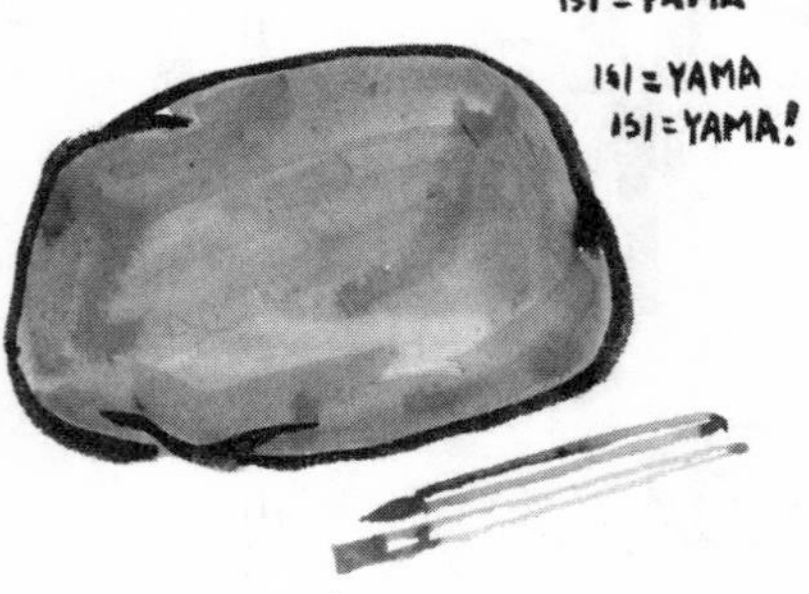

の上、礼を厚くして依頼すべきであったのに諸事繁忙を口実に、随分と失礼な方法をとったのである。けれど先生は気を悪くされなかったと見えて、とても親切な返事をくださった。

いや、実は一度、ごあいさつに出かけたんだが店の前までいったら、急に這入るのがおっくうになって、そのままスタコラ帰ってきてしまった。ぼくの額縁が一番目につくところに並べてあって、悪いなあ、悪いなあとは思ったけれど——ぼくにはこういう悪癖がある。

そうこうしているうちに、ある日、五十号が売れたからというしらせ——。もうこれまでと覚悟をきめていよいよ先生のところへ出かけることになったのであった。

仕事場のこと

美術学校の前から、谷中の通りに突当って左折、その右側が先生の住居。傾きかかった屋根に「大地堂」の看板がうやうやしい。

前まで行ったら、また這入るのが厭になった。そこで二、三度行ったりきたり

——。

ぼくは先生が在宅なのを知っていた。だって、二階の窓から頭を出してずらりと並んだ植木鉢に水をくれていたからだ。

度胸をきめて、顔を合せる。気味の悪い先生だ。この時間にぼくが現われるのをあらかじめ知っていたかのように、しかし、愛想一つ浮べるじゃなしに、例の蟷螂《かまきり》の目をグッと見据えて「入《はい》れ」との身振りをする。もしかすると、ぼくがお店の前をゆきつもどりつしていたのを見ていたかも知れない——ていさいが悪いったらありゃしない。

ほんとによかった。今日は公休日だったのである。両側に通路も狭しとおしこめられた額縁の間を通って、つきあたりの仕事場へ——三畳敷ぐらいの板敷の部屋である。

先生は壁を背に、ぼくは入口に座ってあいさつ。がらがらした道具類、多分、額縁製造用のものであろう。それと反対側の戸袋の前に沢庵石が四つ五つころがって、そのうしろに描きかけの絵が一枚おいてある。

これが先生の画室兼仕事場なのであった。

羊羹《ようかん》と小刀のこと

「五十号、安かったかも知れませんが一枚売れました——それにしてもそんなにお困りですか」

仕方がないので、

「エー」と、ぼく。

「お気の毒ですね」といいながら薬罐を火にかける。立ちあがった先生の足の裏は真黒だった。

座り直すと、茶箪笥から額縁代の数枚のおさつを出して渡してくれた。おさつの色が冴えて見えたのも、茶箪笥があんまり骨董品じみていたからにちがいない。

ありがたく数えている。

と、突然、キラリ、目の前に光ったものがある。短刀という方が適切な大小刀、ドキッとした。よく見ると、その切先にそのころすでに珍しくなっていた分厚な羊羹がつきささっている。先生は無言のまま、それをつきつけていたのだ。

じっとぼくの目をのぞきこんで、

「お気の毒ですネ」

と、またしみじみとした声でいった。

ど胆をぬかれたぼくは、これはいよいよ凡人じゃないとの確信を深めたのである。

山は石、石は山であること

先刻もいった描きかけの絵とは、石と躑躅《つつじ》とを組み合せた静物といっていいのか、風景といっていいのか、ともかく、八号程度の小品ながら、画品の深い美しい図である。

しかし、山岳画家の集まりに紹介されるほどの人物だから、一枚や二枚ぐらいの山の絵もありそうなものだと、広くもない仕事場を見廻したのだがどこにも見当らない。

たまたま、話が絵のことに移ったので図々しくも山の絵を見せてほしいと申したところ、わが意を得たりとばかり先生は、

「昨晩から描きだしたのがこれです。色はどんなもんでしょう――」

と、答えて、躊躇なくだんの「石と躑躅」の図を明るいところへ引張り出した。

ぼくが変な顔をしているので、絵が気にくわなかったとでも思ったんだろうか

――


「もう一枚最近のがありました」

と、棚からおろしてくれたのが、やはり六号ぐらいの小品。今度はもっといけない。だって、画面いっぱいに石コロがただ一つ描いてあるだけだ。

また、ど胆をぬかれた！

先生はいう――、

「山と石とは本来同じものだと思います。石を遠くに却けると山となる――山を引寄せれば、石となる。山を描くことは石を描くこと。石を描くことは山を描くことでしょう。皆は山の方へ身体を運ぶが、わたくしは身体の方へ山を運ぶ。どれだけの相違がありましょうかしら。

石は、実にいい。石ならどこにもあるし、腐る憂いもない。これも往来から拾っ

てきたんですヨ」

と、長い指先で例の沢庵石をコツコツと叩いて見せた。

「赤石。黒石。白い石。どうですか。この量の豊かさ。面の面白さ。色の複雑さ――。夜中に石と睨めっこをして仕事を続ける楽しさ、いいですネ」

さらにつづけて、

「最初は石でも癖のあるものを面白いと気がひかれましたが、だんだん、まるいとでもいいましょうか、――無難な形ほどよくなってゆくらしいのです」

ともいった。

真夜中に沢庵石と睨めっこをし、描いては削り、削っては描いてゆく一人の山岳画家を想像して、ぼくはその真摯卒直な態度に大いにうたれてしまったので、このわかったような、わからないような哲学的の話にも、

「フゥーム」

と、思わずうなってしまった。

造形の上から山と空間のバランスを度外視してコンポジションの存在もないようだし、したがって山と石を同様に考えてさしつかえないか否かは、ただちに承服し

かねたけれども、山にしても年期が加わってくると、なんでもない癖の少ない形の山にもいい味を見出すようになってくるものである。

先生の山道具のこと

その絵よりも、もっとぼくが驚かされたのは、先生の山登りとその道具の特異さにある。

仕事場の半開きになった戸棚からルックが覗いている。キスリング型に似ているが、それではない。手縫い——もちろん、先生作——で、はなはだ奇抜な構造なのである。

右の側面がちょっと口を開いて、そこから内に特別に設置した三段の棚が見えている。荷を入れた場合、潰れぬように考慮され、これも新考案のサスペンダーを枠に持っている。

先生の説明によると、こうだ。

この三つの、真中の棚は食餌入れ。雨中の登行の場合、手を後ろに廻すだけで中

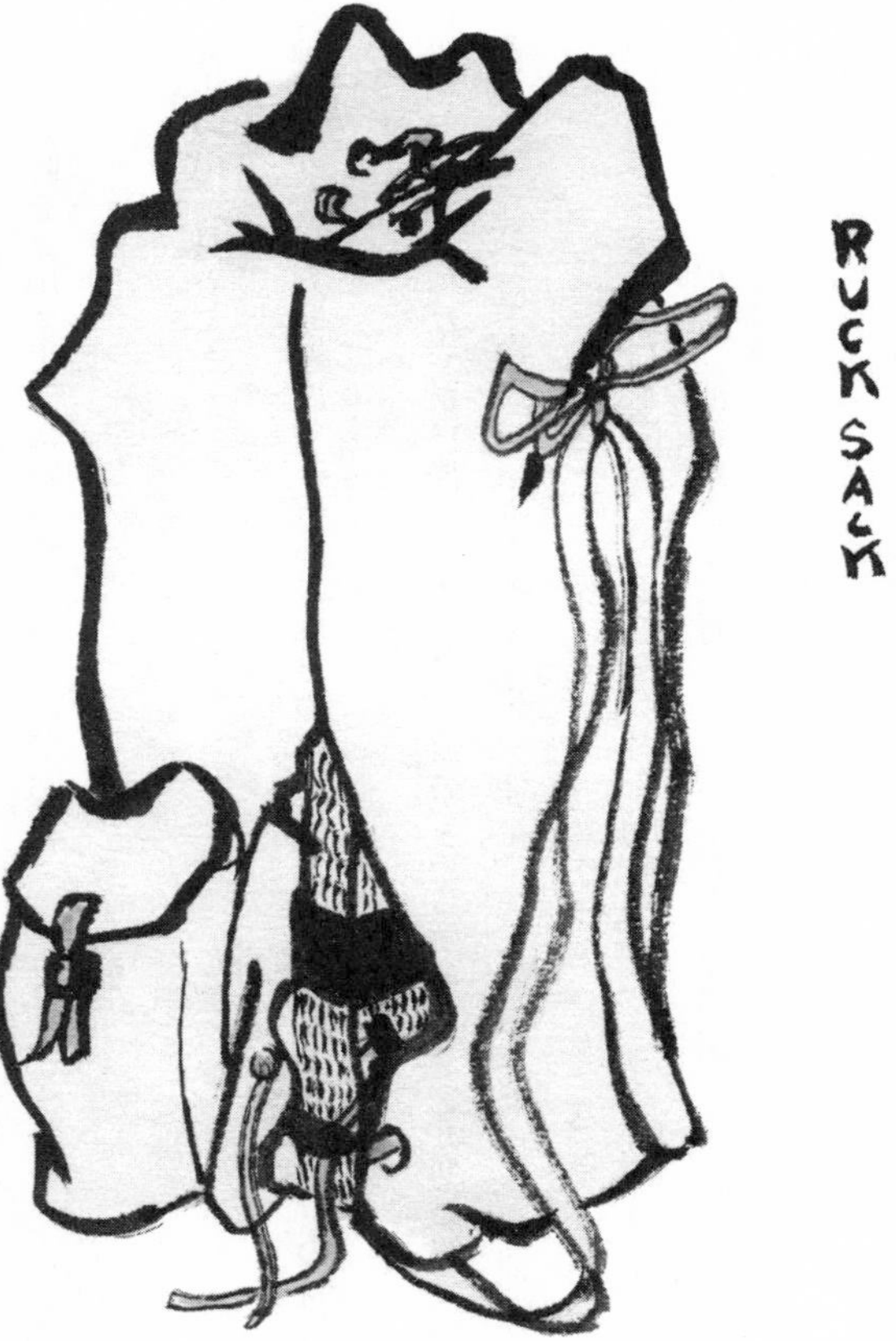
RUCK SACK

のものが自由に取れ、いちいち下に降す面倒もはぶけるし、手間もいらない。合羽。これもルックザックにあわせて考案したものを上から被るから、中身の濡れる恐れもない。大変、具合がいいとのこと。縫目から品物がこぼれぬ仕掛けは、もちろん如才がない。

もっともこれに近いものは最近売り出されているが、その時分にはなかった。前から噂に聞いたルックザックとはこれだなと合点がいったが、実はこれなど先生のものとしては、ごく序の口のしろものだったのである。

話は雨具のことになって——。

山で困るのは、合羽から落ちる雫で裾が濡れること、これを避けるために考えられたのがゴム引の布の裾に針金をいれた前垂れ様のものである。

この針金を一本、横に啣えさせたというだけなんだが、そこが味噌なんで、構造は至極簡単なものだが、これだけのことで歩く度にパッパッと具合よく前にでて、裾にかかる繁吹《しぶき》の不愉快さを完全に避けられるそうである。ちょっと自動車の泥除けを思わせるものだ。

しかし、全面的雨具に至っては、さすがの先生も、今なお気に入ったものがないらしい。さしあたって、今夏までに考案中のものとして、次の計画を語られた。

それは、人力車の幌のような形で、普段はルックザックの後ろに畳んでおき、必要な時に、グイと頭の上から前へ向って拡げる。これで、上半身はすっぽり幌の中に入ってしまう。これなら蒸れる心配もないし、屋根を背負ったも同然だから安心だという。しかし、藪漕ぎの時にどうするかが問題ですヨと、ちょっと、首をひねってみせたが、天才的な先生のことだからもう成算はあるらしい。

修験者の笈摺《おいずる》、あれは露営の時、小舎代りとなって中にすっぽり蹲《うずく》んだものらしいと聞いて、それから着想を得たらしいが、下から吹きあげる高地の雨を蒸れないで、しかも完全にふせぐことだけは、どうもうまい考えが浮かばないとつけ加えられた。

雨除け前垂れを締め、三段のルックザックを背負い、さらに幌を被った登山姿を想像して唖然としている目の前に、さらに次から次へと奇妙奇手烈な山道具が、いくつとなく取り出されてくる。

第一に山刀。――先刻の羊羹をつきさしたものとは違う――中身が凄い。古道具屋で拾ったという、ともかく日本刀なのである。これを縮めて、手製の鞘に収めてある。鞘は漆をかけて、いい色の仕上げだ。一見ネパール刀に似てもっと日本的な形である。抜けば玉散るなんとやら――これなら切腹すらできそうである。

第二に、これも自慢の一つらしいが露営専門といってもいいくらいの先生に欠くことのできない鋸。ご自慢のものだけあって、出来は山刀よりさらにすばらしく見えていて、咽喉から手が出そう。

思うに、樵夫の持つ大鋸の目のところだけ自分で切り取って製作したのじゃないかと見られるが、あるいは先生のことだから、鋼に自ら目を刻みこんだのかもしれない。それくらいのことはやりかねないのだ。

第三、煙管。これは些か下手物趣味だが、細竹を幾つも利用して釣りの継ぎ竿と同構造。伸縮自在。短かくすれば掌に隠れる。継ぎ目には糸を巻いて、黒い色が美しく塗ってある。これは、さほど独創的とはいわれないが、細工の細かいところは見もので、悟空の如意棒というところ。

それからそれへ、次から次へ、あんまり沢山珍しい道具を並べられたので、すっかり疲れてしまった。

そう、そう、ライターや燧、これだって大小取りまぜて幾つもある。例によって全部手製なのだ。

　そうだ、これで思い出したが、先生は「自分はなにか一つ考え始めると、同じ物を大小幾つも作ってみないと気が済まないのです」といって、壁に掛けられたこれも手製の胡弓をおろして、ベロンベロンと爪で弾いてみせた。なかなかいい音色がする。

　深夜、沢庵石を描き、仕事に疲れると、先生はこの胡弓に慰さめを求めるらしいのだ。

　北沢小舎の竹沢長衛が、山仕度、山道具を見て「これは本当の山好きの人だ」と嘆じたと聞くが、ぼくも先生の場合に限り、長衛の嘆息を、さすが名代の山案内、よくも嘘と誠を見抜いたものだと感心した。

　ここまで書いてきて、ぼくはこれを読む人が先生をただの奇嬌な変物と誤解しなければいいがと懼《おそ》れ出してきた。ぼくは先生のことを少し興味本位に喋り過ぎたかも知れない。由来、畸人の奇行は、往々日常の茶話の材料にされておしまいになるのだが、それは、この文章の念願とするところではないのである。筆の至らぬ所為で申し訳ないが、ぼくのいわんとしているのは、道具のことでもなければ、表面に現われた奇行でもなく、先生の心の奥に潜む「真心」を語りたいのである。あるいは「真実」といってもいい。

抽象的になるが、天才と狂人は紙一重という古い譬《たとえ》をひくまでもなく、いわゆる非凡人は「真実」を求めるあまりに常識の枠や慣習からはみでた行為をして平然としているものだ。先生はこの部類の人だと思う。

山登りにしても、われわれのような平凡な登山者は、純固たる登山精神——アルピニズムのためのアルピニズム確立などといわれても、悩みながらも容易なことでは旧套を脱却できないでもがいているではないか。

「アルピニズム」という枠と先輩から引継いだ、それも僅々四十年余りの「慣習律」に縛られて、用具一つにしてさえ、異様なものを用いるを好まない。「それ」を破るのを恐れて不自由でも辛抱をしている。しかし、大切なのは、山へ登る行為である。行為が装備や服装をつくるのだ。そうでなければならぬはずなのにぼくらの場合は、逆に装備が行為を生むことが多いのである。

極端にいうと、岩登りは登山靴を穿くのが仲間の建前であったから、登るべき岩山が制約された。その昔、西欧で考案された鉄鋲が岩場を選択するのである。

二メートルのスキーが存在して、冬山は志賀高原とか、長野県長村菅平が一番面白い、ということになった。

原因が結果を導き出すのではなくて、結果が原因をつくっていたのだ。わらうべきことである。

謙虚な大地堂先生は求めて奇嬌な行為をされていたのではないが、他から奇嬌に見られることなど、一向念頭に置かないで、こんな慣習は平然と打破している。最初から振向いても見ない。ひたすら自分自身の山へ、なんらの拘束も持たず歩き続けてゆく——そこに「真実」があると思われ、「純固」たるものを感じさせるのである。

「無」のこと

話はいつか、山や道具を離れて、人生、生死の問題へと際限もなく拡がっていった。先生は非常にていねいな言葉づかいで、できるだけ平易な事実に即して語られたのだが、具象的な道具の話のようには簡単にのみこめぬ節が多い。

そのあらましを述べると、先生は自分の人生観を「無」の境地に置いておられ——この境地に立ち至った経過を次のように話された。

大分前のことである。

親類の子を預って可愛がっておられた。ところが、その子は不幸にして早くなくなった。

その夜のことである。日記を認めていると不意に、しかも、スウーッと今まで覚えたことのない気持になった。それが「無」というものであった。以来、常住いつでも、この心境に這入ろうとすれば、這入れる。この心境は、いわゆる「日ク、言イ難シ」で口頭によって伝えられるものでないが、誰しも機会さえあればなれるものであって、人の賢愚によるものではないそうである。

これが先生の説明の大要で、これだけではなんだか「無」が突然、先生の懐ろめがけてころがりこんできたように聞えるかも知れないが、むろん、ここに至るまでにどれだけ世の辛酸を嘗め、厳しい精神の苦悶を重ねられたかは想像するまでもない。

さて、最後につけ加えて、先生は意志の力の必要を説かれた。「無」の心境を持して世に処するには強い意志を要求する。いいかえれば、意志の力で、これをいかにあまねくあらしめるかにより、人に賢愚の差ができる、といわれるのだ。

ぼくは、老荘の虚無哲学も、禅家の悟入も識らないが、先生の場合は、むろん、ただの虚無説ではなく、むしろ禅家のそれに近いように思われる。「正念工夫」――そんな言葉を思い出した。

先生の芸術も、山も、またここから始まり、ここから解釈しなければならない。観念の虜であるぼくには、到底理解到達し難い境地とはいえ、すなおに先生の話を聞くうちに、朧気ながら幾分はわかるような――反対にわからなくなったことかも知れないが――気がしてきたのであった。

むすびとして「大隠ハ朝市ニ隠ル」のこと

「大隠ハ朝市ニ隠ル」

この古い言葉を、ぼくは修正して用いたい。先生の場合に限って、大隠は大賢でなければならない。先生は隠者ではない。世の中を白眼視するような厭世的なところは少しもない。かえって、真面目な深い愛をもって、一日一日を元気に過ごされてゆかれるのである。

だから、

「大賢ハ朝市ニ隠ル」

と、修正しなければならない。

たしかに、大地堂良助氏は、先生であった。お江戸は谷中の一角に、珍しい、全く別派の登山者がいたのである。

といっても、先生が真に「先生」たるゆえんを知ろうと思えば、どうしても一度会ってみなければわからないことかも知れないが。

（『日翳の山　ひなたの山』）

猟師の遺産

猟師は、食わんがため厭でも山へ出かけねばならない。だから、できるだけ楽をして山を渉り歩き、その余力のすべてを狩猟に向けようとする――。祖先伝来、彼らがうけついだ正直な気持なのである。

これがながい歳月を土台として、その地方地方の特異性に適合した幾つかの要領のいい登山術や便利な用具を生み出した。

例えば、登山界でスノー・ホールと呼ぶ雪中露営法は飯豊の猟師が遠い昔に経験し、〝ポーラー・メソッド〟――極地法は伊折の猟師の間に、それとよく似た同形式のものが古くから伝わっている。

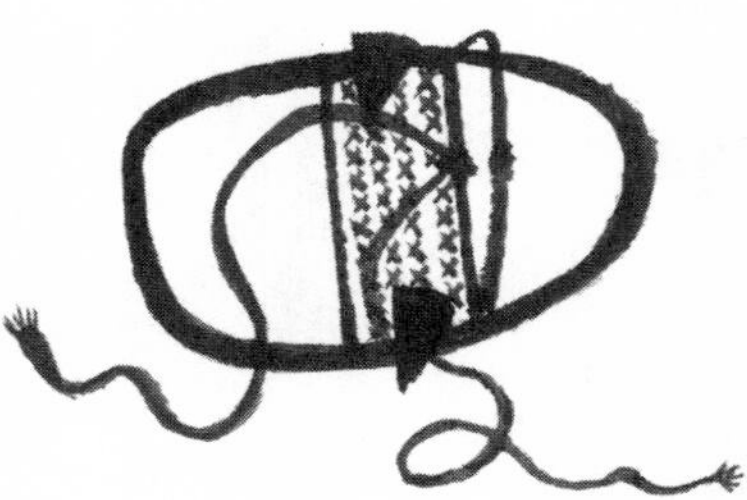

かつて、越後五十沢のさる猟師村の——広い土間一面に莚をしきつめて、片隅には焼酎の壺がころび、時には、顔に熊の爪跡のある慓悍な男たちが酔い痴れていることもあろうという——典型的な一頭目の家に厄介になったことがある。

次第にへだてがとれてくると、鬼のような男たちも親身に山の話を語ってくれる。朴訥な口からポツリポツリと吐き出される彼らの登山術や古色蒼然たる用具のいくつかを見せてもらうに及んで、一途に「古きもの……」として省みなかったそれらが案外新しく、そのうえ日本固有の珍しい技術の幾つかをそこから発見して意外の喜びに胸を躍らせたものであった。

いうまでもなく〝頂きを狙う登山者〟と〝獣を逐う猟師〟と——両者の目的こそ違っているが、同じく山を歩く以上、その登山術、用具、はては登降路のすべてまでが異なるというはずはなく、むしろ実際には共通した場合こそ多いのである。共通というよりも時にあっては猟師のあとを登山者が逐っているといえるのかもしれない。

われわれが今日何気なく使っている「乗越」「搦む」「ヘヅル」などの山言葉も彼らとその一族の間から創作されたものであった。なにも一から十まで猟師を褒めるわけではないが、事実その中のあるものは真に日本の山岳を対象とした心然性から生まれたものだけに、恐るべき高度の完成を見せているものさえあるのだ。現在、西欧風の登山術が研究実践されているわりには日本固有のそれが疎かに忘れられ過ぎているように思えるし、「猟師」というものが当然亡びゆく生業であり、したがってそれらはやがて失われる技術だけに惜しんでもなおあまりあることを、ぼくはいいたいのである。

ここで二、三思い出すままに書いてみるが、この一文が登山者たちに幾分でもこの方面に興味の眼をふり向けさせ、ぼくなどよりもはるかに科学的な頭脳を備えた人々によって彼らの遺産が正しい位置を白日下に得んことを希うのである。

越後猟師の某は、雪の上での焚火がばかにうまい。身体を隠すだけの雪穴にぴったりとより添うて、特殊な仕方の焚火をつくり、たたきつける吹雪の中でも十分な安眠をとる。吹きさらしの岩峰では仕方もあるまいが、樹林の多いところならツェルトにもぐって震えるよりもはるかに暖かいのである。

先年の冬も、東北朝日であの辺の猟師連中が至極無造作に雪穴を掘り、巧みに火を焚きつけるのに驚かされたものであった。

雪中の焚火の一方法としてこんなのがある。

それをぼくはかねがね噂に聞いていたが、冬の尾瀬入りで初めて見ることができ、その雄大な着想にたまげたのであった。

時は違うけれども、山友Kもこれを見てこんなふうに書いている——。


吹雪というほどではないが、相当風を交えた深雪の日だった。尾瀬へ這入る私たちは戸倉から富士見峠を越えた。重い荷に悩みながら粉雪の中を尾瀬への滑降を続けた。

針葉樹林帯から灌木帯へ出たところで一行の足並を揃えるべく立止った。

その時、戸倉から連れたIが、

「寒いから焚火でもしましょうや」

といいながら、腰の鉈を取りだすと、一本の立枯れになった裸の幹をコツコツ削り始めた。まさかそれを伐り倒すわけでもあるまいと見ていると、削った木片をこんどは橅の小さな空洞に押しこんで火をつけた。一生懸命吹いているうちに穴の中

が燃え始める。

やがて一行が揃ったので、

「さあ、出かけよう」

というと、彼、

「せっかく燃えたんでさあ、あたっていきましょうヤ」

といって、笑いながら、

「消さなくたってこれ一本燃えてしまえば自然と消えます。第一こうよく燃え始めちゃ消えませんテ。二、三日は燃えてますから、帰りにまたあたりますよ。それにこんなにうんと樹があるんだから、一本ぐらい燃やしたって……」

と、平然としている。これには私たちもあきれた。

降る雪の中で立枯れのままの橅を焚く——

いかにも山の人らしいことである。私たちは尾瀬でIとも別れたから、彼が果してその帰りに、橅の焚火へ再びあたったか否かは知らない。

全く、この通りなのである。立枯れの橅を焚く様子を巧みに書いた文章である。ただ、ぼくらの場合と違っているのは、これが峠の反対側で行われたということと、天気が滅法上々だったという点だけだ。——してみると、このIという奴、よくよくこの方法が好きで山に這入るたびに橅を一本ずつ犠牲に供しているらしい。少々、気がとがめたのであろう。ぼくらにはこんな言い訳じみたことを口にした。「帰りに吹雪になると困るだデ。こうしておけば道案内になるだ。奥山へ猟にへえるとき檜枝岐《ひのえまた》の衆もいつだってこうしておくだ」

これは森林愛護の立場から、むやみに真似られては大困りだけれども、こんな方法のあることも一応知っておいて損にはなるまい。

もう一つ、これは雨の甲武信小舎でのことである。うまく火がつかないで散々手古摺っていたぼくたちの前へ、折柄の風雨に逐われて飛びこんできた営林署の人夫たちは、逞ましい腕で大木を三本ばかり引摺りこむと、せっかく苦心惨憺して燃し始めた火をアレヨアレヨというまもなく手荒らに押し拡げ、そのうえからくだんの三本をトンネルの形に積み重ね、紙をちょっとくべると改めてマッチを擦る。

なんのことはない。できた形は材木ストーブで、その形は横に馬鹿長い。どうなることかと飯盒をもってうろうろ心配している前で、ストーブ自身は内側から、内側からと、次第に勢いよく燃え始めた。しかも煙も炎もたいして吐かず、火は全体にうまくゆきわたって火力も滅法強い、左右は開いているから爆発の恐れもない。お陰で、気持のいい熟睡の一夜をすごしたが、翌朝、ストーブなりの格好できれいに灰と化していたのを見てはいよいよ舌をまいて感心したのである。おそるおそる秘法をたずねたが、ただニヤニヤ笑っているきりで——もっとも「夜中に二度ばかり手を加えた」とはいっていた。

焚火は元来、物理学の「対流」を無視しては成りたたぬであろうけれど、この秩父という森林の山に生活する人々の永い経験の蓄積がかくの如き優れた技術を生んだのかと思う時、われわれのそれなどいかにも子供じみていて問題にならない。

ここの人々は、山に泊る場合でも大樹の皮をぐるりと剥いで、それで器用な屋根を地上二、三尺の高さにつくり、その下に潜りこむのをよく見かけることだが、これなどからみても最高度にまで森林を生活にとり入れているというべきである。

このストーブ式焚火法はなかなか練習を要するらしいが——注意すべきは地方により山地に生育する樹林の種類にしたがって焚火の方法も自ら異なり、それが最大の効果をあげるのは、やはりめいめいの故郷の山においてだということである。


これはなにも焚火だけに限ったものではないが——〝インデアン法〟とか、なんとかいう大正時代の翻訳的焚火法の時代から前進して、地方地方に住む登山者は各自の郷土に残されたこういう優れた技術を採録練習しておく必要がある。柳田民俗学が、ああいうふうに集大成され、日本人の過去の生活形態や生活感覚をわれわれの前に解いてみせうるようになったのも、やはり各地方にその土地を愛する熱心な支持者があってのことであろう。

「郷に入っては郷に従え」とのたとえもある。いつまでも〝インデアン法〟とは限るまい。こういうものが存在する以上、一応にも二応にも注意を振り向ける心要はあろうというのだ。

山でいつも焚火に手古摺るぼくは思わず長談議をしてしまったが、それはさておき、上州猟師の間に「日向側の斜面は藪深く、山陰側は浅い」ということばがある。これなど実際上越の藪では役にたつ。あのような深雪地帯に属する同地方が春おそくまで山陰側に多量の残雪をのこし、そのために樹木の生成が多分に阻害される。だから山陰側の斜面は歩きいいというわけで、それは一面、同地方の気象学的な特殊性を示し、またいかにも上越らしい渋い味を備えたいい言葉だとも感心している。

上州猟師 藤八の像
そんときゃせ
こう構えてョー
一発ブッタだ

用具などでも金鏍《かなかんじき》を例にとると彼らが奥山に入る時には二種類のものを使いわけしている。いずれも四本爪のもので、一つはうんと寸の詰った短いもの、もう一つは穂先五寸もあろうかという長いもの、前者は滑りやすい草付きや根曲り竹の藪漕ぎに滑り止めとして使用、後者は春の残雪地帯をゆく時用いるのである。

飛騨山脈と違い、高度の低いこの地方は吹雪の冬をこして、三、四月の強烈な春の日射しを一度うけると、たちまち尾根といわず谷といわず、非常に腐ったグスグスのザラメ雪に変化することが多く、そんな時、われわれの氷雪用につくられた十本爪のシュタイグ・アイゼンは、全く効力を喪失して、晴れわたった越路の空の下を一歩一歩、シドロモドロに辿らねばならぬような醜態を演ずる。この時だ——、彼らの金鏍が威力を発揮するのは——。五寸という長い爪にものをいわせて、安全確実に急斜面をとぶように駆け去る彼らは遠い祖先のころから上越の特異性を知り尽しているのである。そうしてまた必要上から堅雪を通過する場合は短いのに穿きかえて、すばらしく熟練した技術を用いながら、十本爪に少しも劣らぬ行動をとるのである。

近頃、登山者の中にわざわざ〝上越用〟として四本爪を求めるものもあるように見えるが、それならそれで場末の運動具屋で売っているような中途半端な、あたかも夏の白馬大雪渓で拾ったかと思うものでなくもっとツァッケの長い頑丈なものを求めない限り〝上越用〟という、せっかくのことばも意味をなさないことになりそうである。軽量だから――というのなら愚かしい話で、少々重くても、十本爪の能力に比すべくもない。用具を新しく用いる時、それがいかなる山で、いかなる方法で効力を発揮し、またいかなる必然性から発達しきたったものかよくよく考えぬとおかしなものになりがちである。

多雪地方の山でお尻に提げる敷皮というもの、一度使い出すとなかなか具合のいいもので――停車場から早々とぶらさげている人まで、チョイチョイ見受けるほどだが、これなどまさしく日本固有の用具の一つで、猟師からうけついだ彼らの遺産であったのである。

羚羊《かもしか》の皮を上等としているが、戸倉村の藤八いわく、

「敷皮に一番いいのは犬の皮サ。羚羊の皮は雪には強いが、地ベタの温度までは防げねエ、だけど、犬は鉄砲ブチの神様だから、いいとわかっていても滅多には尻に敷けねェ。それが証拠に犬の皮サぶらさげているのは本マのマタギたァいえねェよ」

とこんなタブーもなるほどありそうなことである。そのせいか、この話をきいて当分の間犬の敷皮を提げた猟師に出あうとマヤカシ者のように見えて、失礼にも技倆のほどまで疑ったりしたものだ。

さて、いよいよ、終りに山歩きの間に拾った珍しいものを一つ——。

数年前、これは鳥海山で猟師の使う煙草入れを見かけたが、その見かけからして曰くありげな雅趣にとみ、説明をきいて、その美術的な肌ざわりとともにますます驚かざるを得なかった。

煙草入れはありふれた代物だが、それについた網代編みふうの煙管入れの下から墨塗の馬簾《ばれん》がさがっている。問題はこの馬簾にあった。

これは晴雨計の役をする。つまり晴天の時は真直ぐに垂れているが、天候の崩れる前になると湿度の関係によるのであろうか、横へ捲きあがるという。

だいぶ眉唾物の話のようで、あるいはただの悪魔除けかなんかで、ぼくたちがいっぱい食わされているのじゃないかと思ってもみたが、なにしろ、説明者は大真面目だし、考えてみても毛髪の類はもともと湿度に敏感な性質を備えているものだし、そこからほど近い山懐ろには鳥海マタギの集落として有名な百宅《ももやけ》の猟師村もあるのだから、それこれ考えあわせてなにか意味深いものがあるのかもしれない。とにかく、尺に近い馬簾に波を打たせて雪中をのし歩くさまは思うだに壮快である。

　その後、三越で東北民芸の展覧会が催された時、並んでいたと小耳にしたけれども、この時のは墨馬簾に代る朱塗りのそれだったそうで、きれいではあろうが下手物じみた味一方の品らしく、見にゆく気にもなれなかった。

　しかし、果してそれが効能書通りとすれば量的な晴雨計としては役立たぬまでも、質的な晴雨計としてまことに神秘にして珍奇な用具の一つに数えられよう。

これはもう一度手に入れてとっくりと、是非たしかめてみたいと思っている。

いうまでもなく、日本の国土の大半は山である。その山々の襞の間にはおよそどれくらい多くの人々が山を生活の根城として祖先伝来の生き方を守ってきていることであろうか。どれくらい数々の生活の技術が伝承され来たっていることであろうか。しかも時代の波はいかなる山間僻地へも隈なく侵入し、このように優れたさまざまのものが科学する人々を待ちわびながら、いたずらに亡びつつある。

彼らにはもう後継者がいないのだ。

はたして、これらの貴重な遺産をただの好事家や古物蒐集家の道楽にまかせておいていいものだろうか。これを正しく伝承して、役立てうるのはいったい誰であろうか。

彼らにはもう後継者はいないのだ。

彼らの遺産はひそやかに登山者たちにうけつがれるのを待っているのである。

(『日翳の山　ひなたの山』)

稚《おさな》き日の山

ぼくの山への開眼といえば、小学校の三年生にはじまる。嘘みたいに思われるかもしれないが、こういうわけなのだ。

そのころ、ぼくは瀬尾さんという洋画家のところで油絵の手ほどきを受けていた。どうせ、子供のことだから絵を習うというよりあそぶ方がおもしろくて広いアトリエを我物顔に駆けずり廻っていた。けれども、子供のなかった瀬尾さんはこの暴れん坊を叱るどころか、ひどく可愛がってくれて、ぼくひとりはご夫婦の私室へも天下ご免で出入りをゆるされていたようである。ある日、奥多摩へ写生につれていってもらった。

＊

奥多摩といっても、そのころは立川からチッポケな豆電車みたいのに乗りかえて

二俣尾まで、そこが終点だったのである。二俣尾から沢井の付近まで歩き、写生をすると引き返したのだが、この時、はじめて、山というものを身近にみて、からだの中からゆさぶられるような感動を覚えた。
　二俣尾から沢井付近へかけては、多摩川も大きくゆったりと流れ、両岸の山々も変化にとんだ形のなかに親しさを秘めるいいところだが、このとき、山とはなんて素晴らしいものだ、早く大きくなっていつでも自由にこられるようになりたいとしみじみ思った。帰って

も、二俣尾付近の緑のみずみずしい変化にみちた山裾や、ゆったりと流れる青い多摩川、対岸の杉林の中へ消えていく村人などの点景が絵のようにいつまでも思い出されるのだった。

「山」は、この時はじめて心の中に座をみつけた。

＊

隣家の女中さんで、大月から来ていた人がいた。この人は柳行李《こうり》の底に今でいう旅行案内のようなもので、むかしよくあった絵図を持っていた。故郷をたつとき持ってきたものか、故郷を想うあまりに買ったものかはしらないが、ひらくと濃い緑で円い山がいっぱい描いてあって、それをぬって甲州街道は白い太線でうねうねと走り、これと平行して中央線の黒と白のだんだら染め、駅名は白抜きで全部のっていたし、途中の名勝も忘れなくかかれていた。

ぼくは、この本をみせて貰いたくて、井戸端でよくねだったものだ。そして、まだ見たこともない甲斐路の山々にどれほどあこがれたことか。乗ったこともない中央線の駅名を、いつしか全部そらんじるに至り、五年生のときには担任の甲府出身の先生を驚かせたものだった。この記憶は今でもいささかもおとろえず、新駅をのぞけば東京から山へつづく鉄道沿いの駅名は全部いえる。

＊

友達に杉浦という男の子がいた。成城学園の生徒だった。この学校では――今、考えても素晴らしく進歩的なことだと思うが――小学生の時分から夏は北アルプス、冬はスキーなどへ連れていっていた。この子が夏の白馬岳から帰ってきて大雪渓のい、い、い、ものすごさを話してくれた。実際にそう感じて言ったのか、多分に誇張をまじえていったのものか、それはともかくとして、二俣尾の風景、それもたった一度だけのぼくは、真夏に雪がのこる「雪渓」とやらいう化け物をあれこれと夢のなかに想像した。

ぼくの家は戸山ケ原のそばにあった。ここは旧陸軍の練兵場で、そのはずれに三角山とよぶ人工の築山があった。これはかなり大きなもので大部分は草に覆われていたが、草のはげおちたところでは三、四十度の赤土の斜面となっていた。夏やすみの長い長い夕方をすごす二人にとって絶好の遊び場だったが、この築山を追いつ、追われつしているとき、うしろから迫る杉浦が、

「大雪渓はもっとすごいぞ」

と声をかける。ぼくは、その声をうしろに聞くと、赤土は途端に消え、急峻にそそりたつ雪渓とやらをわたっている気がして、力をこめ「ヤッ」とばかりに崖をとびおり、赤土の上をグリセードよろしく滑りおりたりした。そんなとき、自分の五体が意志から離れて反射的に敏捷巧緻に動きまわるのをわれながらほれぼれとしたものである。

この三角山の上からは、クヌギ林を前景として東京西郊の山々が見渡せられた。いわずとしれた丹沢から大山へ至る一連であるが、その紫紺色をした深い姿は、いつまでも二俣尾につながって、山へのあこがれを限りなく新たにした。

*

中学生になると、横井春野（野球の方で有名だった人らしい）という人の『日本名山』（?）とかいうかなり分厚い本を買った。山をいつも身近に感じていたかったのであろう。これは幾度となくむさぼるように読みかえした。そのため日本の主な山と登山口など殆ど名前だけは知りつくしてしまった。

読み返しにあきると三角山の上にたって、遠い山をみるのであった。右によって一段とはねあがっているのが蛭ガ岳であることをすでに知っていた。

そして、五万分の一の地図を毎月すこしずつ、三宅坂にあった参謀本部のそばまで買いにいくのが、この山へいけない山好きの中学生の毎月の行事となっていた。

＊

と、ここまで書いてきて、ぼくの山へのあこがれは実はもっと前に片鱗をみせていたことを思いだした。

それは、まだ小学校一、二年生のころ、豊島師範の付属小学校へ電車通学をしていた時分のことだった。当時の池袋駅は木造の古風な渡り廊下になっていて、まわりにろくに人家もない時分のこととて、そこからも山がよく見えた。

ぼくは級友と子猿のようにふざけちらかしながら、この高い渡り廊下を歩いていくとき、ほんとに、山が、特に春の雪ののこった山がみえて立ちどまったことが何度もある。

「おい、山がみえるぞ」

と友達におしえても、一瞬、チラとふりむくだけで、すぐ、彼等はつづけていた遊びや話にたち戻っていった。そんなとき、ぼくはとりのこされた者の淋しさを子供心にもはっきりと感じた。

一人息子であるぼくがやっとゆるされて、山らしい山へ自分たちだけでいったのは中学の三年から四年になろうとする春やすみだった。

＊

同級の友達二人、つごう三人で甲府から昇仙峡——猫坂をこえて黒平鉱泉へ、そこで藤原さんという老人を案内にたのみ水晶峠往復、ほんとは金峰山へいくつもりだったが深い雪で中止をした——木賊峠を越え増富へ、三泊ほどの旅だった。

甲府を夜明けに歩きだして昇仙峡へくだる和田峠（？）とか呼ぶ小さな峠ではじめてみた雪の南アルプス、これには全く、息を呑むというか、息が止まったというか、日本にこれほど高くて立派な山があるのだとは想像もしていなかったからであろう。二人の友達は、さしての感動もなさそうに坂道を登っていったが、ぼくは感激のあまり涙がでた。

黒平の印象はいま殆ど残っていないが、宿の暖かい縁側でねそべりながら話をしたことや、庭先にひらけた風景のいかにも山奥らしい静かなたたずまい——それから熊の肉だのというコチコチの堅いもの、いや、もう一つあった。程近いところにある夫婦木とよぶ陰陽の形をした大樹のこと、これは思春期のぼくたちにとっておよそ興味の共通する話題で見にいきたいのはやまやまだったが、さればといって見にいくほどの勇気を、三人とも持ち合わせてなかったのを覚えている。

案内をたのんだ藤原さんという老人――いま思うと、現在のぼくよりはるかに若かったのであろうが――は、ぼくたちの足ごしらえをみて(運動靴をはいていた)それでは駄目だと翌朝、三足のわら靴をもってきてくれた。

村をはずれると、すぐ、一面の雪。しかし、ふみあとはずっと続いていた。ブナの林をぎっしりと埋めつくした雪原の美しさ。まさに新鮮な驚異そのもので、ぼくのわら靴は躍るように軽かった。どうせ、金峰へはいかれないことはわかっていたが、少しでも先までとがんばった。水晶峠で鹿狩りの猟師の一群に追いつくと、そこが結局、引返し点と決まって身を切られるように残念だった。たそがれ近い雪原で、息をひそめて獲物を待つ猟師の一群はほんとに英雄のように思われた。

翌日は、また、藤原さんに木賊峠まで案内をしてもらった。峠の黒平側に雪は全くなく、黄色く枯れた山肌を美しいものと見ていたが、峠にたつと向こう側は一面の雪の高原、踏んだ跡などどこにもなかった。その原の正面には金峰か、みずがきかがすばらしく立派にながめられた。藤原さんに道をきき、彼と別れたが三人のわら靴は昨日でこわれてしまったので、その日はもとにもどった運動靴だった。藤原さんの話では三十分ぐらいいけば雪もなくなり道にも出て炭焼きもいるとのことだった。

しかし、これは全く見当違いの甘い見通しで、谷に降りるにともない残雪は深くなり、一時間くだっても道らしいものにも出会わず、友達の一人はあまりの冷たさと淋しさから泣き声をあげる始末。

雪原には、ところどころ木の枝が散らばっているところがあった。

ぼくは、そこからそれへとつなぐように、もぐる雪の中を一散にかけぬけてわたり終えると、木の枝にのり、しばし、足の冷たさをやすめて、次の目標へと突進をした。

運がよかったのだ。

ぼくたちは、その晩おそく、完全に遭難一歩手前という状態で増富・金泉湯の戸をたたくことができた。

おそろしい経験であったとわかったのは後のことで、そのときは、それほどあぶ

なかったのだとはすこしも気づかず、やれやれと思った程度だった。凍傷にもならなかったのが、今もって不思議である。

翌日は韮崎まで歩いて帰宅をした。家に帰ってからも、あまりの刺激の強さにしばらくは、頭がぼんやりとしてしまった。

＊

このあたりから、ぼくと山との関係はだんだんと現実味をおびた交渉――「登山」となりはじめてくるのである。

しかし、今になっておもう。山に恋い焦がれた生一本な気持は、山登りを始める以前の方がはるかに峻烈であった。山へ自由に行けるようになればなるほど、そして山を語りあう仲間がふえればふえるほど、もはや三角山へ山をみにいくこともしなくなり、クヌギ林のむこうに丹沢の夕焼けをみて、思わず感動に身ぶるいすることもへってしまった。山ずれとでもいうものであろうか。山から受ける感動を卒直に表現することを素人くさいとする妙なてらいが身にしみ、いつかかなしい性《さが》となったのであろうか。

ぼくは、いまでも山が好きだ。しかし、それが恋であるといえる烈しさは、とっくに、遠く去ってしまっている。

四十数年以前のあのころ、二俣尾の手前の宮の平に大きな岩山があった。そこは石灰の切り出し場となっていた。それがいまでは、すっかり切れ崩されて山もなくなってしまった。あんな大きな山がなくなるほどの年月が過ぎ去ったのだから、山への気持も変わるのは至極あたり前のことだと人はいうかもしれない。しかし、ぼくは自分で山へ登りはじめたことによって、かつての山への恋を自ら捨てさった結果になったといえないこともない。

ともかく、あこがれが現実と入れかわりはじめたとき、ぼくの一途《いちず》で純粋だったものの影がうすれはじめたことは、恋の常の道とはいいながら哀しい気持である。

（『山とある日』昭和四十二年十一月・三笠書房刊）

無器用者と岩

　ぼくが、岩登りから遠ざかって二十年にもなる。もう、岩を登る年ではないと、決めこんでいたのだ。

　めったに通う人もいない忘れられた峠の笹原や、もの寂びた山頂の雲に、わずかに旅情を養っていた。そこには、清くすんだロマンはあったけれど、求める山登りとはほど遠いもどかしさ、じれったさがいつかつきまといはじめたのに気がついた。ろうそくが燃え切るまえの最後の光芒なのかもしれないが、この春あたりから、不意に、自分で純粋だと信じる山登りをしたいという気持が心の中を襲いはじめた。年齢が高くなろうとも、そのときどきの年にふさわしい精神と肉体とが最高度に発揮される緊迫した登山の形がどこかにあるはずだと思いついた。そして、そんな山登りを自分の山登りの中心にしなければいけないと思った。少年の論理のように

——これを避けずに貫くことが、とるべき道であると思いいたった。

しかし、これは実に危ないことなのだ。

こういう生き方を山ばかりではない——人世でも採るならば、どこかで、いつか、やられるような恐怖も感じる。二十代の時分、当時としての尖鋭な登山思潮に傾倒し、その行動の中にのみ生き甲斐をみていたような時期を、さいわいにも無事に通過したのだから——これは自分の力ではない、実は運命の神がいつもこちらの味方でほほえんでくれていたからなのだが——もう、軽い山歩きに満足し、若い人たちの中に自分が果たし得なかった夢や、追憶の甘さをみるようにするのが、至極、自然なことなのじゃないのか。

ところが、ぼくには生まれつきそういかない無器用な根性が潜んでいる。

なんでも、やってる間は本気でやる。やめるとなったら、すっぱりやめる。うまく、両方をかみ合わせて適当にというやり方は、どうも、性に合わない。

さて、そうなると、選ぶルートには困難がつきまとう。たとい、そのルートが若い人にとってはものの数ではないとしても、山登りが、山と登る人との一対一の関係で成立するものであるならば、ぼくにとっては抵抗のあるものに変化をする。八十歳の老人が富士登山をするのと、二十歳の現役がそれをするのとでは、ある場合には——ある場合にはだ、——八十歳の老人の方に、その登山発想の根源において、より純粋なものが脈々と息づいていることがあり得るのではなかろうか。

いや、ぼくだって、二十代のときにはいくらか名のある岩壁も登ったし、いくつもの冬山とも闘ったが、その結果、捕え得たものは、この純粋さではなく「山馴《やまず》れ」という、もっとも、忌わしい収穫だった。だから、せめて、本当に近いものを、こんどこそと思ったのかもしれない。

その純粋さを人生の後半に、身をもってつかみ取れるものなら、つかみ取ってみたい。

そして、それが、アルピニズムと呼ばれる説明しがたい抽象的なものの、もっとも素朴な本質であるような気がしたのである。

数日前、ぼくは三ツ峠の岩壁を前にして立っていた。岩はくろぐろと輝き、壮絶な角度をもって聳立していた。はたちの前後には毎月のように二、三日はここで過ごしていたんだが、その時分はもっと明るい岩と思っていたが——いまは、黒くて、深く沈んだ色にかんじた。

不動岩の一つ先からさがった空中懸垂六十メートルは、いかに若く元気だったとはいえ、あんなところをさがったとは信じられないくらい、深い空間となって空の一角をえぐりこんでいた。

ありったけのザイルを全部つないで、七十メートルにして降りたんだから間違いはない。

五十メートルを越す空中懸垂は、ザイルの重さがすごくこたえ、しかも、それがぐいぐい伸びる気味の悪い感触を知った。

出足の岩から、ぶらりとさがって、さてたぐろうとしたら意外にもかつてない手強い抵抗にあい、しかし、なんとしてもたぐらなくては死ぬんだと思ったとき、脳天から一時に血の気が引き、貧血状態におちていくのを必死にこらえた。先に降りた海野治良君と一緒になったとき、二人とも脂汗をにじませながら「こんな、懸垂は二度とやるもんじゃない」と言い合ったものだ。

さて、登山道をくだって、登ろうとする壁の下にまわる。

しかし、ここも、なにか、ひどく手強い感じになっていた。

壁がかわったのではなく、受け取るこちら側の変化によるものであろうか。

やっているうちに、やがて、忘れた感覚や勘もとり戻せよう——。

あれは、まだ、学生時代のことだった。

鈴木伝明という俳優が独立プロダクションをつくって「銀嶺富士によみがえる」という山岳映画をつくったことがある。これは、同プロダクションの経営が左前になっていたので、最期に社運をかけて制作した作品だったが興業成績芳しからず、プロダクションは解散の憂き目をみた。このロケの折、ふきかえを頼まれアルバイトかたがた、二月いっぱい、三ツ峠の岩壁と富士の氷で暮らしたことがある。ぼくは、学期末の試験のある日だけ、岩壁の上から、氷の上から東京へ受験にもどり、また、夜道を山へ帰ったものだった。その時、雪の積もっているこの壁をアイゼンと手袋をつけ、高橋照君と二人で登攀したものだが、それがいまみると凄くわるい。

どうも、本当にあったことではないような気がする。

運命の神はまことに気まぐれである。ぼくぐらいの年になると、その気まぐれさをいやというほどみせつけられ、とても彼を信用することはできない。若い時には、たいてい大丈夫だろうとバランスの中断をリズムにたよって、指先を未確認のホールドにのばすこともできた。運命はいつも自分にほほえんでくれる如く信じているからだ。そんな岩登りも沢山にあった。しかし、今は、そのほほえみの裏に底意地の悪い彼の本性をいつも感じ、一つ、一つの手掛りに確かなものを求めなければ、次のホールドへは移れない。これは、或る意味ではむずかしくなる。バランスに行きづまった時、より高度のバランスで解決しようとするからだ。

そのとき、もはや、自分を頼ってもらえなくなったことを知った運命は、ひどく、彼の自尊心を傷つけられて、手痛い復讐で報いようと、歯をかみ鳴らして隙をうかがう。

——登りはじめる。

やがて——ホールドは極端に小さくなり、右足だけがやや頼りになる足場に立つ状態で行き詰まってしまった。手のホールドのところに足をおくためには、どうしても、右足と左足とを踏み替えて、踏み替えた右足をスラブの上におき、左足を持ちあげなければならない。そうすると、しっかりした足場に立てる。しかし、この踏み替えに微妙なバランスを要する。

手が疲れてきたので、一度、安全なところへもどる。

——再び、こころみる。

できることなら、踏み替えをつかわないで、すっきりと、からだを持ちあげたい。

——どうも、うまくない。

——また、もどる。

——また、登る。

——数回、試みる。

——小さく、スリップをする。

——一服、吸って、考えこむ。

——登る。

——踏み替える。

——「コチッ」と靴がなって、うまく、いった。

右手のホールドをまさぐるが——無い。

そのうち、体重がかかっている左足が痙攣をしだす。

——また、ふり出しにもどる。

だいぶ、全身が疲れてきた。ぼくの、これからの岩登りはたくさん登れなくてもいいから、しっかりと登りたい。それで、少しでも希望のある間は諦めたくなかった。

——食事にする。

——腹のできたところで、さてと岩の下に立つ。

途中までは馴《な》れた。

踏み替えもうまくいった。

こんどは、スラブにかけた右足へ、思い切ってウエイトをかけ、大きく右腕をのばしたら、みえないところにがっちりした手掛りをつかんだ。

岩には弱点がある。クライマーは、その弱点を探す。この岩の弱点は、あきらかに、この手掛りを発見されたことだった。

ぼくは、ぐいと身体を持ちあげ、なんなく、二時間近く狙っていた足場の上に確実に立った。

岩は降参した。

がっちりと登れて、いい気持だった。

一歩、道はひらけた。

さて、この上は平らな壁になっているが、両手をのばし切ったところにスタンスと言えるほどの大きな足場がある。そこへ、行くためには、フェースの上のあるか、なきかの小さな足場に体重を托さねばならない。だから、手だけは、しっかりしたものがほしい。全身を伸びきらせた見えない高さで指先だけがホールドの有無をまさぐるけれど、そこは磨かれたようにつるつるで何もない。

ぼくは、ここは、ずり上るより仕方のない場所だと決断をくだした。バランスだけではどうすることもできない——と、岩登りには、こんな時もある。しかし、この決断はもっとおくらせるべきであったし、もっと、詳しく、新しい岩の弱点を調べあげるべきであった。言いわけになるが、雨もぽつぽつ降ってきた。履いていたビブラム底と濡れた岩のことが、しきりと頭にきて、スリップが気になった。

——指先に全身の力をこめ、からだを持ちあげる。

しかし、自分では気のつかないうちに指の力は限界にきていた。つるつるの岩の

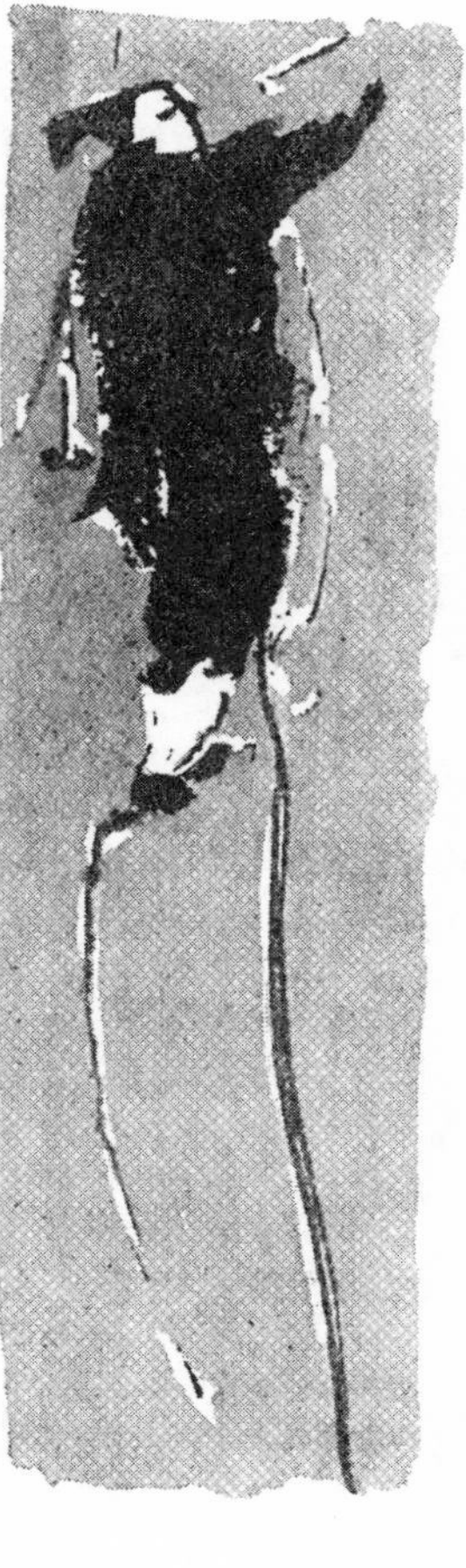

縁で体重を支えるための懸垂力は、もう微塵も残ってはいなかった。

——知らぬ間に運命の誘いの手にのっていたのだ。

——彼は、ここぞとばかり復讐の機会をつかんだ　。

二、三度、肘をのばしたり、ちぢめたりしたように覚えているが——わからない。

——つるり、滑った。

恐ろしい速さで、岩は目の前をつっ走った。

腰のハンマーが跳ねあがった。

頭をうったら、大変だというおもいが、チラリとかすめた。

——一瞬の出来事である。

——気がついた。

墜落距離は約六メートル。

右の靴の半分がけし飛んで、底がないような気がする。裏をかえしてみるとなんともない。足先の右半分が全く無感覚になっていたのだった。おそる、おそる、身

体を動かしてみると、ほかはたいしたことはない。腕から一筋、血が流れているが、
こんなものはすぐ止まる。
それよりも大事なことは、歩けるかしら。
こわごわ、一歩を踏みだす。

なんとか、歩けそうだ。

もう、登攀は続けられない。

ポリコートをかぶって、ひどくなった雨の中を感覚ののこっている踵の部分で一歩、一歩、引きあげる。

——そうとう、時間をかけて、小屋へ戻った。

やすんでいるうちに痺れは烈しい痛みに変わってきた。ソッと靴の中で指を動かしてみる。

どうやら、動く。

大丈夫らしい。

覚悟はしていたが、靴が窮屈になってきたところをみると、腫れがきたらしい。

しかし、今、靴を脱いだら、はけなくなるし、歩けなくなる。どんなに苦しくとも我慢をすることだ。

ゆっくりと時間をかけて、下山にかかる。

脂汗の出るような、おそろしい苦痛をこらえて、それでも人の手を借りずに東京へ帰った。それから、ベッドへもぐりこんできょうで五日目だ。ふだんの何倍にもみにくく腫れあがったのはそのままだが、静かに寝ていれば痛みは殆ど感じなくなった。

ぼくは、治り次第、すぐ、その岩場へいく。

何故落ちたかという原因もはっきりしているし、避け得られるものだし、したがって、登り切れるとも思っている。

しかし、人は愚かだというかもしれない。たかが、十メートルや二十メートルの岩壁で、しょうこりもなく執念をもやすこと自体おかしいというであろう。五メートルだって頭を割り、死ぬことだってあるんだ。その通りである。

いま、ぼくの枕元には薬びんと並んでヒマルチュリの写真が開かれたままになっている。

人は、続けて言おう。

「君の岩場が、ここにあるような桧舞台なら、もう一度――という気持もわかるけれども、たかだか、三ツ峠ではつまらないではないか」と。

しかし、ぼくはそう思わないのだ。この場合ヒマラヤだろうと三ツ峠だろうと登攀の場はそれほど深い意味を持たない。ぼくが問題にしているのは舞台ではない、登攀者の心の問題なのだ。

自分の間違い――なにか間違いがあったからこそ落ちた――その原因を究明し、それを避ける方法によって立派に成功したいのだ。

それが、自分をきりひらくことなのだ。一つの危機や困難をのりこえることは自分を一歩すすめることになることを知っている。一度、落ちたところを再び登るのはだれだってこわい。ぼくだって、再度の墜落にたいする恐怖は強い。こんどは、こんな程度ではすまないぞ、頭の鉢を――というこわさだ。一度あることは、二度あるなどといういやな諺――それから、こういう山登りをやっていて、とうとう、やられてしまった人たちのこと、ママリー、ツグモンディ、メルクル、そして、そして――。

しかし、ここで逃げたら、ぼくは自分で信じようとした登山を、みずから放棄することになる。

ごまかしや、危なげのない山登りへ通ずるのは、そして、心の中にある山を深めていくのには、問題を、一つ一つ正面から片付けること以外に手はなさそうだ。

とにかく、大きなミスだった。

ミスはつぐなうことによって、救われることもある。

再び、登ること、それだ。

それが、世間では――「五十の声を聞いて」と嘲られる人世の無器用者が、その無器用さに従順であろうとする場合、とらなければならない自分への忠実な「責任」というものだ。

逃げてはいけない。

再び、登ること、ただ、それだけだ。

(『山とある日』)

新雪

はじめっから新雪を狙っての山行となるとその時期をえらぶのがむずかしい。新雪のおりる時はその年によってかなり広い幅で前後し、一定していないからである。ちょうど具合のいい、もっとも新雪らしい積り方をしてくれるときに出会うためには、デリケートなタイミングが求められるからだともいえる。

雪が多すぎたり、また、全然なかったり、なかなかうまくいかない山行が実際は多い。

ずいぶん前のある年の十一月、はるかに見える富士が真白になったので家をとび出したものの、五合へついた時にはすでに雪は消え、ザックの中のアイゼンが夜泣きをする始末。しかし、これはそとから見えないから良いようなものの、かくしようもないのがピッケルである。こいつをひっさげて、この沙漠のような山道を登るのでは気恥ずかしくて歩けたもんではない。

さいわい、六合の小屋裏に破目板がこわれたところを見付けだし、そこへうまく隠匿してから山へは登ったが、足元に雪こそなけれ、三千七百メートルの風はさすがにおそろしくつめたかった。

翌年は前年より十日早く、こんどは四合五勺から雪。白く輝く大斜面の向こうには白峰がきらきらと光ってくれた。八合から上は、にぶい色をてりかえす完全な氷でアイゼンの鈍なツアッケには怖いようなしろものだった。このときは、ひょんなことから足を折った仲間を背負って下山をしなければならない憂き目をみた。一歩、一歩、それこそ蝸牛の歩みのように銀盤を踏みしめて、降りねばならなかった。

裾野の方を明るく照らしていた午後の陽が力なく落ちると、青白い夕やみが、樹海の上から山腹へむかいひたひたとおしよせてきた。

「kizi」を訴えた怪我人に用を足させるため、ザイルを引き締め背をむけた目の前には真赤にやけた冬富士が夕空いっぱいに拡がった。

思わず、見とれている鼻の先を日本的なあのにおいが夕風にのってかすかにただよってきた。

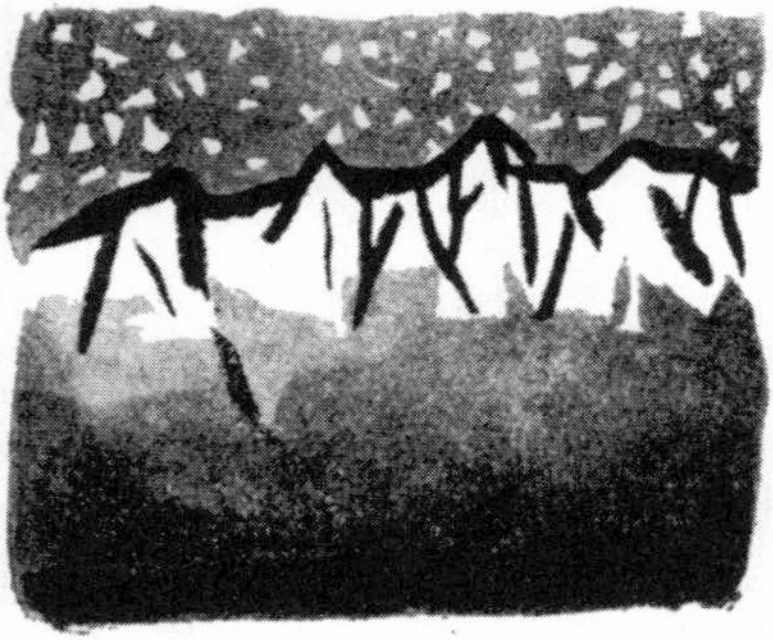

十一月も終わり近くになると街はオーバーを着た人で埋まりはじめる。

ぼくは、そのころ、この衣がえを新雪の山から帰ってからする習慣になっていた。十日あまりの山登りをした後の健康で、万事快適な身体条件のなかで、ナフタリン臭いオーバーを引っぱりだすとき、いよいよ、冬だなとひき締まった感慨を来る年毎にもったものだった。

この十日間の山というのは十一月中旬からはじまり、場所はきまって穂高へでかけたが、いつも、スキーを持っていった。上高地の平はともかくとして、ベースにしていた横尾の岩小屋からは、登降ともにスキーができるほど、雪が降り積っていた。それも近年ではよほど恵まれなければこんなことは少ないようだ。だから、人はよんで、年々歳々、山は暖かくなるという。

登降ともにスキーといっても、いくらなんでも谷はまだ埋まっていないから夏道を辿るわけだが、横尾の橋から例のジグザグを忠実にのぼって、大きく夏道を絡みおわると、ぽっかり、涸沢のカールへ出る。ここは、もう、新雪どころか、完全に冬山といえる風景。スキー・デポは高いところにつくるほど、帰りの滑降は面白いし、費やす時間も短くてすむという理由から——もっとも、その日は雪質も安定をしていたんだが——穂高小屋までスキーでのぼったぼくらは、その日の山を終えてザイルを巻くと、待ちかねたように滑降に移った。

いくつとなく描くステム・ボーゲンにつづいて、ザイテングラートを横ぎり、涸沢岳の裾を左山の気の遠くなるような長い斜滑降一本、またたく間にカールの底に降りてしまう。

広大なカールの雪原へは北尾根がそのままのかたちで青紫色の大きな影をあざやかに投げかけていた。

横尾尾根のかすかな残照もやがて消えて、夜がくる。

横尾の橋をわたると、岩小屋までタンネの森の一本道、Sの好んで用いた青い電球のヘッド・ライトが夢幻的な雰囲気をつくりながら、矢のように飛んでいった。これがかつての十一月の穂高だった。

しかし、新雪という文字からうける感じとなると、本当のところ、もう少し、浅い時期、根雪にはまだ遠い、——根雪になる一歩手前の季節を適当だと何故かおもう。

「足元にひろがった破片岩は、さいわいよく乾いていた。ツェルトを張る。深い霧のなかから、風が吹く。シュラフにもぐって、一ねむり。さら、さらと音がする。雪である。

雪は三時間ほど、岩稜とガレと、そしてこのツェルトのオレンジをも静かに愛撫しつづけた。

午前六時、氷点下六度。北々西微風。まもなく快晴。

長い夜が通りすぎて、朝がくる。三センチほどの雪がふりつもり、ガレの枯草も姿を消した。
山というやつは一センチでも雪をかぶるとその姿を華麗極まりないものにする。稜線の深い陰影のなんという美しさ。
やがて、薄ねずみ色の雲をやぶって朝日の矢。新雪はいっせいにかがやく。凍りつきそうな両手をばたばたたたきながら朝げのバーナーをたく。暖かくなってから出発にしようと図々しく構えて、わざとのろのろ、仕度にかかる」

以上は、十月のある日の山を記録しようとかきかけて、そのまま、放りだしてあった日記の一節である。これを書きたして、ぼくの感覚にある新雪とはこの程度のことなのだと、いわせてほしい。

前日、槍の肩から縦走路を歩いて北穂へ、そこから南稜を涸沢へおりた。実は、もう少し雪があるのかと期待をしていたが前々日歩いた北鎌尾根も、この日の縦走路も、砂糖菓子をつめた折りの底にこびりついた砂糖のように、申し訳ほどの残雪をみただけで、カラカラに乾いた岩場、ただ、いかにも晩秋の山らしく、落石の音だけが、かん高く冴えた空気の中にとどろいた。

雪がないのでつまらなくなって、北尾根のコルを越え、奥又白の池へ予定を変更、どこか、やさしいところを前穂の頂上に出ようと思っていたところだった。

ところが、北穂を下りはじめてまもなく霧がまきはじめ、カールについた時は涸沢槍も奥穂もその稜線はみえず、わずかに堆石の間に汚れきった古い雪が目に入るだけだった。

カールの底は、天候のかげんでいやにしめっぽく、暗い気配だったので、黄色に霜枯れた弱々しい草原をすてて、わざわざ旧岩小屋付近までのぼり、ツェルトをとりだしたわけである。

霧は、時刻のうつるとともにいよいよ濃く、いま全く視界をさえぎっているものの、ここは高燥の地、乳白色の壁にあつく閉じこめられていても、どことなく明るくて気持がいい。

——そして、雪の朝をむかえたのだった。

正直のところ、しまったと思った。行程を奥又白の池までのばしていたら、けさは、あの圧倒的な雪の東壁を首の痛くなる角度でながめられたのにと——。

もう間に合わない。これから池へいけばもう一日日数がかかる。その一日がどうしても都合がつかないのだ。大学のうす汚ないアトリエで愚にもつかない絵画論をもっともらしくしゃべらなくてはならない教師としての拘束が、もう、そこまで迫ってきている。ほんとの美は眼前にあるというのに——なんてことだ。

ゆっくりした朝食をすまし、ザイテングラートをコルへ登りはじめた。背中一面に陽光をうけ、なかなか、あつい。岩の上につもった雪も、這松にたまった雪も目にみえてとけていく。岩からはぽたぽた雫がおち、這松の枝はバサッバサッと雪を払いおとす。

このとけ具合では、間もなく日かげをのこして涸沢の雪はあとかたもなく消え失せることだろう。

それから一時間後、ぼくは穂高小屋の前で、冷たい風にふかれながら、奥穂の登り口をにらんでいた。そこにはべっとり雪がついていたが、小屋から登った人がいるらしく、雪の上には靴あとがつき、ホールドと思わしきあたりはきれいに雪がはられていた。

信州側は、雪も消えかかっているというのに、飛騨側は粉雪の状態のまま雪面は固くしまり、そこを吹き抜けてくる風はこしゃくにも冬山並みのきびしさをもっていた。

身ごしらえを厳重にととのえると、夏道通りに岩をつかみはじめる。誰もが知っているようにこの岩場はすぐ終わり、ゆるい岩稜を辿っていくと上から三人の若い人がおりてきた。すれ違って、こんどは、ぼくが頂上へ、小屋から五十分、奥穂についた。頂上の雪の上には足跡がいっぱいに乱れていたが、それは、そこで止っていて、ありがたいことに、先はまだ誰も踏みしめていない白い雪がつづいてた。


——新しい雪をロバの耳へむかって岩稜を下る。

ここからは山稜の北面にあたるロバの耳もジャンダルムも見事に雪を鎧《よろ》って一見手のつけられない凄さの冬の姿をしているが、しさいにみると、夏道はまだまだ、はっきり、残されていた。

だいたい、道の導く通りにのぼり、ジャンダルムの頂上はまいて、アルファ・ル

ンゼを飛騨側へくだる。夏なら、ここはガラ場の崩れやすいところだが、今は固く凍りつき安定していた。適当なところから、雪に覆われた草付きをいやなトラバースをして飛騨尾根の上部へ出た。そこは雪をかぶった這松のテラスだったが、すぐ垂直に近い壁となって、それが行く手をさえぎり、登ろうとするジャンダルムの頂上は全くかくれてみえない。雪は壁のへこみにのこって、スラブを縞模様にいろどっていた。

さて、登りはじめて最初に出っくわしたのはクラックである。クラックの中は雪がつまっているが、さいわいに軟らかいのでかき出しては足と手でつっぱって通過、再び、壁にもどる。

壁の途中はホールドに乏しく、しかも下が切れているので気味が悪い。ふんばった両足の間からは笠から抜戸への山稜がはるかにみえた。

こういうとき、一人ぼっちの山というのは淋しいものだ。

身体が透明になったような強い孤独感がふきぬける——。

やせ我慢はやめて、ハーケンを一本。

――登りきったら、雪のついていない岩稜にかわった。鋭いが、やさしくて快適である。

その先は第二テラス。テラスは広く、白い雪の上にはオコジョの足跡が点々とちらばっていた。

ジャンダルム飛騨尾根のいいところは、テラスに登りついてから、はじめて次のピッチが目に入る楽しみにある。

こんどは、今よりずっとやさしい。傾斜は強いが適当なホールドがつづいている。岩は黒々としているけれど、ホールドのところだけ新雪が白く残っていた。この雪を払い落しさえすればいい。

ところが、困った。

この軟らかい雪は靴に粘りつき、それが忽ち凍りつく。それで、靴底はまるくなって、足場はいいにもかかわらず、登攀者はいつも不安なのである。不安だけならいいが、悪くするとスリップのおそれさえもある。

ピッケルでたたいたぐらいでは団子は離れてくれない。

慎重にトリコニーの部分を岩にさぐりあてるようにして、第一テラスにのぼりつく。

もう、ジャンダルムの頂上はすぐそこ、ふあっと雪のついたゴロ石を踏めばいい。ゴロ石には小さいながらベルグラが誇らしげについていて、その上にはよく晴れた空がひろがり、細い雲が二すじ流れていた。

頂上から信州側にある縦走路へ出ると、もう、うそのように雪はない。大きな白い石は暖かい秋の日でぬくもり、飛騨のつめたい風も吹いてこない。新雪の三千メートルでは、ほんの数メートル、右か左へかたよることによって、季節と季節が背中あわせになっている。ここでは、一つは寒風、一つは日だまりと、稜線をわけていた。

天狗のコルへ下りはじめる。大きな岩がごろごろしているだけだ。ひょい、ひょいと飛ぶほどやさしくもないし、さりとて手を使うほどのところもすくない。なんとなく、歩きにくい降りが結構長くつづく。

やっと、左手に畳岩をみるようになって、コルに出た。再び、飛騨の風は天狗岩に鳴り、太陽は西の空へ低く傾いて、もう、黄昏がせまってきている。

コルから十分も岳沢にくだったところに、このガラ場の中の、島ともみえる根のしっかり張った大岩があって、そこは、いつもぼくのやすみ場になっている。

今日も岩の上に這い登るとゆっくり夕飯。のこりもののレーズンとコーンビーフとパンと水筒に残ったわずかな水。

「山」は、これで終わった。新雪は過ぎた時間のものとなった。

淡い淡い、にぎりしめれば掌の中にとける淡い雪、それが淡ければ淡かっただけ、しかも五日間の中のたった一日にも満たない貴重なひとときであっただけに、かえって情感をかきたて心にしみついた。

ぼくの前にはヘッド・ライトをつけて、ガラ場の踏みあとをたどっていく仕事だけが残っている。しかし、歩きにくいこのガラ場も三十分ほども我慢をすれば通いなれた小道とかわり、やがて苔むした根っこをふむ歩道に成長して、その梢からは月光が白い光をちらちらとまきちらしながら待っているにちがいない。

(『山とある日』)

老いぼれと彼

救心

きらいな体操を一つさせられ、胸の動悸がおさまらない。エキスペジション前のドクターテストをされているのである。結果は——お前の心臓は弱っている。——足の不自由な彼でも及第したのだから老いぼれも異状のないことを証拠だてようとそこで懸命のゼスチュア。

どうやら、うまくいったと思ったとたん、ドアが開いてスポーツマスター、スメルノフ氏の顔、しまったとがっかりしたが近づく手にはソビエト製の強心錠が握られていた。

ところで老いぼれはポケットにすでに日本伝来の妙薬「救心」をしのばせていた

のである。

ミッセスコシ

古びた牧人小屋が花に埋もれてポツンと一つ。その花畑のはじに立ってトランシーバーをかかえた彼がぶつぶつ怒っている。

「ジャパニースパーティ、ジャパニースパーティ、感度ありましたらドーゾ」

いくら呼んでもB・Hが出ないのでぶつぶつ声はいらだち、果ては悪口を言いはじめた。老いぼれはエレキや機械はてんで苦手なのだから手も足もでない。ただ、しょんぼり。

通信をあきらめた彼と並んでスケッチをする。青い空、輝く氷雪、黒い岩、いい気持だった。二人ともごきげんになる。

ここからベジンギ氷河へはいる。そのすぐ右手のテラスには山で死んだ人の墓が四つ。誰が供えたか、高嶺の花が枯れていた。

アドバンス・キャンプ

それは氷河が急に傾斜をまし氷瀑へつづく基部にある。キャンプ設営の日は新雪の翌日でふんわりした雪の上だったが、コーカサスの乾いた太陽が雪をとかし今ではテントを高く持ちあげていた。

「晩飯は何にしようか」ときくから「すきやきでも食べたいネ」と答えたら、「よし、うまいのを食べさせますヨ。期待してください」と早くも準備にとりかかる。でも出来あがった鍋は罐詰の肉だから近江牛や松阪肉のようにはいかない。「うまいでしょう」ときくので「うまい、うまい」といったら腹の底からうれしそうな顔をした。こんないい男に世間なみの世辞をいったことが恥ずかしくなるほど親切で純粋である。

さっきまでのすさまじい雪崩の響音もいつか遠ざかり荘厳な夕方がきた。

ふたり

老いぼれは前から彼と一度ザイルをむすびたいと願っていた。何故だろうか。彼はその物凄い登攀記録や、足先を失うにいたった因縁など、それからさまざまのエピソードにつつまれて伝説的にまで著名なクライマーである。だから、全く自分と違う世界にすむものへの魅力、それにひかれたからなのであろうか。そうではない。彼がいまのようになんともいえない一途な目でかたりかけるそれに、老いぼれが忘れていた若き日の「仲間」の心を感じとっていたからだとはっきりわかってきた。

A・Cの朝はゲストラの北壁にはねかえる朝の光からはじまる。二人ともおきぬけは食欲のないタイプ、それで出発も気楽なものだ。

ザックへ登攀具とビバーク用品をほうりこめばおしまい。

この日は登りに登った。

氷河——雪渓——また別の氷河——雪渓——ガレ——雪渓、いや、老いぼれにはひどいものだった。でも、歩きつづけるとはえらいもの、午後になってさすがの登りもつき、広い雪原に飛びだした。雪原の正面をカレイナンからつづく岩峰が凄い威圧をもってぶち切っている。彼の目がきらりと光って、顔つきがとたんに引き締まり「男」の顔になった。

それなのに、その彼についてだが、——

どこがどうというのではないがキャンプイン以来なんとなく調子がわるいのである。特にきのうあたりから午後になると頭痛がおそってくる。すこし休むといくらか回復にむかうらしいが動きはじめると前にまさる烈しさを加え、それを反復するごとに強烈さを増すのである。彼は口惜しがって、駄々子のように頭を左右にふる。

とうとう早目にビバーク。

そこは黒い色の石でおおわれた岩稜の一角だった。彼の背中はとがった石がささえ、これが抜けると転がりおちる。老いぼれはそれが気になって彼の寝袋をおさえこんでいた。ねむくなってくるとツェルトをまくる、と、冷たい風とともに蒼白に静まりかえったコーカサスの夜がぐるりととりかこむ。やっと、何時間かたって発作はおさまり、笑い顔をみせてくれた。腹がへったとみえ、まもなくごそごそバーナーをいじくりだした。

あしたはあしたの風まかせ——と安心した老いぼれは寝てしまう。

ツァンネル・パス

きれいに晴れあがった朝、ここ数日で一番すばらしい朝である。ガラガラした山腹は氷瀑地帯まで一気におちこんでいるが、ガレ歩きなら二人とも穂高でさんざんの修業ずみ、使いなれたバランスで元気よくコルへおどりでた。

なんという立派さ！

かにの鋏に似たウシュバ。

エルブルースは笠雲。

あとはもりもりと名前もわからぬ鋭い山々がびっしりおしならび、気の遠くなるほどはるかにちょっぴりと緑の谷、スワネチア。

——とうとう、きた！

老いぼれはとんとんと雪を踏みつけてみた。雪の上にビブラムのあざやかな形がくっきりと、二つ、三つ。

リアリウェル登頂

頂上はすぐそこのように見えたのに、まだまだ、やすみなしで四時間ぴったりかかった。もぐる足の下は一見軟雪の斜面とみえるが靴を支えているところはいつも青に近い氷、その氷の長い壁の終ったところからいくつものタワーをつらねた岩稜と変わっていた。一見、凄そうにみえたが落着いてみればこれというほどの岩場でもない。それに岩も見かけよりは締まっていた。彼のように優秀なクライマーではないとしても老いぼれにだってこの程度のものは岩登りの部類に入らない。ただ、胸が苦しいだけだ。そこで、こっそりと「救心」を二粒。

頂上は円い氷のドーム。まず、彼がきれいなフォームで青空にうかびあがった。

一ピッチおくれて老いぼれがそれにつづく。
吹きまくる強い風の中でテレくさい握手。撮影からはじまる形通りの登頂儀式。四三五〇メートルということになっているのだが、持参の高度計では四五〇〇メートルに近かった。どちらでもたいした違いはないのだが一メートルでも高い方を信じようとするのがヤマヤの人情というもの――これが逆だったら「この高度計は違っている」といったにちがいない。

帰路

時間の節約からつるべでくだる。スリップすれば二日がかりで登ったところを一気にす

っとぶことはわかりきっているが、あんまり上天気なので緊迫感がわいてこない。「慎重にいこうぜ」と声をかけあっても、どうもぴったりしない。

けれど、コルに戻ったときにはさすがに疲れていた。氷河へおちこむ雪の上には二つの影が長くのび、老いぼれのそれはふらふらと、彼のそれはピョコン、ピョコンと躍っていた。

——このままだったらよかったのだが例の発作がきょうも彼をおそってきた。きのうにもまして猛烈なやつである。歯をくいしばり肩で息をし、しばしば立ちどまりはじめた。ついに「ちきしょう、どうして俺はこうも弱くなったんだ」と悲痛なうめきをのこして凄烈の文字そのままに雪の中にのめりこむように倒れてしまった。そして「すみません、すみません」とつぶやく。それなのに、老いぼれができることといえば雪で頭をひやしてやることと、強い風をびょうぶがわりにさえぎることだけだった。老いぼれは自分の身の不甲斐なさに愛想がつきた。

どれくらいの時間がたったろうか。空の色がどことなく夕暮れ近くなって、さしもの強烈な頭痛もややおさまり、彼は立ちあがろうとする気力をみせはじめた。

そこで、また、登りぎみに岩山を越える。岩山といったって奥穂ぐらいの大きさはある。それは老いぼれにも彼にもきのう、きょう通ったとは思えぬほど遠い道のりだった。途中で近道になりそうな雪渓を発見したが下りなくてよかった。どうしようかと考えていると目の前で岩なだれ、大きな石がごろごろとすっとんでいった。顔を見合わせた二人はその横で、こんやもビバーク。

B・Hへ

夜あけと同時に出発。天気はすっかり崩れ、コーカサスの峻峰群には陰惨な気がみなぎっていた。午前八時、A・C帰着。うまいおじやと香たかいコーヒー。テントの後始末をおわって、B・Hへむかう。氷河には雷鳴がひっきりなしにとどろき、まことに感心しない状態だった。クレバス帯をのりこえながら老いぼれは、

――彼は実に立派なアルピニストである。あの苦しさの中にあって闘う気魄をいささかも失わず冷静、しかも友情を失わない。この男となら、もっと凄い山へ当ってみてもいいナと思った。

「山はゆるかったが、久しぶりにいい山登りをしたヨ」

と口に出したら、「ほんとだ。いつまでも記憶にのこる山登りだったタ」と、そくざに答えて、例の笑い顔がこっちをみた。

――雷鳴もおさまり、ミッセスコシの花叢も、もうすぐそこに指さされる。

*

彼とは芳野満彦氏、老いぼれとはぼく。コーカサスで行なった二人きりのささやかな山行である。この登山が「いい山登りだった」というのは、それぞれの「心の

山」にたちむかった姿勢を最後まで全うできたからだと思っている。
そして、ふたつの「心の山」は外見は、全く違うものだが、底の方で一本の幹につながっていることが感得されたからであった。一本の幹とは「登山術」ではなく「登山道」であった。B・Hへ、あと五〇メートルの地点だった。予定より帰幕のおくれたわれわれを案じていたソビエト・アルピニストがかけつけ、辞退する彼から無理やりにザックをとりあげた。ザックを取りあげられた彼は「何故、終わりまでかつがせてくれないんだ。かつがせてくれてもいいのに」とボヤいた。ぼくはいまでもその言葉をおもいだす。彼は最後まで重い登攀具のすべてを老いぼれにかわって背負っていた。

（『山とある日』）

韃靼《ダッタン》の人々

昨年は友達三人とソビエト領パミールで一夏を過してしまった。世界地図でみるとパミールには「高原」の二字が末尾につけられているが、そこは日本人の頭にある高原などとは似ても似つかぬ荒々しい土地なのである。

モスクワから中ソ国境に近いオシュへとび、さらに荒野の旅となったが、いけどもいけども準砂漠地帯、標高は平均して三千メートル前後、その広漠たる大高原のかなたには五千メートルから七千メートルに近い氷雪の針ともいえる山々がはてしもなくつらなっているのであった。

度はずれた広さは思考力を失わしめ、口をきくのも厭になる、そんな時だった。

一にぎりの白雲がながれる、その雲の下だけが雲の形なりに大地へ影をつくり、影のなかでは霰《あられ》や小雪が舞いだす。その周囲は透き通るかの真夏の空、冬と夏とが共存するなんともふしぎな光景だった。私は西遊記の記述が荒唐無稽でなかったことを知ったし、友達は人外魔境だとつぶやいた。そういえば、砂山のかげからひょいと孫悟空や猪八戒《ちょはっかい》がとびだしてきても、いささかもおかしく思えない風景なのである。

もちろん、ここへは明治期の大谷探検隊以来、日本人で入った者は私達以外にはいない。しかし、こんなところにも人間は生活をもっていた。キルギスの遊牧民、いわゆる韃靼の人々である。

私達は祭りのために集まった彼等の顔役の包《バオ》へ泊まった。時あたかも中ソ国境紛争で物情騒然たる折だったが、包ではそれらの政治的、軍事的緊張などまったく感じられず、まことにのどか千万なものだった。ある者などは、つい先頃まで中国領にいたがいまはこちらへ来ている、と平気な顔をしていたところをみると、国境などなんのその、彼等はフリーパス、ここ一帯は韃靼の土地、クレムリンの威令もこのジンギス汗の末裔どもにはさして効果のあるものではなさそうだった。

雪の峠の向うは中国新疆ウイグル、水爆実験の地、たしかにここでは過去と現在、歴史と現実がつながることなく二つの異次元の世界となって重なりあい、人はそのどちらかに属さぬかぎり苛酷なる自然を前にして生存できないといった厳しさをもっていた。

彼等とわれわれは顔付きもそっくりである。日本には車があるかときくから、多すぎて困っていると答えたら、「おお、それならここへ来て仲間にはいれ、お前たちとは兄弟だ」とたくましい腕で握手を求めてきた。

酒が入ってへだてがとれてくれば、話はたいてい決まっている。

「女房がほしければどの娘《こ》でもやる。しかしだましたらコレだ」と笑って水平にした手で首をかき切る真似をした。ほんとに、最近までそれでやられた者もいるらしい。やられて、この荒野へ捨てられればパミール豹《ひょう》と鷲《わし》とがきれいさっぱりと後始末をつけてくれようというものだ。

包の内部は手織りの壁掛けではりめぐらし、床には厚いじゅうたんを敷きつめ、坐るところは深々のクッション、背中もまた同様、もっとも私たちを賓客とみたて

ての最上級の待遇なのだが、じゅうたんの上にはキルギス料理、羊肉を主としているが、どこから手に入れたものか色もあざやかなリンゴ、アンズ、ブドウ、メロンなどがところ狭しともられているのを、ウォトカとコニャックで飲み、かつ食うのである。
その間、付近の別の顔役たちが次から次へとあいさつに来る。彼は羊何千頭と馬何百頭の主《あるじ》であるというように紹介される。これは私有財産の多寡によって地位がきめられる資本主義社会をみたようで面白かった。こうして宴は徹宵に近くつづくのであった。
モスクワではこの荒野にもコルホーズをつくり、なんとかして彼等を定着させようと近代化への努力をしているように思えたが、それであろうか、同行のスラブ系ロシア人たちも彼等にはかなり気をつかっているがごとくに見うけられた。

しかし、私はこの高原にはこれらの顔役とまったく無縁ともみかけられるキルギス人たちがいるのをほかの機会から知っている。つまりソビエト化されていない生《きっ》粋《すい》の韃靼人である。思想にも政治にも無縁で古代の生活をそのままつづけている連中である。

彼等の包はひどく粗末である。木彫のように無表情な顔、鷲のような鋭さと赤子の可憐さを同居させた目、その目にはおそらく一丁《いってい》の文字もなく、しかし、馬上ゆたかに傲然《ごうぜん》と荒野を睥睨《へいげい》する、夜は夜でぼろぼろの毛布にくるまり豹と戦い星をよみ羊とともに寝る——その連中こそもっとも自由なるキルギス遊牧民、ジンギス汗の末裔たる誇りをもつものであろう。しかも、パミールの神秘は彼等のうちにこそひそんでいるのだと思われた。ご馳走になってこんなことをいっては申しわけがないが、私は名もなきその人々にいちばん心をひかれたのである。

これは私ひとりだけの感傷であろうか——三人の友もやはりそうだったと信じたいものである。

（『きのうの山　きょうの山』昭和五十五年九月・中央公論社刊）

山への準備

山への準備をするとき、僕は、いつも楽しさと悲哀さを感ずる。これは、若い時からそうだったけれども、山のみかたが次第と変ってゆくように、このごろは悲しみの方が勝ってゆくようである。

と、いっても、ヤッケのほころびを縫うことにも、ザイルを点検することにも、いや、それよりもっと山へのプランを練る時はいつの日だって楽しくなかったことはない。しかし、いよいよ家を出る時、いつも僕は後悔に似た感覚がチラリと頭の中を過ぎるのをしる。これは、ずっと以前から——そして年を重ねるに従ってひどくなってきたものだが今では悲哀の感情となって意識される迄になってきた。

もっとも、いざ汽車に乗り込んでしまえば消え去ってしまうものであるが——そして、これは決してその時の計画の難易とは関係がないから臆病というようなものとは違うと思っている。

強いていえば、街の生活から山の生活にうつろうとするその一瞬のふんぎりがどうも滑らかにいかないのだ。これは、多分に消極的とも無精ともいえる状態から起ったもので生活の変転を元来好まない性質にあるらしい。だから、僕にあってはこの悲哀を克服しようとするのもまた山への一つの準備ともいえる。

これについて、僕は自分の大好きなもの、それ、百薬の長お酒の力をかりることに気がついた。酒は、この生活転移のわずらわしさから僕を救い、現実的な悲哀を少なくもロマンチックな悲しみにかえてくれる。

山の道具立てがすっかり出来上り——まだ、この時分には悲しさは浅い。それが強くなるのは出発の時刻が迫ってからである。まず一杯呑み始める。望むべくは仲間の者が山装束でその時迎えがてら来てくれていると尚更いい。さしで始める。やがて酔が廻ってくると、酔におされて後悔は顔を出さないというより「厭になりかかってから山へいかねばならないという現実的な悲しみ」を「かくまでして山へいくのだという感傷の悲しみ」に変えてくれるのだ。またはもう一つの楽しみだといってもいい。時刻が迫って常ならそれが最高頂に達するころには酔も正比例して強くなっているから平気である。しかし、ともかく、藪山にしろこれから山へ出かけるのである。心掛けるべきは決して酔酊しないことと、悲哀をおさえる程度にというより悲哀を楽しめる程度に案配しながら静かに酒を酌むことである。

これならば汽車にのり込む頃には大抵酔もさめているし、僕をいつも苦しめる本質的な悲哀もあたりの雑沓におされて顔を出す隙もなくなるというものだ。実に滑らかに「山への出発」に移れるのである。

実は、こんな感覚をおぼえているのは僕だけかと思ってなんとなく気恥かしく長い間かくしていたが、最近案外、中年の者に多いのをしった。

そこで、この方法をもう人生の半ばを過ぎ、烈しい山へも出かけられもしないし、出かけたくもない人、その上、酒呑みでしかも、こんな感情をしる人にだけ、こっそりとおすすめする次第であって、皮肉でなく、ヒマラヤに夢を馳せることの可能な人達にとっては無用の雑文、読まなかったことにしておいていただきたいものである。けれども、また、こんなことはすでにみなが発明して沢山の実行者があるような気も片方ではするのである。

（『岳人』四三号・昭和二十六年十一月刊）

山道具によせて　1

二つのハンマー

ピッケルは、かつて、山男の表道具とされていた。しかし、いまや、クライマーと呼ばれる人人のなかでは、それを追ってハンマーの権威が力をましつつある。このことを痛切に知らされたのは、コーカサスで松本竜雄さんのハンマーをみせられたときであった。

それがどんな形をしていたか、いまでは覚えても

いないが、ともかく、一目みてギョッとするしろものだった。形は豪快無双、それが使いこまれて黒く鈍くひかり、いかにもながらく愛用の品とみえた。

彼の輝かしい多くの初登攀にいつもおともをしたものなのか、そこは聞きもらしたが、ぼくはそれこそ彼の首につねにかかっていたものに相違ないとかってに決めこんでいる。


ぼくは、いままで前の絵にあるカシンのハンマーを使用していた。小柄なずんぐりむっくりの愉快な形でいつでもいい相棒だったが打撃力はいささか弱かった。そこで最近、もうすこし打撃力の強いのをほしいと思っていたところへ、松島利夫さんがこれを使ってみてはと持ってきてくれたのが上のハンマーである。

バランスはすばらしくいいし、古いカシンへつけた麻紐とかわって平打ちのベルトの真紅が、ぐっと、シックである。

といってどこの岩場でこのハンマーを初めてふるうことになるのか、それはまだ、なんともいえない。


（『山と溪谷』三六八号・一九六九年五月号）

山道具によせて　2

山靴

山からかえって、靴の手入れをする。それは、まず、裏をかえして、ビブラムの歯にはさまった小石をほじくりだすことから始まる。ぼくは、このとき、歯医者になったようないい気持になる。

使えなくなった千枚どおしが、そのために用意してある。

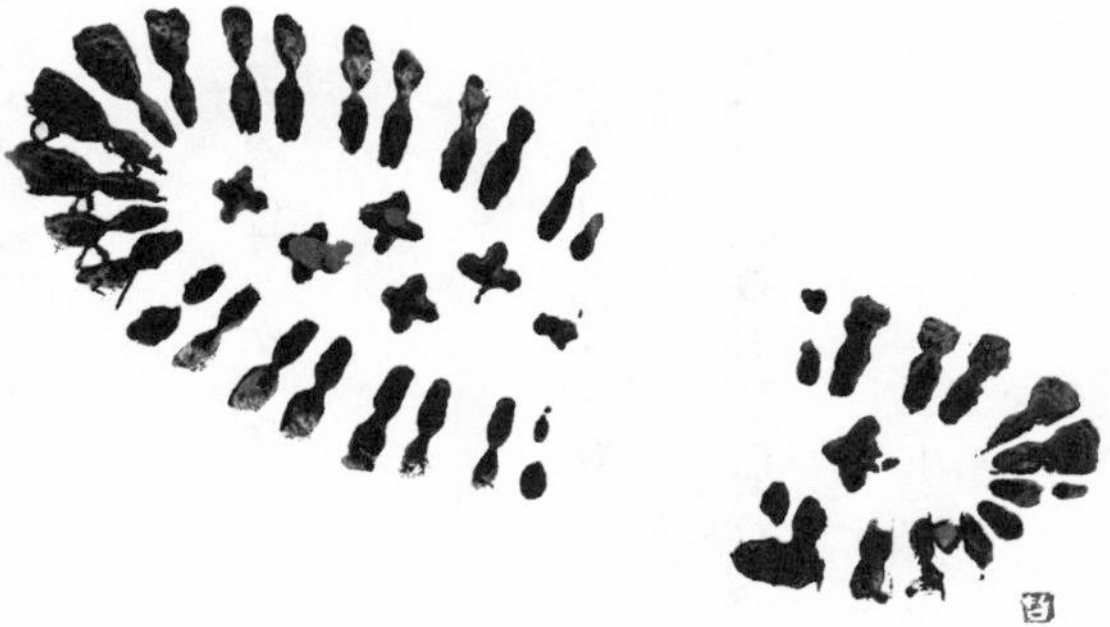

爪先きにつまった四つの小石——これはじゃり道を駅へむかって、ひたすらに飛ばしに飛ばしていたとき、はさまったものであろう。

踵に、ひとつ、赤いのが、——これはどこでつまったものかはわからない。

けれども、小粒とはいえ、質はまぎれもなき赤玉。

「赤玉」、この大きいものは磨かれて宝石のひとつとして街では大切にされている。

ならば、わが山靴は、きのういちにち「小なり」とはいいながら宝石を抱いて、新潟県は小滝村、大所川をくだってきたわけとなる。

(『山と渓谷』三六九号・一九六九年六月号)

山道具によせて　3

ピッケル

四十年近いむかしとなるが、急な雪渓や残雪のつまったルンゼばかりえらんで登ったひと夏がある。

ヘスラーを手に入れた年だった。

そして、そういう場所を選んだのは早く、柄を時代がかった色にしたかったからである。

ぼくは、いまでもふしぎに思っていることがある。

誰でも、買ったばかりのピッケルが持つ柄の白さは気恥かしいものだろうが、それをよごそうと考えて、町ではいくら泥をぬりこんでみたり、手の油でこすってみたりしても、洗うときれいに落ちてしまう。それなのに山へ持っていけば、よごそうなどとはしないのに、一回より二回、二回目より三回目と色が深くなっていく。これは洗っても、決しておちないものなのだ。それはふしぎなものである。

こうして、ようやく、地色のついた上へアマニ油をたっぷりとぬりこんで愛刀とした。これにぼくは黒のベルトをつけた。黒は死の色。白や赤よりも、もっといかす。

年数はたって色はいよいよ深まり凄みさえでてきた。そのじぶん、Dフェースの田山勝さんと初めて出会った。彼はぼくのピッケルをひとめみて「これは本物だ」といった。ピッケルを本物だといったのか、ピッケルをもったぼくを本物だといってくれたのか、それはこわいから聞かなかったが、うれしく覚えた。

でも、このじぶんには外観の凄さに比例して柄の堅牢性の落ちていることは火をみるよりあきらかだった。

ちょうど、外国の山へでかけることになったのでこれを機会に柄をとりかえることにした。

でも、前の柄にはなんとしても愛着がある。少しも傷つけず、のこしておきたかった。

この面倒くさい用を雲表の望月亮さんが、暮れの忙しい最中に仕事をおっぽりなげてやってくれた。おかげで古い柄は、すこしも傷められず、保存されている。

その次、望月さんに会ったとき、彼は酔っぱらっていて、ぼくの部屋にかけてあった額をもっていってしまった。この額は彼が前から気に入っていたも

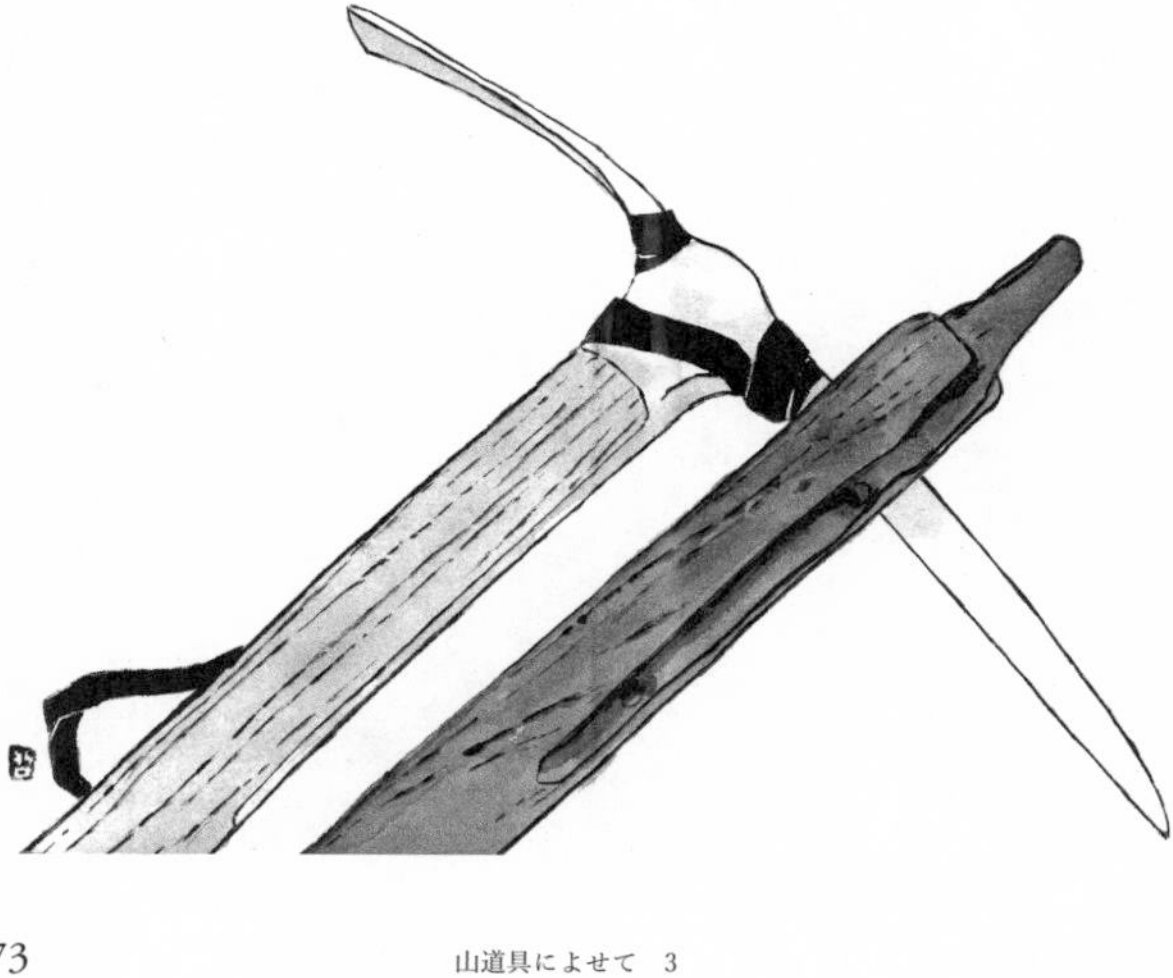

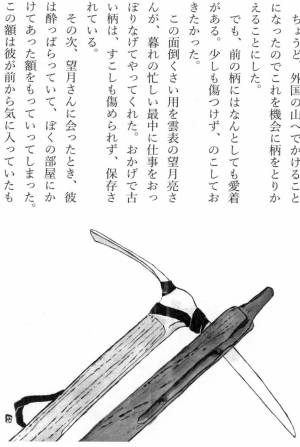

ので、それには藤村のこんな詩の一節が、かかれていた。

名もなき道を説くなかれ
名もなき旅を行くなかれ
甲斐なきことをなげくより
来りて美《うま》き酒に泣け

光もあらぬ春の日の
ひとりさみしきものぐるい
悲しき味の世の知恵に
老いにけらしな旅人よ

（『山と溪谷』三七〇号・一九六九年七月号）

山道具によせて　4

ザイル

芳野満彦さんから、岩登りをするから水戸へこいと電話がかかってきた。水戸にどんな岩場があるのかしらないが、最近、彼がひらいた場所があるらしいのである。

さて、こまった。愛用のブルーのナイロンはいま手元にないし、ゼルプストだって佐内順さんがつかっている。

ごそごそと物置きを探したら、奥からそれがでてきた。しかし、もう、それは危なくてつかえない。

その麻ザイルは戦後、岩登り再開のときに買ったが、登山用と銘打ったものではない。これを探しだしたとき、そこの店員に山好きがいて、――これを登山につかってもらってはこまります。保証しません、保証しませんと何度となくことわっていた。ぼくは、――大丈夫だ。荷上げにつかうだけなのだ――といって無理にもちかえったものだったが、お店の人との約束はもうそれっきりで、その当時は文字通りの「いのちづな」となっていたものなのである。

やや、うす黒く色のかわったところがある。ちょっと見ではわからないが、ぼくにはすぐわかる。そこは、あるとき、ある失策をおかしたぼくの血

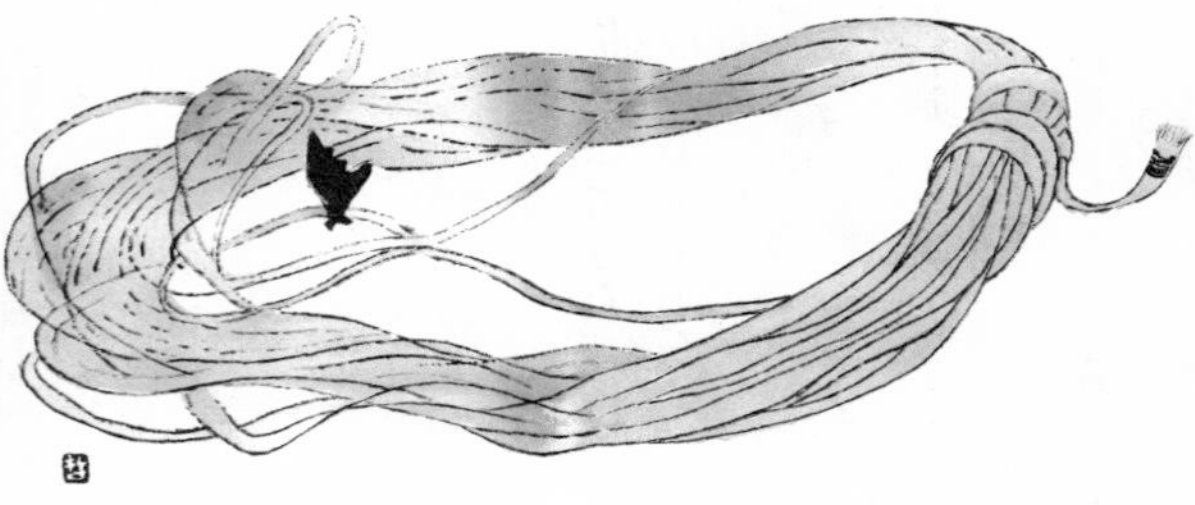

を吸った部分なのである。

ところで、ぼくは、もうだいぶ馴れたはずなのにナイロンを握ったときどうしようもない違和感を感じるのだ。すっかり麻になじまされてしまったわが掌が無言の抵抗をしめすのであろうか。川端さんの「雪国」では、「——この指がしっている……」という有名なさわりがあるけれど、それにならえば、これは「掌の貞操」といえるものなのかもしれない。

（『山と溪谷』三七一号・一九六九年八月号）

山道具によせて　5

リュックザック

ずい分、前のことになる。

「リュックをかついで立ちあがった……」と書いたら、口やかましいので有名な人から、そこは「ザック」とかくべきだと叱られた。知らないことでもなかったが、その通りである。それからぼくは、必ずザックと書くようになった。ところが去年の暮、森上の駅であずけておいたザックを受けとるため引換券をだしたら、駅員さんが「エエ、ザック、ああ、リュックのことですか」とききなおした。

さて、ザックはおよそ絵にしにくい。中身の入ったのではでかすぎるし、中身を

ぬけばつぶされた蛙のように
ぶざまである。
　仕方がないからその部分と
もいえるものを描いてみた。

　左にあるのは背負子の負い
紐。これは南アルプス気田川
の奥で手にいれた。十九の乙
女が、山仕事にいくとき、こ
んなのをやっていたら美しす
ぎて、ああ、危ない、危ない。
世にも美しきもののひとつと
して二本のうちの一本は安川
茂雄さんへ進呈をしてしまっ
た。ぼくの分は、これをジュ

ラルミンの背負子の負い紐の片方へつかうつもりで、いまだアトリエにかけてある。

けれど、背負子はザックではないといわれるかもしれない。それなら、これはどうだろう。前の絵にある袋のようなもの。

これは若いころ細野でもらった。そこでは名前を「ジンキチ」と呼ぶ。本麻で編んで、それをほんとうの藍で染めあげたもの、なかに軽い食糧を入れて、岩登りにさんざんお供をさせたものだ。これをキチンと背負うと背中にぴったりと吸いついて実に気持のいいものだった。

部分でよければ、ぜひ、描きたいものが、もうひとつあるにはあったんだが――それはキスリング爺さん手づくりのザックにつけてあった無骨でしかも親切無類につくられた金具である。けれどもこれはその道にくわしい佐藤久一朗大先輩へ献上してしまったので、残念ながら描くわけにはいかない。

（『山と溪谷』三七二号・一九六九年九月号）

山道具によせて　6

ハーケンとカラビナ

あれはコーカサスはベジンギのベースキャンプを引きあげる前日のことだった。そこにいた各国のアルピニスト達と別れのコンパをした。おもてむきは禁酒がたてまえのこのキャンプへ酒を密輸することはなかなかしんが疲れる。

一週間ほど前に山を降りた芳野満彦さんがまず、バクサン街道でウォトカを手に入れ、それをインタープレターのレゴンコフ君の古い黒カバンにたくして、そっと、持ちかえったものである。いったん、もちこんでしまえば、それははじめからあったものとして――とやかく、言うものはいない。そこは融通がきく。

夜になってからコンパは始まったが、密輸のウォトカには限りがある。早く酔わねばならない。医務室のアルコールとウォトカのカクテルで強烈にやった。やがて、別れをおしむプレゼントの交換となったが、あげるものはすでにあげてしまって何もない。ふと、思いだしたのがカラビナの一つづりである。これをひとりひとつずつ配ったがこれはよろこばれた。

山へは必ず持っていくといってくれた。事実、その後の彼等からの消息によると、ぼくのカラビナはパミールやコーカサスや天山でさかんに働いていてくれているらしい。

そんなわけで、カラビナも補充しなければならないけれど、補充をいそがねばならぬものにハーケンもある。この絵の右下に、小さなハーケンがひとつ描いてあるが、これは「リスの小さいところで使ってみてく

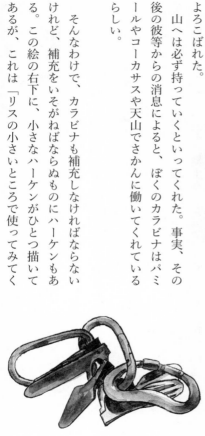

れ」と古川純一さんから贈られたものである。

細い細いリス、普通のクライマーがみれば、見のがすような細いリスへ、このハーケンを見事にぶちこんだ時の快感をおもうとぞくぞくするが——それよりなにより、いかにも手づくりらしく情のこもったつくりは、一個の美術品としてみていてもあきることがない。それで、いまのところ文鎮として大切にしている。山で使われるのはいつのことか。

(『山と溪谷』三七三号・一九六九年十月号)

山道具によせて　7

ランタン

いちばん古い山道具と別れるときがきた。三十数年つきあいのあったランタンである。

ぼくはいまでも雪のとき以外はランタン愛好者だ。第一軽いし、電池の中身を案じることもない。ローソクの長さでもち時間は一目瞭然、ランタンの光が山靴をてらす味、ランタンで煙草を吸いつける味、ああ、遠いはるかなる数々のわが山行――。

世に言われるごとく、むかしの品はよかったものなのか、このランタンも頑丈だったが、さすがにいまでは丈夫だった雲母にもひびが入り、手入れの不精からすす

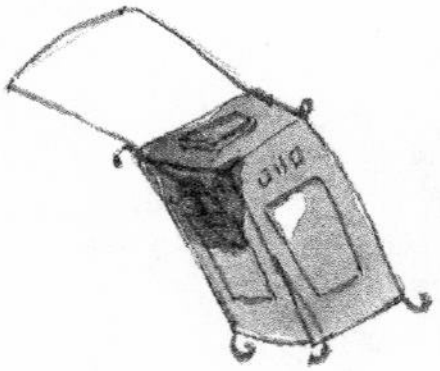

で真黒、もはや足元を照らすにも困難なほど疲れはてた。それで、ついに彼を休ませてやる決心をした。

ぼくは近く、このランタンとの初めての山旅、大菩薩の姥子山へいきたいと思っている。白々とした夜明けの風がこのランタンの破れた窓の隙間からその疲れた光を吹きけすとき——、そこへ、そっと、彼を置き去りにしてくるつもりだ。

友達にきかれたら、

「あれも、とうとう、山に忘れてきたヨ」

と答えておこう。

彼のねむるところはぼくだけが知っている。それでいい。彼はぼくひとりの中にいつまでも生きているのである。

（『山と溪谷』三七四号・一九六九年十一月号）

山道具によせて　8

わかん

わかんじきは、所をかえるとずいぶん分つくり方が違う。ところが山好きの使用するわかんじきは全部といってもいいくらい越中は芦峅型のものである。これにはそれ相当の理由も考えられるが、愛用している点ではぼくもそのひとりである。だからこれをザックの両脇につけて越後や会津の山などを歩いていると、山仕事を業とする人々から珍しがられたり、撫ぜられたりしたものだった。

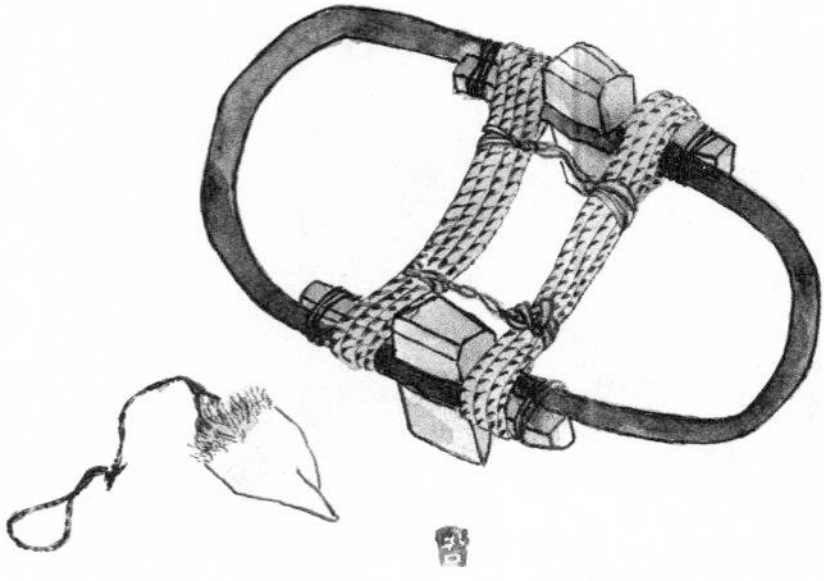

もう何十年も前である。冬の尾瀬ヶ原へはいったとき連れていった戸倉の猟師岩さんがこの芦峅わかんがすっかり気に入り、懇望され、彼のもっていたかもしかの蹄と交換をしてしまった。わかんじきの下にあるのがそれである。本当は彼の煙草入れの根付けとなっていた彼のうった熊の下顎《あご》の骨がほしかったのだが、これはよほど大事にしているとみえて貰えなかった。この蹄は、そのじぶんはやはり山ではキセルをつかっていたぼくの煙草入れの根付けとなって、あっちこっちの山へいつもおともをした。

ところで戸倉にスキー場ができてからはや何年にもなるが、はじめてスキーにいってみたのはことしである。

土地の老人に彼の消息を聞いてみたら、中風で、寝たっきりという。彼の大切にしていた熊の下顎はどうなったろうかと、気になった。

その晩、夢うつつのなかにぼくはたえてきくこともなくなったばんどり（むささび）の声、——尾瀬ヶ原の雪の夜、枝から枝へわたるあの鳴き声をかすかにきいたような気がした。

（『山と溪谷』三七五号・一九六九年一二月号）

山道具によせて　9

アイゼン

「これは珍しい」といったのは、堀田弘司さんである。そういわれたのはぼくのアイゼンで、作は門田のもの。彼にいわせると、製作番号もおそらく十番以内のものだそうである。

そういえば思いだした。門田がアイゼンをつくりだすから君もどうだとす

すめてくれたのは海野治良さんだった。ぼくの丸く短くチビてしまっていたエッケンシュタインをみてあきれたような顔をかくしながら、遠慮がちにすすめてくれたものだった。

堀田さんにいわせると、この門田の初期の作は、いまではなかなか珍重なものだとのこと。そのとき彼はちょうど家の新築中で——だから、装飾用としてこれを部屋へ飾っておきたいという、——そこで彼の軽金のかるいスマートなものと取りかえっこをした。

いつか、こんなことをなにかに書いた覚えがある。

〝ぼくのアイゼンはぼくのいないヒンズー・クシュへ、君のアイゼンは、君のいないカフカズへ〟

たぶん、それは時を同じくして別々の山へでかけることになった折の壮行会かそれとも、それにちかい、なにかの会合でのことだったにちがいない。

この絵の上にあるのは君のものとなったぼくのアイゼン、下にあるのはぼくのものとなった君のアイゼン――けれども、君のものとなったぼくのアイゼンは手元にはないのだから、さぞかし素描が狂っていることだろう。じぶんでもおもう、もっと、重厚な感じのものだった。

ところで、これをかいたとて、君のものとなったぼくのアイゼンが、ほんとうにあのとき、君のヒンズー・クシュへお供をしたものなのか、はじめの約束のように部屋の飾りになってしまったものなのか、それはしらない。

しかし、ロマンチストのぼくにとっては、あれも寿命のさいごに、ヒンズー・クシュへお供をさせてもらったのだと思いこみたい気がする。

（『山と溪谷』三七六号・一九七〇年一月号）

山道具によせて　10

ツェルト

あの晩はこの小さな窓から、なんど、そとをのぞいたことだろう。

のぞいても、のぞいても、雪片ばかり舞っていた。


あれは、いつの日の晩だったか。

ああ、遠く、遠く去ったはるかなるあの晩。

ツェルトをからだにまきつけて、鼻の前にこの窓をひきよせて、息がくるしくなるたびに、ときどき紐をひいた。

そのたびごとに冷たい空気が鼻腔をさし、雪片が唇にふれた。

あれは、いつの日の晩だったか。
それはそれとしても、なんとまあ、こんやは晴れきったことだろう。
（『山と溪谷』三七七号・一九七〇年二月号）

山道具によせて　11

ゴーグル

よく晴れた日にはたいていゴーグルをかけている。だから、まちがいもすくない。

雪目にやられるのは、上の方は晴れてはいるんだが霧が深く、その霧の底の方があかるく感じる日、こんなときこそ油断がならない。いつか、これで、ぼくもひどくやられた。

雪目というのは痛いものだ。これによく効く

のは乳である。赤ちゃんのいるひとから乳を貰ってそれで湿布をする。友達が、「牛乳では駄目なのか」といったが、さあ、それはしらない。
これは、ぼくのゴーグルであるが、もうこわれる一歩手前である。ゴムはすっかりのび切ったので、片方にむすび目をつくって短くしてある。本来、ゴーグルはなかなかシックな感じのもので、これをチョイとおろして首にかけた若者の姿などいいものだが、ぼくのような老いぼれが、ゴムののびたゴーグルをずりあげ、のそのそと雪のうえを歩いているんでは、まったく、サマにもなるまい。

（『山と溪谷』三七八号・一九七〇年三月号）

山道具によせて　12

水筒

ぼくは数日の山行だと五合入りのポリタン二個と、この洒落た水筒をザックへいれていく。

ポリタンの方へは焼酎を五合ずつ、つごう一升、水筒の方へは番茶をつめる。

これでカクテルとはいかないが混合液をつくってたのしむ。すなわち、焼酎三分の二と番茶三分の一の割合、番茶は焼酎の臭さを消すのに役立つ。玉露では駄目だ。玉露では立派すぎて、お茶の臭いがたちすぎる。番茶もなるべく煮だして黄色い色だけになったぐらいのものが適当である。人よんで、これを「上田の毒酒」という。

この呑み方は、かなりの人に話をした。そのためか、いつだったか汽車の中で、これをひとりやって楽しんでいたら、前の席にいた山登りの人が、

「失礼ですが、上田さんではありませんか」

そうだといったら、
ジロリと番茶わりの焼酎をみて、

「やっぱりね」

ときて、にやりとわらった。


ポリタンの水筒では絵にならないので、番茶の方の水筒を描いたが、この水筒だってもとはといえば松島利夫さんのものだったのを穂高で貰いうけてしまったものである。そういえば、なんとぼくの山道具は貰いものばかりが多いことよ。


かくまいとおもいながらさいごに酒のことまでかいてしまった。

こんやも、この番茶わり焼酎で晩酌をやらかすことになるが、家でやるときには

更にこれにおかんをつける。
　友だちがわざわざ焼いてくれたもったいないくらい立派な秘蔵のぐい呑みと佐藤久一朗大先輩から贈られた見事な皮ばりで、そこへ美しい花もようのある焼酎入れが、ぼくをまっている。

（『山と溪谷』三七九号・一九七〇年四月号）

黄色の地図

「黄色の地図」なんて題をつけたが、「初秋の散歩」でもいいし、「西の峠」だってかまわない。つまり、そのどれでもいいような一日だったからである。夏もおわりに近くなると、だしぬけにスキッとした朝がやってくることがあろう。初秋のおとずれともいえるものだ。

こんなときこそきまって、もっとにごりのない山の空気を思い出し、ともかくどこかへでかけたくなる。たいてい夏には大きくてしかも長い山歩きをやったその後だし、それに次から次へとくる台風の隙間をぬってのことなのだから、多くの場合かるい散歩にも似た小さな山がえらばれる。人がいなくて、静かで——ぶらぶらと適当にのぼって千メートルたらずのてっぺんでのんびり雲でもながめたいといった気持なのである。

渋滞をして車をならべているその主たちは、誰も彼も頭にきたという格好。亭主は片肱を窓外へだし、女房は子供にキャラメルをなすりつけられ、そんな光景が一台一台に展開し、それが延々とつながっているなかを約十分、——密室のなかの暇人たちは動こうとしても動けもしないが、こちらはこんなせまくるしい道での対面交通とやらで、いい年をして山仕度をしているだけに晒し者同然のはずかしさ。

やっと、大原村への分れ道へもぐりこんで、ホッとした。

もう、ここは村人のほかだれもいない黄色の地図の領分なのである。嘘みたいな静けさが隅ずみにまでひろがって、青い空、ススキの穂、それへさやさやとなる風、たまに通る車も土地の人のものだけ、まことにいい気持であった。道は少しずつ登りになりながら日影の谷間からあかるい台地へでると、「田中」とか「小沢」とか、これまたひなびた、しかも裕福らしい部落を縫っていく。ゆく手には九鬼山つづきの尾根が小さなタワをつくっていて、めざす峠はその辺へ登りつめることとなるらしい。

そのうち、この黒土の道もとぎれて、そこへ赤土の新道がむすびつく。新道といってもいま車道開鑿中というわけで、道の両側には境界をしめす杭がうたれ溝が掘られている。きょうは休みとみえ人夫衆はいない。たいていこんな道はまもなくポツンときれて、その切れ目の脇から苔むした山道へつづくのが普通である。

小さな集落へでた。

どんづまりの家を覗いたら、お兄さんが独り留守番、真黒な足の裏をこちらへむけ、あけはなした座敷で大の字、日曜日ののんびり休養といったていたらく、「すみません。これから先もこの道はつづいているでしょうか」ときいたら、よくわかんねェが、なんでも道志か谷村へ出られるときいたダ、と答えてくれた。

そのとおり、車道はやや黄ばんだ草のしげった高原でおわり、すぐ古い道がさらにつづいた。

左右からかぶさるようにしげった夏の終りの雑草とクモの巣を払いわけ、払いわけ、いちばん低いところへ登りついた。

勘はあたって、そこはかつての峠だった。その証拠には乗越のすぐ脇にぼうぼうたる草に覆われて道祖神が一基まつってあったからだ。それからみると、今は通る人はいなくても、かつては里人に結構利用された峠みちにちがいないのである。

峠から南側はかなりあかるくひらけ、道もはっきりし道志の山なみが正面に立ちならんでみえた。大室、加入道をはじめとし、この辺の山は高度の低いわりには案外奥ぶかげにみえる。ぼくの記憶の底にある中央線添いのむかしの山のおもかげがまだここにはあった。

泊まってゆさぶる
秋の風
とぼけて燃ゆる
恋のいろ
辻の神めか

道祖神

ぼくは五万分の一の地図ならたいてい揃えている。それはどこかへ出かけようと思いたったとき、長期間かかってぼちぼち買い集めたものがたまったのだから、それらのなかには何十年かむかしに求めた古いものもまざっている。そんなのには、最近いたるところでできたダム工事の人造湖ものっていなければ、ハイウェイなどといった近代的産物も影すらない。まあ、いまもむかしも山の格好はあまり変わっていないというだけがめっけものである。そして小さな山行だとこの陸地測量部発行の古いものでごまかしていて、よくよくのことでもなければ新しいものとは買い換えたりしない不精者なのである。

この日の朝、それこそいまもいったスキッとした朝のことだった。

ひっぱりだしたのは谷村図幅、明治四十三年測量、昭和四年要部修正測図、ぼくが生まれたのが明治四十四年なのだから、測量はその一年前になされたものなのである。しかもこの地図は古いというだけではなく、長い月日から黄色く変色したうえへもってきて折り目などひどく傷んで破れかけている。

この傷みのひどいわけは中学卒業前後のころ、この谷村や、となりの丹波、五日市、上野原などの図幅をもって日曜日のたびごとに歩きまわったからなのだ。中央線沿線、小仏峠から笹子峠間の北部、南部の山々、山へいけば藪をこいでは頂をふむ、また藪をこいでは沢へくだり、やがて里みちへでるといった毎日曜だった。だからぼくはこの付近のむかしについてはかなりくわしい。そして、この付近のそのじぶんは、まだ十分に山らしさを備えていて、初心のぼくに適当なシゴキをあたえ、山登りに必要な勘について教えてもくれたし、夢多き少年に

とってはいたるところ絢爛たる色彩にいろどられた未知の土地なのであった。

さて、「さるはし」の駅から甲州街道へでておどろいた。

時刻が休日の午前ということも災したのかもしれないが、狭い通り一杯にびっしりとつまった車、車、車。これから五湖方面へむかおうとするマイカーが大部分なのだが、なんということだ。あのじぶん、夜明けにはまだほど遠い時刻などこの道では梟がホウホウとほんとに淋しく鳴いたものだった。

その道祖神の前で食事をしながら、地図をみる。

峠からの道は雑木の林にかわった。さわやかな風をうけて早い葉っぱはそろそろ秋の色にかわりかけていた。

おりきったところは大平とよぶ、これも静かな山村だった。勢いよくのびたトウモロコシの葉の隙間からのどかな生活がのぞかれたが、あのじぶんはもっと山深くしんとして富士がまっかな夕日にやけるときなど、この朝日川のほとりでは夕日にむかって鋭く叫ぶ牝ギツネの声をきいたりしたこともあった。

ぼくは、この峠をなんと呼ぶのかしらない。黄色の地図にも名前はない。ともかく、大原村から盛里村へこす峠なのである。

倉岳山の穴路峠よりひとつ西にあたるわけである。だから、「西の峠」という題にしてもよかったのだ。

大平から谷村行きのバスのでる馬場へはほんの一丁場にすぎなかったが、馬場まででさがると、鎮守の森も沿道の家も車のほこりをかぶって白くよごれ、黄色の地図とはかかわりあいのない土地のようだった。

バスにのると、バスはさもさも面倒くさそうに車体をゆすぶりながら、のろのろ走りだした。

きくともなしに、車掌さんの突っけんどんな返事が耳に入る。

そうして、こんなふうに不親切になった土地を通過するのも、これからのぼくの山旅の一部となるのだとしたら、やはり、それにふさわしく地図も新しく買いかえなければ万事に不便だと思った。

しかし、たぶん、このことは帰るとすぐ忘れてしまうのであろう。あいかわらず、ぼくはこの次もその次も、さるはしの梟の鳴き声や、道志の牝ギツネの叫びのしみこんだこの黄色の地図をひっぱりだすにちがいないのである。

（『アルプ』一五一号・昭和四十五年十月刊）

塩川鉱泉

大きな山にも小さな山にも麓はある。
でも、大きな山の山麓と小さな山のそれとでは、どこかに違いがある。そこにすむ人の人情はどちらも素朴であったとしても、小さな山の山麓のほうに、人間はしょせん人間であったという哀しみがこまかな綾をつくりなして、深い陰影を刻みこんでいるかのようにおもわれる。

ぼくはその小さな山を登るために三度もでかけた。だから、三度目にのぼった、なんていうと、人は、山は小さくても、そこへいくアプローチがバカ長いのか、それでなければ藪がひどいのかと想像するかもしれない。けれどもそうではない。はじめの二回は雨に降りこめられて引きかえしたにすぎない。

山の名前は、仏果山・経ケ岳、東京からすぐそこにある山なのだ。

なんで、そんなところへ行ったかというと、第一に心をひかれたのは、変わったその山名である。これは中学生の頃だったから、かれこれ、もう四十年にもなるむかしのことだった。

仏果山・経ケ岳、そしてそれを中心として付近には半僧坊だとか、華厳山だとか、なんとも仏典くさい地名が多い。

日ごろ、神にも仏にも背をむけている生活からくる虚しさが、そんな名称への郷愁となったのかともいえるけれど、ほんとうは釈迦が大雪山で修業をしたという伝説だけでヒマラヤをおもい、そこからわが夢をつくりだす癖から生まれたものだといったら正直になる。

ところで、ほんとうに出かけたのは、比較的最近の数年前のことに属する。でも、出鼻を雨にたたかれたことからこの塩川鉱泉になじむこととなったのだった。はじめてのときのことだった。

あんまり賑やかすぎて、ザックを肩にしていることさえ気のひける厚木の駅前から半原行きのバスにゆられて馬渡で降りた。折しも春の永い日もそろそろ暮れかかろうとする頃で、どこへ今宵の宿をとろうかと思案をしていると、バス停留所から十五、六分のところにあって、しかも、人々から全く忘れはてられた鉱泉のあることをおしえられていったのが、この塩川の湯だった。

正確にいえば、神奈川県愛甲郡愛川町半原九四四塩川鉱泉

ここは、五万分の一の地図にも載っていない。

まあ、順をおってかくことにしよう。

ここには鉱泉宿が二軒あった。白竜閣とすごい名前をつけた上の家では人はいたけれど営業はしていなかったので、とっつきの家へとまった。でも、人のいるのはこの二軒だけではなく、この宿のすぐ下、塩川の谷とすれすれのところで、小舎というより庵《いおり》をむすんで、お習字の先生だという老婆がひとり、ひっそりとすんでいた。つまりこの三軒で小さな部落を形づくっていた。

鉱泉から五分ほどくだったところでは近代的なロッジが建ちかかっていたが、そ

の入口から道はとたんに細くなって塩川が大きく左へ回りこもうとするまがり角で、この三つの建物は背をよせあっていた。

鉱泉からの展望は三方を山の闊葉樹林に囲まれ、一方だけがわずかにひらけて明るい空もみえるけれども、東京から二時間近くでこられる近郊とはどうしても受けとれない山奥のおく深い気分につつまれていた。

鉱泉から塩川を数分のぼったところに「不動の滝」というのがあって、それからみると鉱泉もむかしはそこへこもった行者のためにたてられたものであったのかと、も考えられた。

不動といえば、ここの経営も、それこそ、「不動明王」をほうふつさせるに足る筋肉にめぐまれた恰幅のいい爺さまと、つれあいのこれはまた品のいい婆さまとでなされていた。

電燈はあるが、電話はない。

いつ訪れるともわからない客を、湯だけは常時わかしながら待っているといった、およそ時代ばなれのした宿だった。

がっしりと構えた大広間をはさみ、わずかばかりの小部屋を用意して、その部屋には短冊にかかれた俳句のつもりらしい十七文字がべたべた張りつけられていたところをみると、たまに句会などが利用をしているらしい。

老夫婦のほかに女中がひとり、これはいわくありげな人だった。ひらたくいえば、場末の飲み屋を転々とし、すっかり泥水にしみこんだといった風情であった。

そのときは、夜半から雨となった。

翌日も午前中は雨をきいて、午後まだ明るいうちに家へもどってしまった。

こんなふうに東京から至近距離にあって、しかも、地図にもなければ、近くへいっても案内の立札ひとつない、そのうえ遠い山国の鉱泉宿にも似た付近の風景が頭にこびりつき、この訪問も現実の出来事ではなかったのではあるまいか——そんな気持すらのこった。

この気持は翌年の五月に再び足をむけさせることとなった。

塩川をかこむ木々の緑は前回より濃かったことをおもうと一回目のときは、たぶん四月だったのだろう。中津川添いの道は釣竿をかついだ人で賑わっていた。鉱泉入口のロッジはもう完成をして夏の客を迎えいれる用意に活気づいていたが、塩川の湯は依然として、緑のしたでひっそりと静まりかえっていた。なにもかわったことはなかった。

いや、いや、女中さんだけはかわっていた。

こんどの人は前の人よりずっと年もふけて五十近く、でも共通していたのは、その容姿に、やはり、前の人と同じような過去の乱れを感じさせたことである。

ぼくはかってに想像をした。

みるからに崩れた商売をもった過去、——まじめにとはいえないまでも、せめて人間になりたいと願った、その願いをしった老夫婦が「家へこい」といったのではあるまいか。見事ではあったがおろかなふたりの行為、女中さんのおろかではあるが、ゆるされてもいい行為、——たぶん、そんなところだろう、いや、そうに違いないと無理に決めこんで、こんども、またもや降りはじめた雨を旅のさかなにした。そして、翌日はどしゃ降りのなかをバス旅行としゃれこんで相模湖をまわって帰宅をした。

三度目は、二度目にひきつづき一月あとだった。

季節は梅雨前線の支配下にすっぽりと入っていたのに、皮肉にもこんどはまことにいいお天気だった。

なんとなく気にしていた鉱泉の女中さんはもういなくて、老夫婦だけでやっていた。気のせいか、婆さまの手伝いをして水をくむ爺さまの背中にどこか元気がうすれているように思えた。

翌日は宿願の仏果山から半原越え、経ケ岳をこえ半僧坊へくだった。休日だったにもかかわらず、山はしずかで、ごくわずかの人、それもこの近所の住人らしい素朴な若者たちとすれちがっただけだった。

この日から、二週間後、ぼくは外国の山へのぼるために横浜の港をたった。妙なことに、日本の山とは似ても似つかぬ異国の山にあって、仏果山や経ケ岳や、それからこの塩川鉱泉をおもいだした。

半原越えにかかるすすき原のおだやかな波を、荒々しい氷河のビバークの夜、目の前に浮かべたりした。

帰国した秋だった。

若いころの山仲間を案内して、またも、鉱泉を訪れた。鉱泉には老夫婦の影もなく、経営も別の若い人にかわっていた。きけば、あの不動さまに似た爺さまは胃癌になり、老夫婦は揃って故郷の新潟へ帰っていったとか。ぼくは、ふっと、三度目の日のとき、爺さまの背中がやせてみえた、あのことを思い出した。

とすると、あの老夫婦は新潟の人だったことになる。そんなに遠い他国のふたりが、なんで選りに選ってこんなところへ住みつき鉱泉宿をまもっていたのだろうか。ぼくは女中さんのことばかり気にしすぎたようだ。それよりこの老夫婦のほうにこそ、もっと、運命の数奇なたわむれがあったように思われはじめた。

それにくわえて、お習字の先生の庵もみえなかった。秋の台風で流されたとかで、そこはむなしく空地となって土台だけが弱い日射しのなかで白かった。

この人だって、たったひとりの庵ぐらし、ここにも、たしかに余人の考えおよばぬ深い事情があったに相違なかったのである。

さて、最後の五度目は、去年のくれに忘年山行としていった。鉱泉のたてものは依然としてはじめてのときとかわらず老いさらばえた姿をさらしていたが、さすがに電話だけははいっていた。

老夫婦のその後の消息はわからなかったが、忘年会の酒のすぎた脳裡には、もう越後は雪のはずだ、うみねずみ色をこめた空の下、はるかな地平へつづく雪道を消えていくふたつの影が浮かんでは消え、消えては浮かんだ。

滝を見物にいったかえりに、上の家ではじめてのときから飼っていた犬をみた。鎖につながれ、すっかりやせこけて、これはあきらかに病気、それも余命いくばくもないと察せられた。彼はこちらをみて、すっかり逆だった毛をぶるぶるとふるわせて、しきりと吠えたてた。

それはあたかも、ぼくと塩川鉱泉との交流に、ひとつのくぎりが来たことを自覚させようとつとめるかのような吠え方だった。


（『アルプ』一三六号・昭和四十四年六月刊）

岩登りをめぐる一つの夢想

ぼくにも、さよう、かれこれ四〇年近く前になろうか、岩登りばかりやっていた時期があった。でも、その岩登りは考えてみるといいかげん、あいまいなものだった。

たとえば、ザイルにしても、セクリタスとか、アーサービルとか、これは信用のおける英国製のものだとかごたくを並べながら、からだへむすぶときは例のブーリン一てんばり、宙づりにでもなったら、いったい、どういうことになったのだろう。いや、トップは絶対におちないことになっていると、暗黙の了解があった。その了解をこえた岩場は登らなかったのかもしれない。ザイルは物理的な効果というより精神の紐帯感に重きをおかれていた。

アイゼン――あれを鬼の発明品とした英国古典派の考えがまだ残っていて、シュミット兄弟がマッターホルンの北壁を、みごとなバランスでアイゼンを利かせている写真をみて、ぼくたちはいわゆる独墺派へ転向しようとするときだった。

そのくせ、ピッケルは武士の魂だなどと気どって、可能なかぎり使わぬように大切にし、傷一つつけても神経質になり、反面ではヴィリッシュの豪快な野性にあこがれた。いわば、英国派が独墺派にかわろうとする矛盾にみちた時代にぼくの岩登りはあった。英国派は独墺派を否定できず、独墺派は英国派を抹殺できずといった状態だった。

なぜ、ぼくはこんなことをいおうとしているのだろうか。いや、ほんとはそんな古くさいことを語ろうとしているのではない。原稿を書きはじめたら、思わず筆がはしってしまったのである。ぼくのいいたいのは、ぼくの岩登りはそんな時代に生きていたということなのだ。

そこで、こんなことを夢想する。

そのじぶん、ひとりの男があったと――。

彼は、クラブに属さない人間だった。登山界の動きなど、「我、関せず」だった。けれども、彼には、どうしても登りたい岩壁があった。それは、当時では登攀の対象になるとは、とうてい考えられないものだった。かりに衝立や、屏風の正面としてもいい。

彼はそこへ挑んだ。ハーケンの積極的使用をした。（当時、ハーケンは消極的使用をもってモラルとした）

でも、登れなかった。

そこで、手製のあぶみを発明した。

まだ、登れなかった。

こんどは、ボルトのようなものを鍛冶屋につくらせた。

そして、そしてだ、とうとう執念の鬼は誰ひとり登れるなどとは思いもつかない岩壁を登りきった。

それを知った山の雑誌が記録の発表を依頼した。当時でも「山と渓谷」とか「アルピニズム」などの雑誌はあった。

彼は正直に登攀記録を書いた。

たちまち、けんけんごうごうたる非難がまき起こった。英国派も独墺派も共同戦線をはってルール違反を叫びたてた。

彼はあっけにとられた。登山界にうとい彼は、なぜおこられているのか、さっぱりわからない。

しかし、男はそれっきり書くことをやめて姿を消してしまった。おこったのか、あきれたのか——。

はっきりしているのは、ある男がこんな道具をつかってその時期に登ったという事実だけである。

彼のうったボルトのようなものが、赤さびて、いまなお、いくつかの岩壁にとりのこされているという——。

数十年たった。岩登りへの考えや形もすこしずつかわって、現代を迎えた。

でも、これはあくまで夢想、——こんな男がいなくてよかった。こんな男が突然変異のごとく実在していたとはっきりするならば——ああ、その亡霊は現代クライマーの頭上にどんなに重たくのしかかることか、夢想で幸いなことである。岩登りはますます花盛りなのだから――でも、どこにもいなかったその人に、ぼくは心をよせる。いや、彼はやっぱり、いたような気もする。

（第二次ＲＣＣ編『現代アルピニズム講座』第五巻・昭和四十四年二月・あかね書房刊）

年越しの小屋

ガラス戸をたたく吹雪の音に目をさます。一昨日から今日へかけて——それも、年を越すという一つの区切りをはさんでの三日間が、いろいろと思い出される。

計画した「山」は暮のうちにすんでいた。珍しく、一週間近くもつづいた好天気にめぐまれての穂高の山稜は春山のような雪のつきぐあいで、気楽だったが、どこか大事なものが欠けているような物足りない山行だった。

けれども、登頂の日の午後から、待っていたかのごとく天気は崩れだし、その晩は冬にはまれな大雨となった。やがて、それが、みぞれとかわったその中を徳沢泊り。昨日は、みぞれが吹雪とかわり、それをついて上高地村営小屋へきて、年越しの夜を迎えることとなった。

一昨日の徳沢への道は、凍った雪の上を雨が水となって洗い、いくら気をつけても、ところどころやわらかい雪のところをふみぬくので、靴の中まで水びたしとなり、背中から腹の方まで上からたたかれる雨で、ぐっしょりぬれてしまった。しずくのたれるびしょぬれ姿で徳沢の冬季小屋につくと、さすがにここは山への前進基地である。すっかり、雨を吸った特大ザックがずらりと並び、ストーブの回りでは、たくましい男たちがぬれものをかわかしている。

暗い、せまい小屋の中には、ぬれもののかわく妙な臭いとさわがしい活気とが充満していた。

ここへ来る人たちは心から山が好きだし、そのうえ、キャリアの深い人が多いので、その晩はまことに愉快な一夜をすごすことができた。

トボケタ話ばかりがしきりにはずんで、まだまだ寝るのがおしいというような晩だった。

小屋にいる犬のジョンもいつか傍へ来て、一緒に話に聞きいっていた。

大晦日は午前中に本谷の橋まで往復。

左手の灰色の屏風岩にはちり雪崩が白くかかり、雪道の両側をうずめる樅や樺の枝は重い湿雪に弓のようにたわんでいた。横尾の谷の奥からは吹雪の声が、ごうごうと聞こえてくる。

——午後からは下山、そしてここへ着いた。

この村営小屋は、まことに清潔である。男世帯は無精できたなくなりがちのものであるが、それも、小屋番の気質によるのであろうか、——彼のデリケートな神経が、いたるところににじんでいて気持がいい。

同宿は、二階ではたった三組、下の部屋に学生が数人いるだけ、ほんとに空いていた。

そこでは、夕方から、年越しの酒となって、やがて気持のよささうな歌声が風にのって聞こえてきた。

夜中、夢うつつの中に
「おめでとうございます」

の声が下から聞こえた。瞬間、ああ、新しい年がくると思った。

すこし前に、

「河童橋の上は飛ばされそうだ」

といいながら、はいってきた人のあったことも知っている。

その時は、風も雪も、ものすごく吹きまくっていた。

除夜の鐘は聞こえなくても、心にのこる年越しの一瞬であった。

あたたかい布団《ふとん》の中で、元日の朝を迎えて腹ばいになりながら煙草を吸っている

と、とんとんと階段を上ってきた足音がとまり、

——上田さん、雑煮ができたデ、
という声とともに、あがりかまちから、小屋番の顔がみえた。

「アイ」

とはいったが、まだ起きる気もしない。

この変調な天候も、いよいよ、本格的な冬を迎えはじめたとみえ、外の吹雪は、いよいよ烈しさを加えてきていた。


（『山と溪谷』三一二号・昭和四十年一月刊）

ぼくの岩登りの原点

古いスケッチブックの一冊に岩ばかりをかいたものがある。けれど、現場で岩場をまともに写生をしたものではない。正直にいうと、ぼくは岩登りにかぎらず、山登りのとき、ほとんどスケッチブックをひらくことはすくない。スケッチをするよりか岩は登った方がたのしいし、山はみている方がなお、たのしい。

しかし、ずっとむかし、まだ若いじぶん、ザックのなかにはスケッチどころか油絵具まで用意していったものだった。

これは勉強のためだという名目がないと、度重なる山行のてまえ、父の諒承を得ることがむずかしかったこととと、ついては母へ小遣いの前借りを申し込めなかったこと、それに、ちょっとは親孝行――写生にいくのだから危ないことはしなかろうとの、安心感をあたえるという狙いからでていたものなのである。

だから、絵の道具はたいていのとき知り合いの小屋へあずけてしまい、もっぱら、岩登り一途に専心をした。それだからといって何も描きませんでしたでは通らないし、次に出かける場合にもうまくない。

ところが、ありがたいことには、山はお天気ばかりとは限らない。雨の日も、雪の日もある。こういう日こそいそがしいのである。その山行で登った岩などを思い出しては小屋のいろり端でスケッチブックを埋めるのである。

そんなことでは正確さに欠けるであろうというかもしれないが、絵によっては地形学的や地質学的正確さをそれほどには必要としないものもある。解剖学をしらなくても人間をかけるものだ。

リアリティを欠くという人もあるが、リアリティのかわりにロマンチシズムにたよれる。さいわい、ぼくはこちらの傾向に属していた。

アーノルド・ランだったかしら、スキー登山についてこんなことをいっている。

「スキーで山を滑りおりてしまうことは、美しい山の姿も目に入らず、まことに味気ないものにちがいないと徒歩登山者はいうかもしれないが、美しい景色をスキーで一瞬の間に通過したとしても、実はその美しさは徒歩登山の時に劣らず、奇妙に頭のなかにがっちりときざみこまれているものだ。」

ぼくも、全くそうだと思う。

さっと、くぐりぬけた樅の小枝の枝ぶりまで覚えていることだってあるのだ。岩登りだって、その岩にふれてみてはじめてその岩がわかるのだ。岩を登ったことのない画家にはクライマーの心や、その眼でみる岩など理解できまい。

岩を登るということは、岩の構造から骨格のすべて、そこへルートを予想し、手でさわり、足で確認し、岩と空間がかもしだす一日のあらゆる表情のなかへとけこむことなのだから——しかも、そのルートはいつも立派なものでありたいと彼等はねがう。彼等はある意味で芸術家である。

さて、この岩ばかりをかいたスケッチブックのことだが、徳沢の隠居が生きていたじぶんだからこれも随分前のこと。

そのときはいいお天気ばかりがつづいて、毎日、岩登りばかりをしていた。だから、帰京の日がせまっても両親にみせる例の証拠の品が揃っていないのである。なんとか、つじつまを合せるために描いてかきまくった、それがこのブックであった。同行の友達もエカキ志望の学生で、こいつの家はもっと厳格で、スケッチどころか秋の展覧会のために制作すら山でしなければならなかった。彼は岩登りはしなかったので、ぼくは彼を格好のテントキーパーだと、そのつもりでつれていった。キーパーつきの豪勢な生活で、思いきり岩登りがたのしめると計算をしていたのである。

涸沢についた翌日から、友達はゴロ石の上にキャンバスをひろげて、北尾根の午後、その紫色の影をかきはじめた。ぼくが山から帰ってくるじぶんから制作をはじめ、うすぐらくなるまで続けるので、スケッチの用意のないのが因果で、結局、彼の晩飯までつくってやることとなった。朝は朝で、山へでかけるときには癪にさわるほど、やすらかに寝ているのである。早立ちのぼくは仕方がないから朝食も一しょにつくって別にしておいてやる。むずかしい岩場へいくときでも、帰ってきたときでも彼は岩についてはなんにも知らないので、「がんばってこい」とも「よくやった」ともいってくれない。手ごたえのないことおびただしい。徳沢へおりてからも証拠物件作製に大わらわなのだが、彼はおちつきはらって散歩としゃれこみ、小屋の前の草原にねころんで空とぶ雲をみているのである。

秋がきた。二科会で彼は入選し、ぼくは落選をした。そのときの彼の言い草がいい。お前は山案内でエカキじゃない。あきらめねえ。俺は来年は岩登りをかいてみたいからもう一度つれていけ。お前がいると安心だとほざいた。

ところで、ぼくはいまだに岩登りをかいてみたいと思わない。他人が岩登りをしているところを外側からかくということはまずあるまい。さしえやカットの場合、あれは別だが一つの純粋なタブローとして制作する場合のことである。ぼくにとっての岩登りは絵にかくものでなく、やるものである。

けれども、岩はかいてみたい。

なぜなら、岩をかくことと、岩登りをすることとは、同じだからだ。手と足のちがいがあるだけだ。下からみあげて、岩壁を登る先行者のビブラムの底が全部みえるときにうける新鮮ないつもの感動——そんな感動を秘めて、一つの岩がかききれたら——それがわが岩登りを描くということになるのかもしれない。
岩壁のなかに自己を埋没させきること、はじめてそこで登るという行動も、描くという行為もその原点をみつけるのであろう。岩登りだって、絵だって説明ではなく表現なのだ。

（第二次ＲＣＣ編『現代アルピニズム講座』三巻・昭和四十三年六月・あかね書房刊）

八月の岩登り

岩登りをなぜやるのか、――と聞かれて、「カッコいいからだ」と答えた若者がいる。ほんとうに、正直で勇気のある答だと思う。日本の岩登りはもうそろそろそういうことになりつつある。ぐちっぽく老人ががたがたいってもはじまらない。

二、三年前のある夏、ぼくは滝谷であそんでいた。

――目前でたむろしているヘルメットの若

い人達を追いこして登り続けていくと、うしろに声あり――。

「アノ爺い、凄えなあ」

と、聞こえた。

まんざら、わるい気持はしなかった。

この若い人たちは、次にぼくを追いこす番にあたったとき、みんなヘルメットをとって、ていねいにお辞儀をしてくれた。つまり、その日のぼくはカッコよくみえたにちがいない。

そのすこし前の年、ぼくはチンネを登っていた。ひとりだった。充分に「孤独なる空間」を楽しんでいると、三ノ窓に張られた天幕から何人もの人がでてきて、いつの間にかこちらをみているのにふと気がついた。

――そのときも、両手を口にあてたひとりから、はるかに声がかかって、

「おっさん、しっかり！　もうすぐだぞ、がんばれよ！」

たぶん縦走者が道をとりちがえたと思ったのだろう。チンネは若者だけのものだ

と信じ切っているところを、変な爺いがひとりでトコトコ登りつつあったのだから、――それをそれからそれへと伝えきいた天幕の残留組がたいくつしのぎに這い出してきたわけである。けれども、この日はあんまりカッコよく登っていなかったらしい。そうでなければ、はじめは弥次でも、しまいにはあれほど真剣になって声援をおくってくれたわけがない。

ぼくは、その日、もういちど三ノ窓へ戻るつもりだったが、顔をみられるのが恥かしくなったので予定をかえ長次郎谷を降りてしまった。

チンネの頂上直下で声援感謝の両手をふったら、三ノ窓の住人たちも揃って手をふってこたえてくれた。

ところで、ぼくはまだヘルメットをかぶったことがない。いまみたいにヘルメットがイカすようになる前、あれをかぶっている人をみかけると、なんとなく岩登りとは場違いの感がしていやだった。しかし、皆がかぶると、それなしで岩を登っているじぶんがフトこわくなることもある。

いつだったか、奥山章君のヘルメットを、ちょっと借りて頭にのっけてみたら、傍の令夫人が

「あら、すごく精悍で、イカすワヨ」

と、いった。

うぬぼれの強いぼくは、早速、夫人のコンパクトをかりてのぞいてみたら、白いお鍋の下から、およそイカさないいつもの下劣な顔がそれも気取っているのにはがっかりした。

ところで、これからもヘルメットをかぶることは、まず、あるまい。

もう、自分の技倆や年齢では、いままでのように毛糸の帽子で大丈夫程度の岩しか登れないこともわかっているし——そういう岩登りこそ、いい意味でぼくをいちばんカッコよくみせることになることに気づいたからである。岩登りにおかしな信

念みたいなものをもちつづけると、岩での生活の楽しさをスポイルする。——西行や兼好の立派さは、その信念のないところにある、だから文学なのだと語った人がいたっけ。

ある年齢に至ってからの岩登りはそういうものでありたいものである。「八月の岩登り」——ぼくはそれを、こう、よぶ。

（『きのうの山　きょうの山』）

心の山

「山好き」といわれるほどの人は、だれしもひとつの「山」を心に秘めている。

それでは、その「山」はどんなものかときかれてもうまく言い表わせない。なぜなら、「心の山」とはまさに、実体としてのものを脱却し、抽象の世界で、「あこがれ」と呼べるものに変っているからであろう。山頂、山麓でのくらしのつみ重ねや、遠くつづいた山旅の想い出の果てに、いつとはなく心の片隅に座をしめた一つのかげり、観念化された山、これが「あこがれ」でなくてなんであろうか。

しかも、そんなかげりを抱くのが山好きだとみるならば、それをつくりだすきっかけとなった山行も、彼の歴史の一こまにたしかにあったといえよう。

ぼくにも、そんな山行があった。それまでは、山や谷ならばどこでもいい。歩くこと、攀ること、いわば肉体の苦痛と愉悦とが山登りの魅力の大半だった。しかし、この山行を境として、自分の「あこがれ」を忠実に追い、登りたい山へ、登る方法を選んでいこうとするいき方へ、一歩をふみだした。

もう、四十年近い前のことだろうか。そのおもいでの山行についてしるした文章のなかに、こんな一節がある。

その文は、後立山の峰々を真正面に仰ぐ東山にある小さな乗越し、「枯れ峠」などと勝手によんでいた窪みからみた展望からはじまっている。枯れ峠というのは、浅い春のいちにち、やっと二十センチほどのびた麦畑の畝道を登っていくと、急に道は芝草にすいこまれ、そこの黄色い草原が、とくにうつくしかったからである。土地の人に聞けば、なんとか名前はあったかもしれない。けれども名前をしらべるのもかわいそうなほど、あまりにも小さい乗越しにすぎなかった。

——枯れ峠の展望——

黒と灰色の乱雲に、頂を呑まれた巨大な鹿島槍の午後。雲の切れ間から幅広く光の束がまっすぐに射《い》りつけている。

あらゆるデテールが巧妙にうきでて、ギヤマンの精緻な細工をおもわせる爺ヶ岳の午前。

兎のようにぴんと二つの耳をはねあげた鹿島槍と爺ヶ岳、この双耳峰を中心として、その向うには兜のような五竜岳、頂に真直に入ったルンゼが一本気にかかる。

針の木から岩小屋沢岳までの一連は、折りかさなって銀屏風のよう。どのひとつをとってみても、素敵もない銀のゴシック建築。

遠くなって、ちんまりと、星ともみえて強く光る鑓、杓子、白馬ともなれば、そのすぐ下はなつかしいハイマート、長野県北安曇郡北城村細野（現在の白馬村細野）。

実はぼくも、このときまでに何度も細野へはいっていた。そして、いくつもの山や谷も攀じていた。あまり記録のあることを聞かないところへもはいってみた。そういったかなりきびしい小峰から小峰へつづくような日々のあいだに、この小さな二、三日のさまよい歩きの旅は、計画され遂行された。

この峠から適当な距離とほどよい仰角をもってあおいだ後立山、きのうまで登っていたところ、これから攀じようとする稜線、いずれも豪壮無比、息のつまるようなながめで、異国の新しい山山が忽然と行手に立ちはだかった感じだった。ぼくは全く深い感動にうたれた。自分の心が新しい精霊と入れかわり、充実しきった新鮮な息吹きにおどった。初恋にも似て、山からキューピッドの矢を射こまれたぼくは、前とはまるでちがった眼をもって、再び淋しい細野の村へ戻っていった。

淋しい細野の村、とんでもない、なにをいっているんだと人は思うことだろう。けれど、そこはそのじぶん冬ともなれば、名木山の裾で押しつぶされそうになった茅ぶき屋根が深い雪に沈んでいる小さな忘れられた一村落にすぎなかった。一軒の商店とてなく、四つ谷まで二、三十分のあいだ国道ぞいの雪道をこがなければ、ささいな用もたせなかった。

細野での生活については、こんなこともかいてある。

まだ、雪が降る日もあるというころから、すっかり雪も消えて、緑になりきるまで、ソルベージの歌ではないけれど、とうとうこの寒村で暮らしてしまった。ここでの春の楽しい生活は、あきるということはない。土間からちょっと顔をだせば、いつでも山々が光っている。

「こんどはあそこをこう登って……」「ああやって」と、実際、胸のうずくような感激の一刻、一刻のつながりであった。

山へいく朝、ピッケルを小脇にかかえこんで、村の真中を横切っていく。

「どこサ、登るネ?」という声があっちこっちからかかってくる。

聞いたような声だと、暗い土間をのぞくと、夜、もらい風呂に集まる人達が、顔中をくしゃくしゃにして笑いながら、手を振っている。返事のかわりに、ピッケルをふりあげる。

落葉松の林の下にはりつめた雪は、凍って堅いアスファルトのよう、いつになったら、いつになっても、これがとけて割れそうにもない。

林をぬけると一面の雪野原、まぶしい雪の反射にたまりかねて雪目鏡をかける。

いよいよ、山へはいるのだとからだが引きしまってくる。その緊張へ、まだひんやりとした朝の微風が心地よい。

白い高い山へこうして出かけていく――。


おととし、永らくごぶさたつづけの細野をたずねた。

「どこサ、登るネ？」と声をかけた人達もいまではみんな死んでしまっていた。

おどろくばかりの大勢のスキーヤーが道いっぱいにあふれていて、その間を自動車が警笛を吹きながら、のろのろと縫っていた。スイス風のロッジからはステレオの響きが、ひっきりなしにきこえていた。

二、三日の高い山での登攀をおえて、ピッケルに飛び散った氷の破片をなつかしく想いだしながら、村へと下ってくる。
わずか二、三日でも、季節があまり早く動くので、今さらのような驚き、いくときには渡れた雪橋も落ちて、そこでは春の逃げ水が、よろこびの歌をうたいながら走っていく。

あらあらしい岳の日射しにやけて、ぴりぴりする頬の、その感触をなつかしみながらもどってくると、道の両側で「春木」を伐っていた村の娘達が、「きつかったズラ」とやさしく言葉をかけてくれる。「岳帰り」の荒れた心は和み、そして、計画通りになしとげた登攀の誇りにみちる。

急な赤土を滑るようにおりると、村の入口である。用水にそって一列にならんだ落葉松の緑もめっきり色濃くなり、鎮守の春祭が近づいてか、その仕度にどことなくにぎにぎしいようす。

土橋をわたって、道祖神をまわりこむと、いちはやくこちらを見つけた子供たちが、モンペイ姿もまんまるく、雪のうえをかけてくる、ピッケルをとる、ザックにぶらさがる、という具合で、七つ道具を受けとった子供達は、誇らしげにそれを振りかざしながら、先に立って歩きだす。親しい山案内の信さんの愛児たちである。

子供に囲まれて低い庇をくぐると、おばさんが円い健康そのものの顔をほころばせて、いろり端から立ちあがる。立ちあがりながらかける声の第一声は、いつもきまって「みんな帰ってきたダカ」である。

この子供たちも、もうすっかり壮年である。肩車にのっけて小谷温泉へつれていった長男の忠さんは、すっかり貫禄をつけて、いなば旅館の若主人におさまっているし、次男坊の光政君は森上で養魚場をやっているし、娘さんたちも、みんないいお嫁さんになってしまった。わが友信さん夫婦は、楽隠居の身となってのんびりと帳場で采配をふっている。

久しぶりにおとずれたぼくを、一家をあげて歓待をしてくれた。人情のこまやかさは、むかしとすこしも変ってはいなかった。

しかし、村はかわった。とくにその風景はなにからなにまで一変した。小学校の同級生にたまたま会うと、その変りようにびっくりすることがある。けれども、しばらく話を交しているうちに、年月の仮面はうすれ、昔ながらの旧友であることを発見することがある。あるいは、細野もそうだったのかもしれない。残念なことに、このときの滞在があわただしいもので、充分に会話をまじえる時間が不足だったのかも知れない。しかし、ともかく外観は一新し、「心の山」をつくるきっかけとなったすべてのものは、今ではどこにも見当らなかった。

でも、一生のうちのある時期、いかに感銘が深かったとしても、過ぎ去った山行とは本来そういったものなのかも知れない。三十年も四十年も、時代の激動の波を拒否しつづけ、旧態のままを保持する土地など、この狭い日本にあるわけもない。かつては、そんな山行をもちえたと記憶のなかに残るだけで、まことに幸いなことなのだ。

スキーイングの帰り、村の墓へ寄ってみた。深い雪におおわれて墓石はかくれていたけれど、それと思うあたりだけ雪がこんもり、まるく盛りあがっていた。その下には、ぼくを可愛がってくれた隣りの爺も、おばあも、彦十のとっさまも、あの人も、この人も眠っている。墓は降る雪の下で静かだったといいたいが、ステレオはがんがんとここまで聞えていた。細野で暮したあの充実しきった「感動の日々」は、たとえいくらか近いものはあるとしても、あれほど強烈なものはもう日本では求めにくい。

また、外国に行きたいと思った。

涼秋八月蕭関の道
北風吹断す天山の草
崑崙山南月斜ならんと欲す
胡人月に向って胡笳を吹く　（岑参）

初恋は一生に、一つだけしかない。そして、たいていの場合破れさるものだ。だからといって決して心から消えさるものではない。それは成長して「心の山」をつくるのである。とすれば、心の山は、やはり抽象といわねばならない。

連山と細野でつくられたわが「心の山」は、三十数年後のいま、こんなところであろうか。ロマンチシズムとエキゾチシズムへのあこがれは、形をかえても質的には少しも変っていない、ふしぎなものである。

初恋などときざな、といわれるかもしれない。そこで原体験といいなおしてもいい。ほんとうは、その方がもっときざだと思うのだが——。

（『きのうの山　きょうの山』）

紀行

万太郎越え　雨の丹沢奥山　笠倉山　赤谷川遊記　利尻・羅臼・オホーツク　雪山詣で
焼酎もった湯山の旅　コーカサスの暗い朝　穂高生活　南アルプス彷徨

万太郎越え

毛渡沢鉄橋の橋板をわたりかけるとガタガタと鳴った。谷の両岸にひろがる雪の台地の奥の、当然地平線となるはずのそんな遠方に仙の倉山が見えている。

高くはない。けれどもいかにも遠い。

「おい、あれで、今日のうちにてっぺんまで行きつけるかネ。」

とH。

「アンじゃネェ」

と、答えながら春の日射しをいっぱいに浴びて、ぼくは早くも歩くのが厭になった。

まだ、午前九時だというのに——。

ぼくもHも教員の部に入る。勤めている学校こそ異なれ、山では仲間。とにかく学生時代からの山の相棒なのである。

Hは当年二十九歳。国漢の教師。独身で、乱読を好み、芝居と山とが好きで、気むずかし屋で、皮肉屋で、山岳会入会の折も登山経歴欄に、

「…されど、身体、やや虚弱、性、偏狭にして、求むるところ中山性の山、赴くところ漂泊の旅を重ね、いたずらに五万の紙数を増せるに至れるのみ……」

なんて書いて紹介者のぼくを困らせたことがあったっけ。

さて、話はあと戻りをして、出発の日のことである。

学校——着替えに八分——上野駅、例によってこの三段飛びで駆けつける。発車をしても、三十分ぐらいというものは、息は静まっても気持はなかなか静まらない。一見落着き払っているようでも、その実、こんな時こそ、心中、希望と不安とが交

錯して一番厭なひとときで煙草ばかりをのんでいる。

今日も、そうだった。

マッチの軸は何本も頑丈なスキー靴に踏みにじられた——。

この汽車は上州水上どまり。

今夜はどこかへ泊らなければならない。

水上、湯原の温泉では財布が軽すぎる。高崎を過ぎるころから、二人の間ではどこへ泊るかが大分問題となった。

「敷島……敷島へ泊ろうじゃないか、一軒ぐらい、宿屋もあるぜ」

「岩本となると、なんだか渡世人くさく響くからかい」

と、ぼくのキザな返事。

Hは、中学時代を山陽の小都市ですごし、その折の山旅の楽しみは木賃宿に聞く行商人の語る諸国談にあったそうである――。ぼくも、そんな感情を今でも好ましく思っているロマンチストの一人なのだ。

結局、敷島も岩本も通過して沼田で降りた。まっくらな駅の前をまっすぐに出ると、お誂え向きのさびれた木賃宿――。

黄色い畳。怪しげな山水の軸。花形の継ぎをあてた障子。でも、二人は安心して、のびのびと身体をのばした。

翌日はすばらしい朝だった。駅の前から山々がはっきりと望まれる。

「あたったね」

「うん、あたったな」

二人は下り列車を待つ間、国境の一角をしきりに眼で追いながら真白な山波に漂泊の夢を逐った。

ぼくらの山登りの大先達、O氏がかつてこんなことをいわれた。

「上越を結ぶ横断ルートとして、こんなのはどうだろう。すなわち、毛渡沢——万太郎山——赤谷川の源流——谷川本谷乗越——小出俣岳——阿能川岳と結んでみるんだ。そのうち、谷川本谷の乗越は越後猟師の春の捷路の一つで、もっとも、かれらは東股の頭を搦むというが——見通しさえつけば、可能性は十分あるんだ」

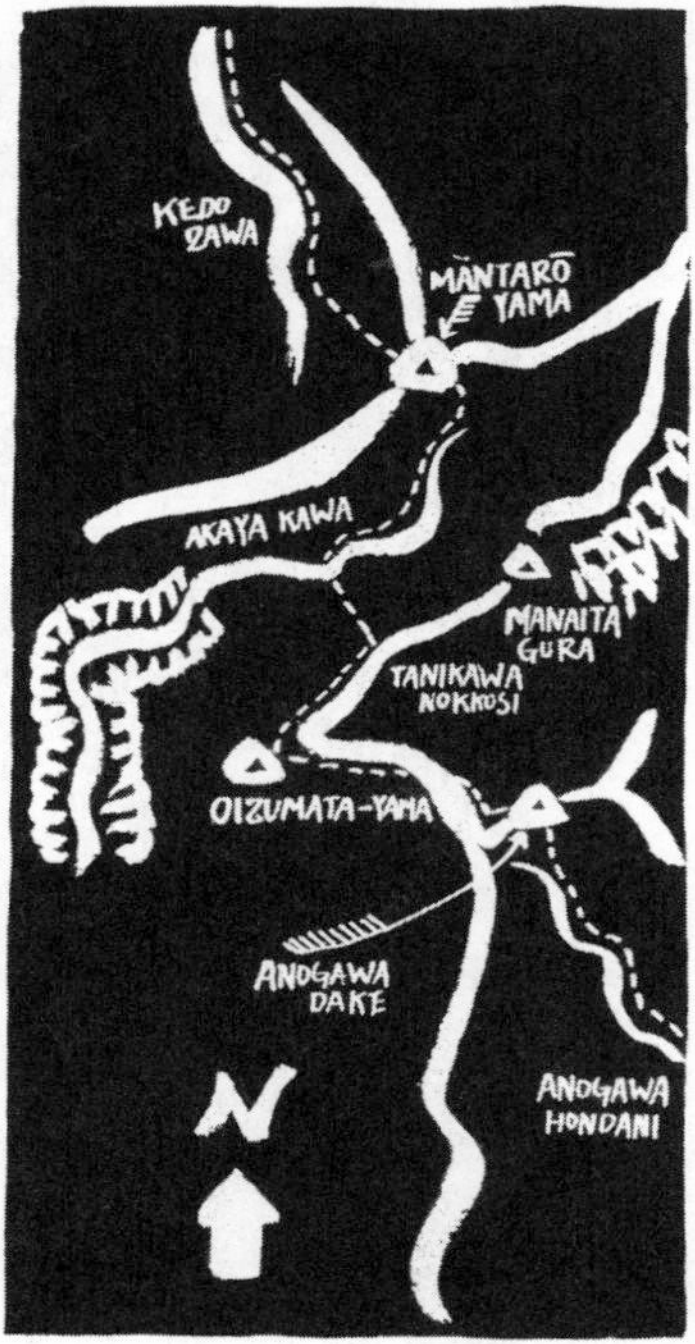

ヴァラエティーに富み、かつ理知的でもあるこのコース、ぼくらはこれからそれをやろうとしている。それだからこそ毛渡沢の馬鹿長い登りにも我慢できたわけだ。

今日は仙の倉のてっぺんまで、そしてとっくりと「四方《よも》の春」でも眺めよう。そう決めて出かけたのだが、二人とも毛渡沢は初めて。そのくせシッケイにしてもオキイノマチにしても一向気乗りがしない。

少し変だなと思いつつ、登ってみたら案のじょう大間違い、「まあ、いいや」とそのままつめて仙の倉山直下へ――。

時間は遅く、雪質はすでにクラスト気味、登頂を望めば帰りのスキー享楽はむずかしい。

二人は登頂よりもスキーを選んだ――というのも急斜面の鉄砲登りにいい加減疲れてもいたし、飽きてもいたからだ。

ぼくは、一昨日、一晩かかって、エミイル・アレの「フランススキー術」を熟読玩味、理論はすっかりのみこんで腰の振り方さえ研究ずみのはずだった。

ああ、それなのに、クラストを割って谷心に描くシュプールは、いとも御慎重なシュテム・クリスチァニアの連続ではないか。いや、それ以外にどうにもならないのだ。嘆息とともに、出合の雪の上にどっかと尻をおろしてしまった。——こんなはずじゃなかったのに——。

でも持つべきものはなんとやら——。

「いくらか、無理がなくなったヨ」

と、Hは褒めてくれた。

シッケイ沢の出合に、十坪ばかり雪が割れて、水が流れている。傾斜はしているが、いい具合に少しばかりゴロ石が現われている。

ツェルトを張った。

寝床は石だが、最初から雪にねる気の、しかも防寒具の乏しい二人には、思いがけなくもありがたいことだった。おまけに手さえ伸ばせば水もくめるという結構さ。Hは毛糸製のシャッポをかぶるし、ぼくは穴だらけのウインドヤッケに身をかためる。

そして、コッヘルのバーナーにアルコールを入れてマッチを擦った。が、どうしたことか、火がつかない。オヤ、間違ってるんじゃないかしら――。

けれども、臭いはたしかにアルコールに相違がない。

考えてみるとこのアルコールは、さる医務室からただでもらってきたものである。目的はもちろん消毒用にあったものであろう。しかし必要以上の濃度は無駄であるとする資本主義的一般的原則から――多分――これも薄められて、量の拡大へと振り向けられた種類の一つであったのであろうか。

およそ、不潔で無作法な食事をすますと、もうあとは寝るばかり。今まで食卓となっていたまるい石の上に背骨をあてて、眼を閉じた。

身は鯱のように窮屈でも、心だけは、昨夜よりもさらにいっそうのびやかに――夜中から月が出た。

目の覚めた二人は手袋をニッカーの下から差しこんで、膝小僧の当《あて》にする。こうすると、暖かくグッスリ眠られるのを知っているからだ。

そもそも、この計画は実行に移そうと思い立ってから十数年になる。それが延びのびになったというのも、ぼくにもHにも他に登りたい山があったからである。

今年だって、Hは数年来続けていた南会津の春山のトラバースに夢中になっていたし、ぼくはぼくで、不帰連峰の東面に新しい登路を拓こうと未練を多分に残していた。それがどういう調子か、端からくい違って、二人とも結局半端な気持に追いつめられた。

かくなる上は行かぬよりはましであろうというところから、心の隅に半端な陰を投げかけている山へ罷《まか》りでたというわけなんだ。

山から帰ったぼくは、Y宛に次の報告をかいて様子をしらせた。

その後はごぶさた。

やってるか?

この頃、こちらはあんまり山へも出かけない。数からいえばズンと減った。別に厭になったわけでもないが、おれたちの覚えた山と近頃の山とがくい違っているから。世代の交替さ。

ところで、先日Hと上越へ行った。例の懸案の奴、あれをやっつけたよ。

これはその時の報告。

万太郎へはオキイノマチの一つ先の谷を登った——といっても実は間違えたんだ。原因は前日シッケイ沢を誤認したことによる。基準が狂ったんだからあとも狂った。勘がはずれて残念。

どうも近頃はだんだん地図を読むのがおっくうになっていく。思いのままほっつき歩いた方が山も面白いのだ。邪道だといわれればそれまでだが、そのまま押し切っている。お蔭で今日ばかりじゃない。チョクチョク失敗を重ねている。

万太郎直下は随分急だ。おまけに雪が変なつき方なんだ。ほら、上越のアレさ。

幸い、猟師の輪カンの跡があった。それを辿って苦もなく突破といいたいが、骨の固まりかかったおれはフッと厭な気になったところも一つぐらいはあったようだ。——これはHには内密、内密。

Hのやつ、少々へバッてきたが、悪場についてはなにもいわなかったから、今じゃ度胸もおれよりあるのかも知れない。

万太郎のてっぺんはいい。

Hが遅れたのでおれは風のビュウビュウ吹く中で、いやでも「頂きの憩い」と「頂きの展望」とやらを余儀なく満喫させられた。

ぜいたくなことをいうなって？

二人揃ってから、頂上の脇から赤谷川へ滑りこむ。オジカ沢の頭からくる本谷と合流するまで全く快適、今度の山行を通じて一番いいスキーをやったと思っている。

Hは正月の猛練習でひどく上達したが、こちらはだんだん低下する一方だ。ロング・スキーよりもたやすかるべきショート・スキーで、特にそれを感じるのだからもういけない。

赤谷はドウドウゼンの黒い岩が見えるところまで降りた。この辺から谷川本谷の乗越へ登るのだが、とっつきがちょっとわかりにくい。実をいうと、おれもこの辺から大分へバッてきたので、できるだけ位置を動かぬようにして登路を偵察するのだから骨がおれる。

Hのやつ、おれと入れ代って元気を恢復してきた。いつも思うんだが、へバリというものは、その初期では周期的にくるものらしい。うまい具合に周期の波はHとくい違っていた。

いわず、語らず、おたがいにうまくそれを利用しながら、あとの山も片づけてしまった。こんなことも、昨日今日に編成したパーティーではできかねる呼吸であろう。

今度は、勘があたった。

乗越へ出る。ここへは十年ほど前に反対側から春雨の中を雪崩に脅かされながら登ったものだが、今見ると巨大な雪庇をかけて非常に急だ。たしかに登ったんだ。岩の形にも、曲りくねった樹の幹にも見覚えがある。

憐むべし。ここでも技術の低下があった。綜合的に山を愛する心を深め、それらはたしかに成長したと自惚れていたが、氷雪技術だとか、岩登り術とかいった修練を常に必要とするものに至っては中止しているとすぐおちる。

雪と藪を踏んで小出俣岳へ――

展望はなかなかいい。

まあ、想像して見てくれ！　赤谷の源を隔てて、万太郎山。聳え立つエビス大黒の頭。仙の倉、日向小俣嵓の切り立った岩と雪。いずれも南面の壮麗さをほしいままだ。しかも本谷の急峻な雪渓のうえ、ダイナミックなブロック形態の雪の稜線を前景におくにおいておや――。

阿能川岳へは馬鹿尾根と痩尾根とを適度に織りまぜた雪稜の散歩。僅か百五十メートルほどの最後の登りは雪が腐っていたためコタえたヨ。

展望台、阿能川岳も小出俣からきたおれたちにはカラ興味の薄い場所だった。いやに細長くて、「山も終りぬ」といったただの雪の土手に過ぎない。

いい忘れたが、おれは昨夜から食欲をすっかり失っていた。

飯の入っていない身体は大儀で弱った。

最後のコースは阿能川本谷下降。

やさしいという点からいえば、頂上から細芝の左尾根を谷川本流へ降るのが一番で、むろん、これは容易には違いないが、そうするとどうもコースがキタナクなるんだ。

五万図幅を染める赤鉛筆のルートなんておよそ趣味にあわないけれど、越後の春と上州の春とをつなぐおれたちのルートは、たといそれが一日行程のちっぽけなトラバースに過ぎなくても、シュプールとアイゼンの跡を美しく——そうだ——がっちりと雪の上に残しておきたかったからだ。

それが、翌日の雨で一流れに消えさるほど貧しいものであったにしてもね——。

こよなく美しく、しかも少しの無駄もなく雪山の尾根から谷へ、谷から尾根へと越えてゆく足跡を見出した時、全くどこの誰やらわからぬその主《ぬし》にさえ深い尊敬と憧れの心情を抱かせられるものだ。

ワンダラーの矜持であるそうしたデリカな精神は、当今ようやく忘れられようとしているけれど、おれたちは、おれたちの山旅にだけはせめてこの芸術する心を無くしたくないと思っているんだ。

阿能川本谷には悪い滝場があった。

「ビンズル岩」の滝とかいったっけ。

幸い、まだ埋っていたので横滑りを加えながら下降し得たが、一週間も遅れたらいささか時間もくったろう。

滝の下からスキーをかついでしばらくは藪漕ぎ。藪は薄い緑色に光っていた。まもなく雪消えの小道に這い上る。落ちかけた桟道。蕗の臺を踏みにじって阿能川部落着。

後略——。

水上へ着いた。

駅前の食堂で玉子どんぶりをたべた。

やっぱり、これは隣りへ腰をおろした商人風の人——じろじろ見ながら——、

「スキーはどちらへ……」

「まだ、雪はありますか?」

障子の隙から真白な谷川岳が覗いているというのに、いったい眼玉をどこへつけているのだろう。

この人のあわれな青春よ。

硝子戸越しの往来を週末旅行者の五、六人が通る。いいあわせたようにレインコートを羽織って、なかで若いのが風呂敷にくるんだ長い瓶、きまっている、あれさ。ステッキを突いて、写真機をぶらさげ、中折をアミダに押しあげた中央の人、会社ならば課長さん、学校ならば校長さん。

きまりきった風景、月末的な推論である。

ぼくは疲労を感じた。

「山」は遠くへ去ったのだ。

飽きあきして——専心、どんぶりを賞味する。

うまい。——とても、うまい。

先刻まで、全然食欲がなかったのにこれはまたどうしたことだ！

ありていに申せば、今度の山行は最初から炊事の労を省くため、丸々二日半もの握り飯を東京から担ぎだしたんだ。

だから、ザックをひらくと、袋の半分は握り飯で充満という始末である。握り飯もほどよい分量なら結構だが、こうも一度にしかもうんざりするほど、潰れた御飯で背中がいっぱいになっているというのはなんと形容したらいいだろう。

とにかく、異状な感覚に狂った視覚は、脳中枢を通じて、食欲の神経までも完全に麻痺せしめたのであった。

そろそろHの皮肉が始まった——。

「飯の足りない遭難はわかってるが、あまり持ち過ぎるのも、またその原因か。〝過ぎたるは及ばざるが如し〟とネ……」

ぼくはどんぶりの最後の一粒を拾いながら、従順だと自惚れていた舌に、案外、意志では容易なことで御し難い寄生虫的強情さの一面があるのを発見して、いまいましく思ったのである。

「ぜいたくなんだネ」

と、いうとHはしばらく黙っていたが、急にぼくの眼をみつめると、

「帰りの汽車はこむだろうなアー」

と、トンチンカンな返事をして、プイと横をむいてしまった。


（『日翳の山　ひなたの山』）

雨の丹沢奥山

ユーシン

「南がキツイで……今日も降る」と、西丹沢山見廻り役人、兵太郎氏がいう。

まだ、降ってはこないが、今にも落ちそうな空模様で、雲はあとからあとからと寄せてくる。

いやなお天気だ。

昨夜あれほど降ったくせに、まだ、

あがろうともしない。

シャツに手を通し、ズボンを穿くと湿りが身にこたえて、気持が悪い。昨日「千本峠」「雨山三里」で叩かれた雨がまだ乾き切っていないからだ。

用を足していると、冴えた拍手《かしわで》の音がした。Hが「山の神」へお参りとみえる。まもなくぼくも、真似をしたけれど変な音しか出なかったのでヒヤリとした。

朝飯をとっている間にも、三組の登山者が入ってきては、また、出てゆく。

ぼくらが、一番、しんがりの出発となるらしい。

ザンザ洞

変に気色の悪い花崗岩のトラバースをやったら滝はおしまいでガラ場となった。ザンザ洞を登ってしまったんだ。なんだかアッケない沢歩きである。

ドウガク沢にしても、ザンザ洞にしても、石英閃緑岩の小ヂンマリまとまった愛すべき谷なのだ。

雨が少し降って、霧がまいてきた。

ここで昼食。

知らない三人組といっしょになる。リーダーと覚しき人は黄色のワイシャツを着て、帽子にはなんの鳥か知らないけれども、羽をななめに差している。少し気になった。帽子の羽は日本人には似合わないと思っているからだ。この一行は弁当を忘れて胡瓜をかじっていた。

突如、霧の中からGowoと妙な音がする。

ぼくも、Hも、すこぶる緊張をした。

聞きなれた音だから――山抜けだ――。どこかで山が抜けたんだ。

なにしろ、雨は毎日降り続いていたし、地盤はこの通りである――。

それに違いない！

三人組の人は、ちょっと首を傾けたが、

「ああ、飛行機だネ……」

といって、また胡瓜にかぶりついた。

その通り――だったのである。

ぼくらは獣――熊や羚羊のそれで――の神経を持ち合せていたし、三人は人間の神経でそれを判断したのだった。

山とはいえ、すでにここも獣の神経より人間の神経の方が巾をきかす場所だった。丹沢山から、熊や羚羊が年々減少するのもあたりまえである。

三人の方が、よほど利口らしい。

背後の岩壁から、小石がバラバラと崩れ落ちた。

キレット

ガレと呼ぶのも、もったいなすぎるような貧弱なゴロ石を踏んで達した。

そこは思いのほか凄く痩せて——実際はそれほどでもないんだけれども、周りをまるまると肥えた山々にかこまれて、チョコンとくっついているものだからよけいそう感じるのである。もっとも、岩じゃない——土の塊とでもいった方が適当であろう。

だから、いっそう具合が悪い。こんな場所にあまり馴れていないぼくらには、その堅牢性が、とかく危ぶまれてならないのである。

珍妙な恰好で乗り越えた。
誰も人が見ていなくて幸いだった。

ドウガクの頭

森の中を少しばかり切り開いて、どこかの会社の山岳会で建てた方向指示性が中央にある。生々しい色だから建てて間がないに違いない。周囲を濃霧がいっぱいにたちこめ、渦をまいていて視界は全くない。下生えの笹がぐっしょりと濡れていた。登ってきたのと真反対へ踏跡が一本笹をもぐって消えこんでいる。指示柱によれば真北にあたるから、檜洞の乗越へ続くものと合点して降り始める——。

しかし、尾根は予想に反して急降が続き、踏跡もようやく怪しくなっていく。もうそろそろ平らにならねばならないのに——。

「どうも少し降り過ぎる……」

とHがいう。

そういわれると、ぼくも自信がない。

霧が薄れた途端に変な山と変な谷とがちょっと見えた。

それも束の間、霧は前よりいっそう濃くなった。

そこでエンヤラエンヤラ、また登りなおす。

指示柱の傍らで、再びトックリと考えなおしたが、やはり、今の尾根が正しいらしい。

そのうちにぼくらはだんだん面倒くさくなってきた。二人とも腹をたててきた。

それに早くユーシンへ帰りたくもなったので、檜洞を諦めて、手近なゲタ小屋沢下降を選ぶ。

ときどき、バラバラと雨が降る。

いよいよ、面倒だ！

二人はそれと覚しきところへ見当をつけて、藪へ飛び込んだ——。

藪を切り抜けて窪みからガレへ、ガレには古草鞋が一足捨ててあった。

もう安心だ——

降るにしたがってガレもゆるやかになり、谷らしくなる。水が現われだした。

谷は荒れ谷だったが、幸いと棚はない。たしかに檜洞沢だと思ったので、水をのんだり顔を拭いたり、すっかり落着いてしまった。
——が、本当は飛んでもない間違いを仕出かしていたのだった。
ぼくとHはドウガクの古狐に訛されていたのである。

小川谷

——谷は次第に大きくなってゆく。下流がひらけて、両岸の山々が低くひろがりだした。

雨がひどくなってきた。

まだ檜洞沢だと信じているから、歌などうたって元気に歩いた。

そのうちに両岸が迫って急に悪くなる。右岸に道があったので這い登ってみた。道は細いけれどもよく踏まれて「廊下」を左手に見おろしながら、ぐるぐる廻っていく。

また、自信がなくなった。

だって、この「廊下」はなんだか知らないが、複雑このうえもない形をもってところどころに幾つも滝を覗かせた、実に大きな谷だからだ——檜洞沢にしては大き過ぎるし、距離も長すぎる——。

一つの山鼻でこわれた指導標に出あう。白墨で上流を指して檜洞沢、下流を諸子平とかき、凄く気味の悪い手の格好がそれに描きそえてあった。

なんでェ。いいんじゃねェか——。

で、また歌をうたった。

歌をうたいながら考えた。

それにしてもあまりに立派な谷でありすぎる。ザンザ洞出合のあの暗い檜洞沢が、奥でこれほどひらくことがあり得るだろうか。

歌はだんだん元気がなくなった。

いい加減厭になるほど歩いたら、伐採の小舎があって、人夫が五、六人休んでいた。

聞いてみたら——、

「中の沢だ。おまェら、どっち方面からきた？」

ぼくは急に力がぬけた。やれやれ、案じていた通り小川谷なのか。それじゃこれから四里の道を飛ばさなきゃあ、ユーシンまで帰れやしない。

人夫の中の親分みたいなのが、いろいろと教えてくれる。

指導標のことを話したら、こちら側でも小川谷の奥を檜洞沢というし、中の沢のことを諸子平とも呼ぶのだそうだ。

それは、これでわかったけれど、ぼくらはどこでこんな大間違いを仕出かしたのか、はっきりしないので気味がわるい。

「狐にツマれたようだ」

と、Hにいったら、親分が引取って
「これから下は馬道だから、狐は出ない」

と真顔になって答えた。

玄倉

なるほどいい道だ。河原撫子と夕すげが咲いている。

玄倉本流との出合に味な吊橋がかかっていて、橋の袂に松虫草がかたまって咲きこぼれていた。

渡り終って振りかえったら、中の沢の人夫の親分が、知らないうちに追いついている。ちょっと変な気がした。あんまり不意打だったからだ――

そこからいい道が切ってあり、本流沿いに「ユーシンへの近道」と道しるべが立っている。

早速親分に伺いをたてたら、

「とんでもねェ。千五百メートル先までしか切ってねェ。この前《めえ》も川流れが二人もあったダ……」

と手を振った。

あぶない、あぶない、狐はまだまだ、その辺でうろついているらしい。

玄倉の村のとっつきが親分の家で、ここから山神峠の登りは始まる。

親分の家の庭では唐もろこしの葉を、雨がバシャバシャひどく叩いていた。

峠の登り

腹がへっているのでなかなか辛い。

峠と覚しきあたりは雨雲の中に沈んでいやに高く見える。

峠道はこれこそほんとの馬道だから至るところに馬糞が落ちている。そのうえへ奇妙なことに黄色い蝶がかならずタカっていた。

道を埋めて夕顔と薊がかわりばんこに咲いている。

峠の展望

名の通り山神様の祠があって、祠の二、三間先で展望がひらけた。

杉林に囲まれたユーシンが遠くにボッチリと眺められた。

山々の八合目から上を根雲が覆っているので高さの見当がつかない。ただ幾つもの山襞が重り合い、襞と襞との間からは雲や霧が湧きあがってゆく。

無数の襞と無数のガレが、根雲の一角から洩れた夕日の束を浴びて、淡い輝きで視野に入った。

「いい峠だねェ……」

「いい峠だなァ……」

ぼくとHは感心をした。実にロマンチックな展望だからである。けれども、これにはもしかすると雲の魔術師が一役かっていたのかも知れない。

ふたたび、ユーシン

峠から随分いそいだ。兵太郎氏が帰りのおそいのを案じているに相違ないからである。

そんなにいそいでも一時間近くかかってしまった。

ここでも、雨が烈しく降った後らしく、ユーシンの杉林をぬって霧が幾筋も静かに流れていた。

杉林を抜けると、俄然、犬が猛烈に吠え始める。

ざまァみろ！　これで執念深い古狐も退散したに相違ない。

いくら吠えられても、いつもとは違って腹は立たなかった。さっぱりとしたむしろいい気持だった。

（『日翳の山　ひなたの山』）

笠倉山

笠倉山は五万の只見図幅のほぼ中央に位置をしている標高千メートルたらずの山である。「山、高きが故に尊からず」――その特徴のある形は心ひかれるものがある。夏はやぶがひどく、この付辺の他の山々と同じように早春から晩春へかけて歩くところであろう。このあたり、登山者はほとんど入っていない。取りつきにある笠倉山でさえ「雪のとき頂上へいったものは、お前さまが初めてだ」と塩沢でいってくれたほどなのだから――。この真偽は別として、笠倉山から奥へかけ、東岐や貉ケ森まで足をのばしたら、どれほど楽しい雪山の生活がまっていることであろうか。

それから、もう一つ、塩沢の西にある蒲生岳、これはもっと小さいが、雪の技術を練習するのに持ってこいのゲレンデである。アルプス風の岩稜をいくつももっていて、ザイルとピッケルのコンビネーションにことを欠かない。

なお、笠倉山にはぼくの登った容易な（西尾根）の外に（南尾根）、（東尾根）がある。いずれも顕著なものなのですぐわかる。二つとも雪と岩をミックスしたやせ尾根で、

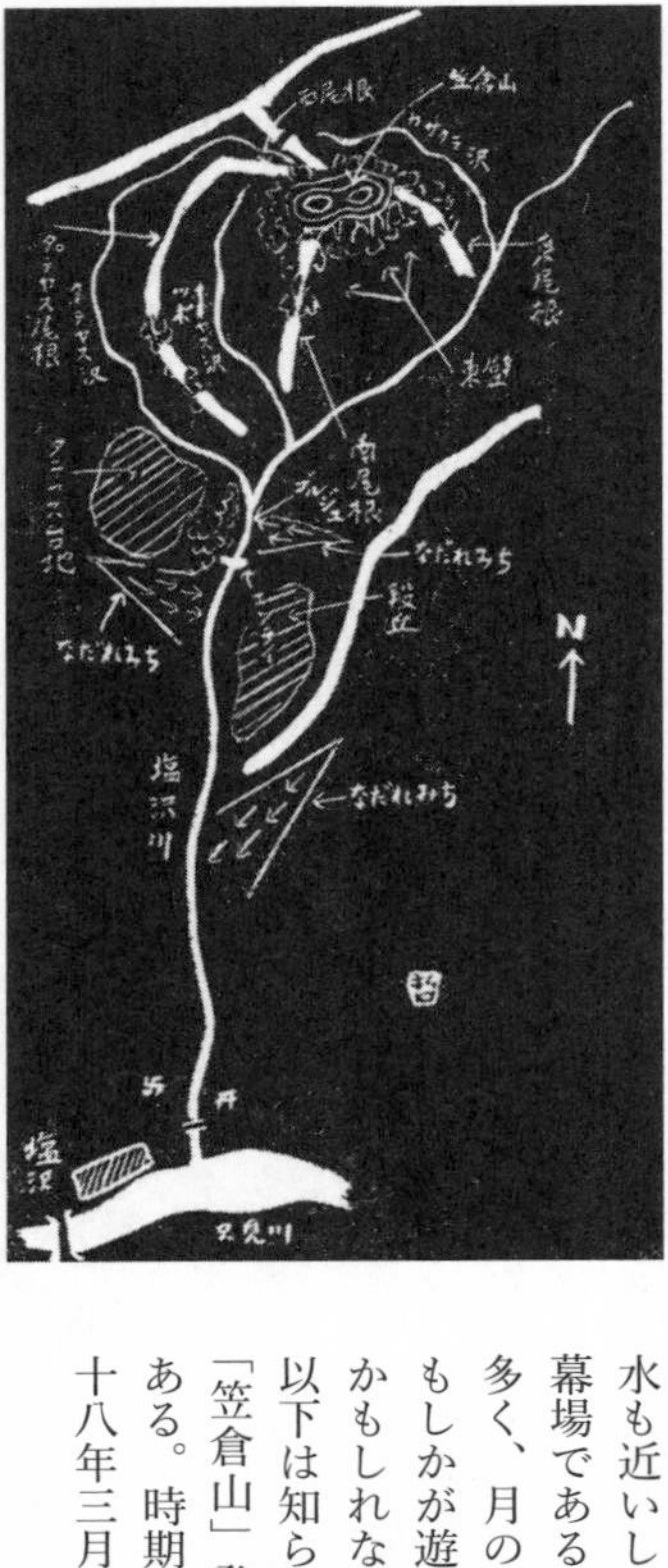

ザイルを使う面白いクライミングができよう。また、（南尾根）（東尾根）の間（東壁）は高距三百メートル？　五十度から六十度、頂上直下は殆ど垂直の素晴らしい雪壁である。巨大なクレバスがあいているが、その間をぬって登攀をするならば、かなり、緊張したものとなろう。出たところは、東峰、西峰の中間、その雪庇を切って登ることになる。さえぎるもの一つとてなく、登攀途中から下をみるならば高度感にふらつくのではなかろうか。この三つとも、未登のものだと思っている。これらを試みるには塩沢からはアプローチが遠すぎるので、A・Cをツボヤス沢出合付近の雪原に張るといい。ここは水も近いし、いい天幕場である。動物も多く、月の夜は、かもしかが遊びにくるかもしれない。

以下は知られざる山「笠倉山」登攀記である。時期は昭和三十八年三月であった。

三月二十六日（快晴）

会津柳津《やないづ》下車。只見の流れが大きく淀みをみせているあたり、駅からやや戻り気味のところに柳津温泉はあった。

湯の温度が低いので冬場は暖めなくては入れない。温泉街らしく建物は立派だが、その日の客の顔をみてからでないと湯をわかしにかからないところなど、やはり、ここはひなびた湯治場であった。

三月二十七日（薄曇、後晴）

汽車を乗りついで川口着。雪崩の危険のありそうな時刻を避けて運行ダイヤが組まれているので川口への列車は早朝か、夕刻しかない。

この辺では大型ザックの登山者は珍しいらしく、駅前の食堂でパッキングをしなおしていると、善良ないくつもの目が好奇心にかがやきながら、手元をのぞきこむ。

いよいよ、残雪の沼田街道を西へ向かう。

雪原のとぎれとぎれにあらわれる雪の村里は古い年代のかげを重い茅屋根の下に

ひそませて――右に左に位置をかえる只見川は、川というより細長い湖水を思わせるほど豊かな水量をたたえた深々とした青い水で、ザラメ雪の山谷をきって、ゆったりと蛇行を続けていた。

地図にある湯倉温泉は雪崩の危険をさけていちはやく住人は疎開し、今は無住。その温泉の手前から横田まで通りかかったトラックに拾われて便乗、横田からは、目にみえて車の数もへり、ますます残雪の深くなった道を塩沢へとめざす。滝集落から、山の鼻を大きく曲がりこみ、トンネルをぬけると、滝ダムの美しい湖畔にでた。

湖畔の道を日影側から日向側へぬけると、対岸の平地の上に、古びた十島の集落があらわれ、その向こうに、いやに新しい家がたち並ぶのがみえた。塩沢集落である。かつての塩沢の一部はダムの水底に埋まり、そのかわりに新築された一群の人家なのであった。

塩沢の入口、塩沢川にかかる橋がみえて、ぼくの胸は期待にわくわくした。そこからは、登ろうとする笠倉山がみえるはずだから――。

橋につく。見えた！

しかし、幻想の笠倉山と現実の笠倉山はなんと大きく食い違っていることよ。

塩沢川の台地は地図のしめす通り、ひろびろとひらけて、そのどんづまりに左右からの黒木の尾根がさえぎり、その上に八ガ岳の阿弥陀に似た岩峰で笠倉山が真昼の日をあびていた。岩峰の下からは急峻な雪の斜面が一気になだれ落ちているが、それは地図で想像していたようなエキゾチックな姿ではなく、やはり、会津の奥にふさわしい渋い純日本的な岩山だった。

実は、東京からはるばる、この笠倉山を狙って、只見川の旅をつづけてきたのには、次のようなわけがある。

笠倉山は、ぼくにとって、すくなくとも幻の山なのであった。

もう少し、くわしく言うと、そもそも、この山を初めてみつけたのは、三年前の夏である。

阿武隈——裏那須——南会津——八十里越えから越後の山へとむすぶ旅を計画して入山したが、折からの集中豪雨に八十里越えをはばまれて、已むなく、檜枝岐から燧を越えて帰京をした。この平凡な後半のコースを回避するため檜枝岐の宿で持参の地図全部をひろげ、以後の行程を考えていたとき、只見図幅の真中に、この山をみつけだしたのである。

以来、日を経るにしたがい、笠倉山はぬきさしのならない強さをもって心の一隅に根を張るに至った。

幻想の翼に彩られた、この見知らぬ山は、いつしか、上州武尊をおもわせる一つのイメージをつくりあげた。事実、或る地点、例えば、湯檜曽の付近とか燧の頂上からとかみた武尊の山腹は、幅広い帯状の岩壁をめぐらし、まことに個性的風貌をみせる。幻の笠倉山はこれに似てもっと荒々しいものであった。

更に、おもいはとどまるところを知らず、経過する年月とともにますますふくれあがり、実際にはあり得ないこととは知りながらも、アンデスのアルパマヨのような途轍もない形をとり始めて、しきりと呼んでいたからである。

笠のような形で「クラ」のある山、笠のような頂きを岩壁で囲んだ山？

いま、目の前にある笠倉山は心の中のそれとは、うってかわったものだが、それはそれなりのリアリティをもってせまってくる。

さて、この山の登路について、すこし説明をしたい。各名称は塩沢集落で教えられたものにしたがったが、カッコ内は便宜上仮につけたものである。

図幅、只見。

塩沢川（地図塩沢とは違う。集落のとりつきから笠倉山の東麓を大きくまいて北へ深く入りこむ谷である）の台地をつめて（タテヤス尾根）にとりつく。忠実に（タテヤス尾根）をつめて、適当なところからツボヤス沢の上流へくだり、たぶん埋まっているだろうと考えられる沢筋をつめて、西北、笠倉沢とのジャンクションにでて（西山稜）から登頂をする。

これが、出発以前に考えていた予定登路であったが、実際にあたってみると、タテヤス沢はツボヤス沢よりはるかに長大で、その源流はツボヤス沢の裏側に深々と喰いこみ、五万の図幅とはかなり異なった複雑さを備えているように感じられた。

塩沢川の台地はタテヤス沢との落合、約百メートルの下流までは大きくひらいているが、そこで口をしぼった袋のようにせまくなっている。左岸は急峻な五、六十度の雪壁になり、雪崩路ともなっているのでテラテラにみがきあげられている。ステップは切れても、雪崩がおそろしく、いいルートとはいえない。右岸は垂直に迫るもろい岩の斜面で、そこには、雪の巨大なブロックが上部にひっかかり不安定である。谷通しは、上流、下流ともに雪にうずまっているのに、この部分だけは雪がなく春の雪どけ水が渦をまき、まず、渡渉は無理とみえた。余談になるが塩沢でとめてもらった家のおじいさんが炭焼きの帰り雪崩にやられてしまったのはこの左岸のトラバースでの出来事である。

ツボヤス沢の手前から奥の谷は、また、大きくひらけて上流へつづく。ごく、近年まで塩沢の猟師は、このあたりに狩小屋をもって東岐から貉ガ森、滝沢へかけて熊を逐ったと聞く。いまは、その狩小屋もない。

と、いうようなわけだが、話は、まだ塩沢川の橋の上で、あこがれの山をみつめているところだった。

みちみち、きいてきた塩沢の塩やとよぶ旅籠は湖底にしずみ、家族は郡山へ転出してしまったという。

とおりかかった村の人に、

「泊めてくれるところはないか」

と、聞いてみると、

「あそこが、なんとかしてくれるかもしれない」

と指さされ、橋のすぐ傍にある家を訪ねた。

さいわい、そこは前区長さんの家であり、区長さんも息子さんも付近の山々に詳しく、特に息子さんは猟もするので、いろんな得難い知識をいくつも教えられた。家の人達も大変に親切で、ぼくはここで五日間、思いもかけぬ手厚い待遇に終始した。お名前を矢沢泰氏という。

午後二時、(タテヤス尾根)のとりつきまでラッセルに出かける。夏道は左岸を通っているので、その辺と思われるところを踏んでいく。残雪量約二メートル、右手の斜面はバスバス口を開いて、窪という窪はことごとく雪崩れて巨大なデブリがもりあがっていた。約一時間で台地のどんづまり、塩沢川のゴルジュに達した。奥をのぞくと左岸は雪崩路となり、その雪面の急なところは谷にむかってオーバーハングになっているところも見受けられる。そこさえ、なんとか通過すれば、その先はまた良いようだが——通過時刻を早朝にきめ、しかも、ステップ工作をしなければ無理な状態となっている。

右岸は、廊下から百メートル程下流にスノーブリッジがあり、それをわたって対岸のデブリの上を五十メートル程登ってから右へトラバースをして約七メートル程の垂直の雪壁を登りきれば、なんとかタテヤス沢右岸の高い台地へ出られ、そこからは（タテヤス尾根）への取りつきもいくつかありそうである。雪崩路とこのスノーブリッジとの間に小さな堰堤がかかっていたが、これはなんの役にもたたない。明日は、デブリを利用してタテヤス台地へでて（タテヤス尾根）に登路をひらこうと考えた。

帰路は途中から雪橋をわたって、右岸に道をとる。ここは猟師道ともなっているらしく、古いワッパの路がつづいていた。あとになってわかったことだが、これは廊下へ近づくまでの、もっとも安全なルートで雪崩の脅威から完全に遮断をされている。雪崩といえば、この附近は高度も低く、気温も高いため、夜昼とわずに落ちてくるので、全く、油断も、すきもならない。

三月二十八日（快晴）

きょうは（タテヤス尾根）まで登路を開ければいいし、うまくいけば頂上も頂戴しようと虫のいいことを考えながら七時に出発する。雪は堅く凍《し》みて、道ははかどり、約三十分で、めざすデブリの上にたった。巨大なブロックの間を縫ってのぼり、タテヤス沢右岸の台地のふちを形づくる壁を乗り越しはじめたが、雪をつけない岩の帯がぐるりと取りまき、そのぼろぼろの岩の上部では雪壁がオーバーハングになっていて、どうしても突破することができない。牙のようなブロックの間をステップを切りながら、よさそうなところを探しまわったが、確信のあるところを見つけることができなかった。見上げる上部のルンゼは東斜面なので真向から朝日をうけ、雪もみるみるくさってきた。やがて、遠くに遠雷の轟くような雪崩の音がやかましく、鳴り始めた。これ以上、ここに停滞をしていることは危険である。ひとまず、退却をしようとしているうしろから、いくつものブロックが追いうちをかけるように落ちてきた。

安全地帯までひきさがって、予定登路をみあげる。

なんとしても、甘く、みすぎた。

きのう、もっと、よく観察をしておくべきであった。

きのうは計画が非常にスムースに進行していたので、ここも、なんとかなるだろうと甘くみてしまったのだ。

そうかといって左岸をトラバースするにも、ここも、また、とっくに危険時刻のなかに入っている。

(タテヤス尾根)からの登路は全面的に考えなおさなければならない破目におちいった。

登路の再検討をするため、正午、塩沢へもどる。

さいわい、泰氏も在宅していたので、この悪場を通過する猟師道について、指示をうける。

それによると、猟師は左岸の山をかなり登ってからゴルジュの上部へ降りるらしい。取りつき地点としては塩沢からかぞえて第二の支谷をこえたところから尾根に登ってもいいというので、昼食後、こんどはワカンをはいて出かけていく。尾根は雪の消えたところと残雪とが交互し、その接続点は小さいながら、きのこ雪の壁となって、案外歩きにくい。

一つ、一つ、ていねいにそれをのりこえて、あとはまず雪稜ばかりが続くかと思われるところまでいってひきかえす。

ここから（タテヤス尾根）をみたところ、タテヤス沢右岸の台地にさえ出てしまえば尾根への取りつきは、ぶなの林が一列にならび、極めて容易と考えられたが、尾根そのものは、地図で想像するよりも、はるかに多くの段落をもち、それに大きな雪のブロックが乗り、意外に時間を喰いそうである。

天気もそろそろ下り坂となり、只見川対岸の鷲倉山も、いつか、にぶい光に重たく沈んでいた。塩沢へ帰ってふりかえると、笠倉山のドームも、もう、ねずみ色の雲に呑まれていた。


夜、息子さんが心配をして、いろいろと登路について意見をきかせてくれた。

泰氏も息子さんも、

「いつでも、案内をする」

と、いってくれたが、

「好意はうれしいが、ぼくは自分の力で登りたくて、はるばる東京から来たんだ」と答えたら、すぐ、その気持をのみこんでくれたのはたいへんにうれしかった。雪山をかけめぐる男の根性にふれたおもいである。

三月二十九日（雨）

もう、もたないとは思っていたが、案の定、朝から小雨。午後になって雨はひどく、やがて、夕刻、雪にかわる。

停滞。

小学六年と四年の男の子を相手に家庭教師をしたり、昼寝をしたり、ときどき、おもての空模様をのぞく一日であった。

明日は、なんとか、ゴルジュをまいて、ツボヤス沢の出合まで確実に達してみたいと考える。そこまで、いければ、登頂はもはや時間の問題だ。

三月三十日（曇後晴）

今にも降りそうに曇っていたので、だいぶ渋っていたが、ラジオは午後からの好天を伝えている。重い腰をあげて出かけることにする。

一昨日、取りついた尾根を確実な登路として選択するには、労が多すぎると思われたので、きょうは堰堤の手前の広くなったところを右へ登ってみる。

傾斜の急な白い円い斜面を鉄砲登りで二百メートルもいくと尾根状にかわり、それからは風圧で雪もしまり、ワカンが楽につかえた。

ただ、この尾根からツボヤス沢出合へ降りるのについて、どうも適当なところがみあたらない。それで、ついつい、尾根を高く登ってしまって、上部のブナ林の中をまきはじめた。どうやら、ここなら落口へ直接つづきそうだと思われる小尾根を発見したので、そこを引返し地点として、明日のために体力を貯《たくわ》えることにした。

空はすっかり晴れわたり、浅草岳の左方へかたむく白い大きな頭や、大鳥、未丈がたくましくながめられた。

帰りみち、ぶらぶらくだりながら、

「明日は、もっと下の方、雪崩路のすぐ上あたりにトラバースをこころみ、それが駄目だったら遠まわりではあるがこのルートを通って、どうでも一気に登頂をしよう」と決心をする。

あかるいうちから準備をととのえ、早く寝た。

三月三十一日（快晴）

夜空には星がまたたき、鷲倉山がほの白く浮いてみえる。まだ、暗いなかをそっと出発しようとしていると、奥さんができたてのゆで玉子を一包みと暖かいみそ汁を玄関へもってきてくれた。オーバーシューズをつけながら、しみじみとしたおもいが胸をうつ。

十センチほどつもった新雪も、きのう午後からの晴天で、すっかり落ちつき、アイゼンは快調にすすむ。計画通り、白い斜面が尾根にかわるあたりからトラバースをはじめる。間もなく四十度にちかい傾斜となってコンベックスに出合へむかって、二百メートルほど落ちこんでいた。期待と不安の心でのぞきこんでみると急ではあるが完全に雪がつづいている。斜度さえ征服すればいい、幸い、早期の凍雪にアイゼンはよく効いてくれる。

これを発見したとき、ぼくはしめたと思った。

もう、登れたと思った。

五日目に、キイ・ポイントを発見したわけだ。（きのうの小尾根を降りてくれば谷への降り口が壁になっていて、相当困ったにちがいないことがあとでわかった）

偶然とはいえ、全く、うまく、このルートを発見できたものだ。凍雪の上を慎重にくだって、タテヤス沢落口のやや上流五十メートルの地点におりたった。

そこは、明るくひらけた小雪原だったが、めったに人のこないところだけに、いかにも瑞々しさの満ちたところだった。

右岸からおちたデブリをぬって、いま、通ったばかりのかもしかのあしあとが、くっきりと残っていた。

巨大なスノーブリッジをわたり、右岸の台地を登り気味に捲いて容易にツボヤス沢へ入る。

沢の内部については対岸から充分に偵察がしてあるので、いささかの危惧もない。白い回廊のような谷底をぐるぐる廻りながら、登っていく。

両岸からおちた雪崩が谷をうずめ、ここからは見えないが左岸の上部は急峻な（南尾根）のとりつきにあたり大きな雪の急斜面になっているし、クレバスが幾つも口をあけているから、雪崩の発生については細心の注意を要する。

谷筋の三分の二位のところにある滝と思われる急斜面を通りこしたあたりから、ようやく、靴は雪にもぐり始めた。

谷いっぱいにおしだしたデブリのわきで、アイゼンをワカンにかえ、もう、ひとのぼり、まもなく、沢は消滅して、西側の尾根に立つ。


ここから見あげる頂上へのルートは上の方を藪に覆われ、そこへ達するまでは急な雪の斜面を登るか、そのすぐ右にある岩場を辿るしかない。岩場には雪も消え、困難度もたいしたものとも思われないが、ぼくは雪の方を、登路として選んだ。

傾斜はすぐ急になって、キックステップをまじえながら樹林帯にとりつく。

樹林帯は枝から枝へわたる苦しい登りをつづけた。


やがて、うすくなった梢の上に、ぐっと乗りだした白い峰頭がみえた。

雪の白さが、あきらかに他の地点の白さとは違っている。

頂上である。

頂上は三、四人が辛うじて立てる程度の意外にせまい雪頂だった。塩沢からみたところでは、頂上はかなり広く、形も細長いようであったが、きてみると、二つの頂上をもち、いうなれば西峯と東峯であるが、西峯の方が心持ち高いようであった。東峯との間は、ちょっとしたくびれになって、その間を大きく張り出した雪庇が複雑な形であぶなっかしくふちどっていた。雪庇の下は底のみえない三百メートル（？）ちかい雪壁となっておちこんでいた。

展望は素晴らしく良く、どれがどこにあたるかと考えるのもうんざりする程の数多くの雪山が乱反射をはなちながら、地平の果てまで連なっていた。

きこえるものは、間断なくとどろく、雪崩の轟音だけであった。

帰路は往路を忠実にもどったが、もう、雪はすっかりくさりはて、降りとはいえ、ワカンはもぐってえらく苦しかった。

それに、小さなものだが、雪崩が落ち始めているので、気味がわるい。一度などは、あやうく、ブロックにたたきのめされるところだった。特に、ゴルジュを回避する例の乗越しは急斜面だけに、そののぼりは疲れ切ったからだにとって、ひどくきつかった。

下の台地の一隅、樺の根本にうずめておいたビールを掘り出して乾杯。ゆっくりとくだる通いなれたこの道は、再び、通ることもなかろうかと思うと、いまは、しみじみとしたなつかしいものであった。

午後の強い日ざしが、ザラメ雪を照りかえすなかを、行きも帰りもちょうど同じ時間をかけて、塩沢集落にかえりついた。

笠倉山は、もう、幻の山ではない。

幻想の山は、すでに消えさり、笠倉山ははっきりと実在の根を心の隅にどっしりとおろしたのを知って、うれしく思った。

塩沢（五・一五）――尾根取付点（五・五五）――ツボヤス沢出合（七・〇〇）――ツボヤス沢つめ（七・四〇）――笠倉山頂上（一〇・〇〇―一〇・三〇）――ツボヤス沢出合（一二・〇〇）――尾根取付点（一四・三〇）――塩沢（一五・一五）

しかし、言いたくないがオチがある。

それは、いざ、頂上を去るときであった。ぼくは一つの黒い小さな球形のものをその雪庇の上に見出した。

「松ぼっくり」――である。

いくら、頂上が純白で、処女性を保っていたとしても、標高はたかだか、九九七メートル、雪庇の下には小松の生えた尾根がかくされているのであった。

未知の頂き――と、満足しきっていたアルピニズムが、カラカラと音をたてて、ひびが入り、割れていくのを感じた。

――ほんとにいうのもつらいことだが――。

(『山とある日』)

赤谷川遊記

登攀のなされたときが、古いものであろうと、新しいものであろうと、それには、かかわりなく、一人の登山者の心の中に、いつまでもながく印象づけられている「山登り」があるものである。

ぼくにとって、赤谷川もその一つ。

密叢の愉快とはいえない藪くぐり。
変化があって、そのうえ適当なスリルをふくむ爆流地帯。
中天からかかる巨大な二つの滝。その名は「裏越しのセン」と「どうどうセン」。
そして、上流の比類まれなる牧歌的草原地帯を加えて——。

この四つの楽章で構成する交響楽「赤谷川」、それはいまでも谷川岳のもつ、もっとも、プリミチーブで、すぐれた登路であることに違いはない。

あの時分は、東面ですら、まだ、開拓期の域をでてはいなかったし、もちろん、肩の小屋とてもなかった。晴れた日曜日の真昼でも、トマの耳はまことに静かでしいんとしたものだった。

まして、赤谷川ともなれば、数名のパイオニアーの幾パーティーかが通過をしたことがあるくらいのもの、地図にみるあの厖大な岩記号を懐深くひそませたまま、原始の中にねむっていた。

そんな、よき時代の——或る土曜日の夕刻、山麓の川古の湯についた。

人気のない山峡の古びた宿で、ぬるい湯に、ゆったりとひたっていると、これから山へ出かけるのも嘘みたいで、二、三日ゆっくりと怠惰の悦楽に身をまかせたくなったけれども、当時の仲間はそんなことを、とても、ゆるしてくれるような生やさしい手合ではない。

寝入りばなの一時頃には、もう、たたきおこされて、ふしょうぶしょうに山靴の紐をむすぶ仕儀となった。

常に、増水の恐ろしさにおびえねばならないこの谷では、せめて、小雨でも降っていてくれれば、仲間にも諦めさせる口実があったのだが、玄関を出た途端、見上げる河原の上の空は大きくひらいて、満天の星空ときたものだ。

すぐ、いやな藪くぐりがはじまる。

針葉樹のすっきりした梢越しの星ならば、その日の一日のたのしみをおもうことによって、寝不足の不愉快な気分をごまかすことができるものだが、いま、歩くところといえば、身の丈ほどにのびた雑草の斜面を、かきわけるだけの仕事なのだから、憂鬱である。

露にぬれた葉っぱで叩かれ、蔓草をかきわけながら歩くなんていやなものだ。仏頂面の頬に蔓が、また、からまる。しゃくにさわって、ぐいと引っ張ると、ぐっしゃりと、しめったところへ、足をふみこんだ。

夜があけて、すぐだった。
やりきれない藪こぎから解放されて、河岸に立つ。
万太郎へつづく山稜が、赤く朝日に映え、草づきの濃い緑さえ、うすいピンク色をまじえて柔らかく、吹く風とともに、いとも、さわやかな初秋の朝になっていた。

パーティ、大島亮吉、成瀬岩雄。
昭和二年九月
一日　東京発。
二日　後閑着、赤谷川河原に露営。
三日　渋沢との出合にある木挽小屋に泊まる。
四日　小屋発、笹穴沢遡行、双俣より右手の沢を登りエビス大黒の頭の一部に達し、往路を戻りて河原に露営。

この簡単な慶大の記録――ここには、山を歩こうとする意志のほか、むだな粉飾は何一つとしてない。

ぼくらもこの日の閑寂な朝の光につつまれていると、この記録のしめすアルピニズムの清純さが、少しも誇張されず、さればといって、いささかの修正も加えられることなく、生《なま》のまま、しっとりとからだのすみずみまで滲みこんでいくように思えた。

それが、あの桃色の岩峯であり、あの隠された滝場に凝結している――そして、いくらか色あせた草にも、枝をふるわす梢にも、白く走る水の流れにさえも。

――ところで、ぼくは、仲間にさそわれ、なんとなく、画室を飛びだしてきた。山は、自分がほんとうに登りたくなければ、来てはいけないところ。だから、この美しい朝の中でこの記録をおもい出したというのもわが心の準備の不足を知ればこそである。

やがて、快適な瀑流地帯となる。

こういうところは、石から石へと跳ぶのだから、視線は常に足元に釘づけされ、周りの景色を楽しむ暇はない。筋肉は緊張と弛緩の交互をくり返し、躍っていく。この運動の間に、視野の外側からわずかに見えるのは、岩、岩、そして、水しぶき。

ときどき、ルートを見きわめるため、リズムを中断すると、目に入る両岸の見上げるばかりの高い壁。

——「ここんところに、いたんだ」

いたというのは、Mがこの前、ここで見付けたという「仏様」のことである。

彼が指さすところは、一つ一つの小石をたんねんに洗いあげたような美しい白州で、そのはしはビロードのように黒々とした大きな釜へとつづき、その釜は巨大なスラブ状の岩壁にぐるりととりまかれ、その真中を、見上げる高さからたち割る白絹一本、そして、轟々の響き、これを、「裏越しのセン」と人は呼ぶ。

その仏様が、どこの人やら、そして、どのようにして、ここまで流れ来たのか、誰も知らない。

いま、ぼくらにとっては、滝の上へ出ることだけが当面の目的である。

落口へつづく唯一のルンゼの登攀にかかった。

ルンゼは容易であったが、浮き石が多く、ブーンとうなりをあげて滝壺へ落ちこむ石のあとを目で追うと、黒いまでに深い藍の色に沈む釜をへだて、まばゆいばかりの白い石の上には、ぼくらが置いた供養の花、女郎花の黄色が、はるか下で、一つの点となってながめられた。

次の滝。

「どうどうゼン」とはうまく名前をつけたものである。滝はみえないのに、どうどうという音だけが峡間の空気をふるわせて聞こえていた。

そこでは、赤谷川はしぼられたようにせまく、その幅は三メートルほどの瀞となって、両岸は典型的な廊下をつくりだす。そのつきあたり、五十メートルほどで、流れは直角に左に折れ、その先はうかがうべくもない。

音のみきこえ姿をみせぬ滝は、人をひきずりこむようなあやしい魅力をもっている。

なんとかして、近よりたいと思ったが、左岸は、はるかな高いところまで険悪な岩壁を屹立させているし、もし辿るとすれば、右岸の垂直に近い草づきだけである。

そこへ、足を踏みだす、すぐ、足場は、ぶっつりと切れた。バランスで乗り切ろうとして青い草の根をたばねて、ちょいと引いてみたら、たわいもなく抜けてしまった。あわてて摑むどの草もみな同じたよりなさである。

安全なところまで、やっと、這い戻った。

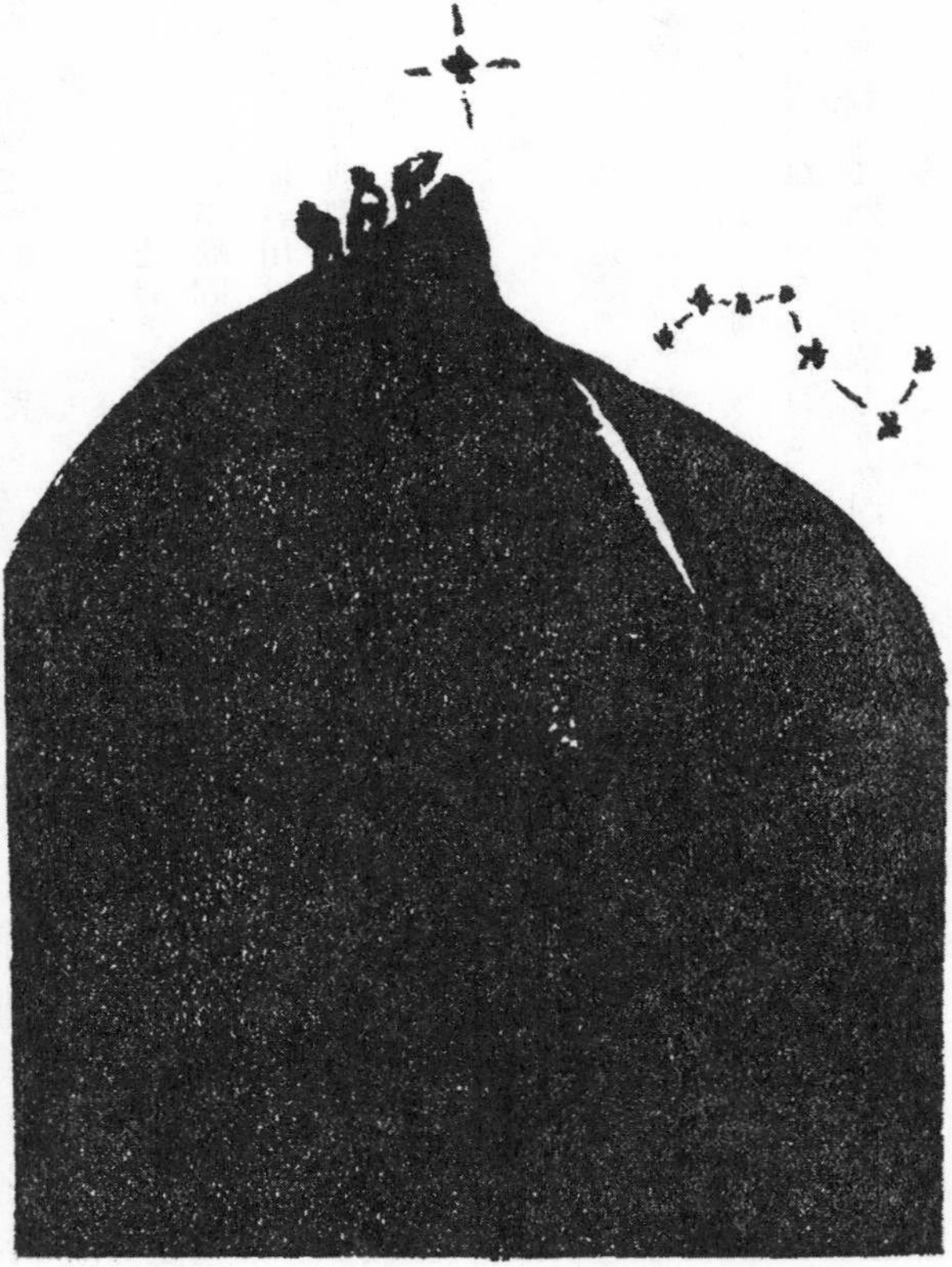

手袋についた草の葉を払うと、廊下の真只中、真青な瀞の中を、ゆっくりと流れ去った。

それがわが身でなくて、さいわいであった。

あきらめて、急峻な藪尾根を高捲きすることに決めた。

二時間近くかかってこの大きな絡みをおえると、突然、いままでの暗い峡谷から解放されて、全く、別の国の住人になっていた。源流地帯である。まわりをとりかこむ山稜からのゆるい傾斜がことごとく、ここへ集まり、傾斜はここで斜度を失い、平坦な草原とかわり、草原の中を脛をひたす深さで清冽な水流が、さらさらと流れていた。人跡を拒絶した山上の公園。ようやく、頭上にひろがった夕焼け空だけが、哀愁の色も濃く、越後の方へ続いているのみだった。

白秋なら、ここで、こう、うたう。

——ぼくは寝ている　草の上
　荒地野菊の花の中。

原のつめから稜線へかきのぼり、そこから、また、長いのぼりを谷川岳についた。ちょうど、これから漆黒の闇に沈みこもうとするトマの耳が、巻きあげる霧をはらっていた。昼と夜との境にあたり一日の登攀の終了にふさわしい時刻だった。

しかし、ぼくには、この赤谷川がなぜ、いまだに特に鮮明な印象をもっているのかわからない。考えてみると、記憶を印象づけるほどの強い出来事はみあたらないのだから——でも、そんな山登りも確かにあるものである。

（『山とある日』）

利尻・羅臼・オホーツク

利尻岳

ベシ岬が彫りの深い陰影をみせはじめる。セスナ機は高度をさげはじめた。

岬の断崖と、その裾にくだける白い波頭をみおくると、もう、鴛泊《おしどまり》の空港である。空港といえば聞こえはいいが、まだ、コンクリート舗装もできあがらず、草原の夏草を長方形に刈りこんだものにすぎない。吹流しが一本、わずかに飛行場らしい風情をそえていた。

ワッカナイのコエトウを飛びたって、わずか二十分、こうして北の島利尻に着いた。

さて、利尻岳は日本の最北端の山である。しかし、いまは夏、少しでも涼しいうちにと思って暗いうちに、麓の長い路を通過してしまったので、かなり楽をしたけれども、六合目を越えていよいよ頂上を仰ぐあたりになると、しばらく山から遠ざかっていた身体にはこたえてくる。這松とガレの間をぬう一本道を歩きにくい火山岩をふみしめふみしめ、登りきると頂上の祠にでた。

まず、目をひいたものは南稜のニードルである。

虚空にそびえるとはこのことであろう。左右やうしろをささえる山がなく、一望限りもない日本海を背に千七百メートルの高度をたもつこの針峯群はぼくのかつての経験に少なかった地形である。ぼくは、このきららに輝く太陽の下で目をとじ、その冬の日を想像してみた。

うすぐもりの空と黒いような海の色、その中に、たった一筋、細く、鋭く、天につながる雪稜の姿、どうも、不思議な風景で現実のものとなって浮かんでこない。似たような経験を求めても、三月の八海山、五月の剣岳八ツ峯の氷雪の鋸刃ぐらいのものであるが、あそこにはまわりに山があるので、平衡神経の不安さをつねに支えてくれる。しかし、ここにはそれがない。まわりは無限といってもいいような空間の中の氷の一点であるはずだ。

帰路、遠くにサガレンをのぞみながら、草いきれの中を降りていくときも、過去の経験と切り離されたこの一点は白い幻となって、頭の中にかっちりと座をしめていた。

羅臼岳

イワウベツの木下小屋で「熊が歩きはじめたから気をつけるように……」と注意をうけたので、夜明けにたどるまっくらな深い森の中の小道はどうも薄気味が悪い。ライトをなるべく前方へつきつけるようにして針葉樹林をわけてゆく。

かなり長い樹林帯を登り切って、羅臼岳が大きく濃い緑の頭をみせるころになると這松地帯に変わって、ようやく気分がよくなってきた。

縞栗鼠をからかって道草を喰ったり、咲きみだれた花々をほめたり、のんびりと歩いているうちに羅臼平、のびのびとしたひろやかなこの高原からゴロ石をふんで、しばらく我慢すると岩峯の上に出る。そこが頂上だった。

銀色に光った海面をへだてて、クナシリ島が青藍色にかすみ、その大きな島影の左よりにピラミッド型にそびえているのはチャチャヌプリであろうか。

さて、目を手前の方へもどすと、ぐるりとひろがった麓の樹林帯の中に、白く水をたたえた湖がみえる。いわゆる、知床の「無名湖」である。

深い森林にかこまれて、ひっそりと静まりかえっているこの湖水は、熊や鹿だけがひそかに通う彼等のもの以外に道らしい道もおそらくはあるまい。

こんな道ともいえない踏みあとをうまくつなぎ合わせて、なんとか湖のほとりに出てみたい。できれば、そこで数日の滞在もしてみたい。

ともかく、日本に「無名湖」などというものが、いまなお存在しているのは、さすがにさいはてのここである。新しい名前が考えられているようだが、いそぐことはない。ぼくの好みからいえば、いつまでも名無し沼のままで、原生林の中にそうっと忘れておきたいものだ。

荷物をおいた羅臼平にもどってみると、サブ・ザックが、五、六メートルも移動していて、ザックの口から、乾パンをつつんだ風呂敷が半分ほど引きずり出され、しかも、鋭く、引き裂かれていた。

知床の山に棲む大がらすの仕業であろう。

彼等の獰猛さとくちばしの強さには全く驚くものがあった。

いそいで、荷物を整理したぼくは、半島を横ぎるべく羅臼側の急なガレをくだりはじめた。

オホーツク海

羅臼から根室へ船路をとろうと貨物船を探したところ、あるにはあるが、積荷がいっぱいになるまで出航はしないし、それまでまだ四、五日はかかるだろうとの呑気な話である。どうしたものかと旅人宿のひと間でぼんやりしていると電話がかかってきた。

明朝、知床岬をまわってオホーツクのウトロへいく漁船があるけれど、便乗しないかという。これなら岬突端の風船岩もみられるし、さっそく、乗船を申し込む。

早朝、波止場にいく。小さな船だが、天気がいいから今日は安全である。港に少しでも波のある日は警戒をしなければならない。沖にでれば、意外なほどのうねり

となっているのが普通である。おまけに濃霧でも喰らえば文字通り生命の保証もつかなくなる。

船は小気味のいいエンジンの音を響かせながら半島を左にみてぐんぐんと進んでいく。

ときどき、番屋があらわれ、また、番屋をおくる。

戦争中の或る冬の日のことであった。ところは突端に近いベキンノ鼻である。吹雪と濃霧と激浪に難破をした輸送船がある。生命からがら上陸した船長と船員は、この人煙の絶えた陸の孤島から帰還するにも方法もなく、吹雪にあけ吹雪に暮れる毎日を流氷にとじこめられた岩かげの一角で越冬の生活を続ける以外に仕方がなかった。

さて話はこれからである。

春になって、船長が発見されたとき、彼はたった一人だった。どうも、相手を喰べながら生きのびていたらしいという噂がたった。これは実際にあったことで人喰い事件として刑事問題になったことだが、結局は人界以外の出来事として北海の霧のなかに消えてしまったようである。ここがそこだと指さされた場所は断崖のくぼみにあるささやかな白い磧にすぎなかった。

岬の突端に近づくにしたがい斜面と断崖をおおう緑の色はうす青く、さえざえと透き通り、いかにも「地の涯」の名にふさわしい透明な色彩をおびてきた。

エンジンはますます快調、ぼくの心もお天気のように明るい。

間もなく、風船岩である。

その時であった。

オホーツク海の方から、かなり大きな船がこちらへむかって真直に進んでくる。「あれは、なんだ」という船長の声で船内の平和はたちまちゆさぶられた。双眼鏡が持ちだされる。ソ連の巡視船じゃあるまいか。こちらは領海内の航行だといくら主張しても、こんな場所で彼らにあうことは、自衛手段をもっていないだけに気持ちがわるい。ソ連へ幾度か抑留船員を受けとりにいった経験をもつ機関士も、「捕まれば三年は帰れないから、覚悟をした方がいい」と半分はおどかし、半分はほんとうみたいなことをいいだす始末。

これをきいて、フッと思った。

ぼくの今日まで連続してきた生活、いわば因果関係のくりかえしのようなものが、他動的に、今、ブツンとたち切られ、空白の一瞬にたたずむのを知った。

しかし、これはなんでもなく、見馴れない船がただ通過しただけだった。遠くへ去ってゆく船を見送りながら、また、もとの平和な空気が船中にもどった。


やがて、風船岩を大きくまわり、知床半島の突端につく。

知床岳からゆるやかな段丘となって、海に落ちこむところだけ岩礁となっている。岩礁の下はいたるところといってもいい雲丹の棲息地である。そこにも、ここにも、腕さえのばせばことたりる。

ここから、オホーツク海側にはいると、根室側とはうってかわり、番屋も急に少なく、いかにも荒涼とした気が海にも山にも満ちてくる。

やがて硫黄岳の裾をめぐる頃から、壮絶な知床の断崖が連続する。

山から垂直の角度で落ち込んでそのまま海へ没しているこの岩肌は、おしよせ、ひしめき合う流氷の圧力とまさつでつるつるにみがかれていた。

滝は、山からまっすぐ海になだれおち、その滝壺はオホーツク海そのものなのである。岸辺にはひとにぎりの砂地もなければ一本の草の生えるところもない。岩と海水とが、ぎりぎりの地点で明確な一線をひく、このいささかの妥協をもゆるさない風景は、シベリヤ、カムチャツカ、千島と囲まれて、どうにも解決のめどがつかない政治的拘束の運命をもったこの附近の端的、直接的な一つの象徴でもあった。

ものをいうのもいやなほど骨格のきびしい風景である。

羅臼港をたって七時間、やっとウトロのこれもいかにも北方を想わす三角岩の切りそいだような特徴のある風景がはるかの断崖の切れ目からあらわれると知床一周の旅も、ようやく、終わりに近づくのを知るのであった。

いい旅だった。

(『山とある日』)

雪山詣で

　ぼくは今午後五時発の甲府行きの電車にのっている。
　平日だというのに、いやに混んで、席もない。東京見学の女学生と車を同じにしてしまったのは全く不覚だった。沿線の学校からきたのだろうと甘くみたのが、運のつき、下車駅が甲府だと聞いた時はほんとにがっくりきた。人柄はいいのかもしれないが、身体はおとなで、頭は子供といった彼女たちのふざけっぷりには、いつも閉口させられるからだ。
　買い込んだ週刊誌をたんねんに読むこと約二時間

半で、甲府。

今はない飯田町駅から松本行きの夜行列車にのりこんだ昔からみると、全く便利になったものである。そのかわり、あの時分は座席も独占できて、土曜の夜でも大抵は横になって寝られたものだった。もう、相当、よく眠ったと思って目をさましても、汽車はまだ上野原や大月あたりを、ゴットン、ゴットンと悠長に走っていたものだ。だから、甲府といえば、ずっと、ずっと先の山国だと思いこんでいた。どうも、その感覚のズレがまだ、のこっている。

駅前の二軒の温泉旅館、すこし古そうな方へ泊まる。安いということばかりでなく、ぼくは中流のやや下ったところで古いのれんのある宿屋だと、なにか安心して手足がのばせるのを知っているからである。つまり、分相応、人間も中流の下ということになるのかもしれない。

ここの温泉は随分ぬるい。沸かさなければ、この季節では無理である。もっとも、ぼくの知っていた時分の甲府には温泉などなかった。だから、ここの人にとっては、ぬるくてもなんでも湯が沸き出た事実は狂喜すべきものであったに違いない。

風呂のなかで、真赤にゆだったおやじさんが七号台風のすごかったことをいろいろと話してくれた。

明日からの道のことが、すこし気になる。

しかし、ぼくのこんどの旅は山をみること、それだけなのだ。

新雪をかぶった白く高い山を、それもなるべく楽をして、しかも、人のいない中で、それにはこちらの位置も適当の高度をもっていなければならないし、そこへつながる道もかつては登山者と山麓の人たちによって開かれたものでありたいという──まことに、ぜいたく千万な希望である。

一番のバスに間にあうように出かけるといっても、宿の前からでるのだからいうこともない。山梨交通のこの甲府駅は、まことに多方面へのバスが出るので、ちょっと乗場でまごつくところである。朝早いと誰でも不機嫌になりやすいが、ここでもその通りで、きれいな車掌さんもえらく機嫌がわるかった。

バスが街をはずれると、釜無川の向こうに、赤ちゃけた御勅使川の谷がひらけて、その奥の方から、間の岳が大きくのぞきこみ、目をたのしませてくれた。しかし、

台風の爪あとは、いたるところの山ひだに無惨なかき傷をつくっている。釜無の谷は特にひどいとはきいていたが、この調子では、横岳峠からおりてきたあの源流地帯の見事な森林はどんなにひどくやられているのだろうか。もったいないはなしである。この線のバスは塩の入前までしかまだ入っていない。これも台風のためであった。

ぼくと一緒に車から六、七人の人がおりたが、そこにあるたった一軒の雑貨屋の前で一かたまりになったまま、動こうともしない。

ぼくは、芦安まで四キロ、荒れ放題にあらされた御勅使川沿いに歩きはじめた。

途中で芦安へかえる娘さんと一緒になる。聞いてみれば、さっき一緒におりた六、七人の人は、芦安の学校の先生達で、ジープが迎えにくるのを待っているのだそうだ。道理で落着いていたはずだった。便乗を頼むのも癪にさわるので、娘さんとも別れ、更に歩き始める。

この辺では、台風が道を寸断しているといっていいくらいの荒らし方である。道程の半分は河原伝いにいかなければならない。復旧工事のトラックもこの応急道路をガタガタと躍り上がりながらつっ走っていく。

間もなく、チャッカリとトラックに便乗したさっきの娘さんにおいこされる。その次が学校の先生をはこぶ貸きりジープで、これで、歩いてるばかもンはぼくだけになってしまった。

空はくまなくはれて、午前九時の太陽が、くっきりとした明暗で谷のひだを色分けしている。

やがて、芦安。

ここはいい。ぼくの好きな山村の一つである。御勅使川になぎ落ちた斜面の暖かい日だまりを選んで階段状に築かれた村落である。

村の真中を走る細い石ころ道をはさんで影の深い軒下が、朝の空気を抱きこんで、どっしりとした大屋根とともに、古くもさびた生活の香を、段丘いっぱいにまきちらしていた。そして、この香は日本のいたるところにみられる山村の中でも、巨大な奥山をその背後ふかくに控えたものでなければ、もっていない。秩父の栃本、双六の金木戸、藤原の村々、みんなそうである。奥山で身につけた生活のさびが、伝統の重さとかわって、それぞれの日だまりに、わずかな耕地とともに結晶をしたものであろうか。

村をはずれると、道は凍てついた日陰の河原に吸いこまれるのだが、右手の高い尾根には暖かそうに日が照って、トラックが走っている。たぶん、これも夜叉神へつながるものとは思うけれど、それにしても、このトラック道の開発は全くたいしたものだ。

芦安から小一時間、人一人あらわれない道を桃の木鉱泉についた。

見込み通り、今夜のお客は誰一人いないらしい。

そろそろ、歩くのが面倒になってきたぼくは、宿の自動車をかりて峠の入口まで送ってもらうことにする。

にぎり飯を用意して、車にのると、実に快適な調子で峠へ登りはじめた。右へ廻ったり、左へ切れたり、特にこれからのこの道は自動車用につくられたものだから、一度この味を知ると馬鹿らしくて歩けたものではない。

富士が、予想もしなかった方向に、その巨大な姿を次第にせり上げてくる。

車を捨てたのはトンネルの手前。

ここから峠道が分かれる。

この道がいい。ぬくぬくした冬の太陽の歌を静かに背中いっぱいでうけとめながら、落葉松の林を抜けていく。十二月の足元では、その葉が一面に敷きつめられ、分厚いじゅうたんをつくっていた。見上げると、細くて微妙なその枝がデリケートな交叉をして冴えた冬空にふるえている。

バンガローの横をぬけさえすれば峠。

小道が、ぶっつりと稜線を切断し、さあ、夜叉神峠である。


真正面に農鳥が、それから間の岳への山稜、いそぎ足になって、かけ登ると、大分離れたところに、グイと頂きをはねあげた北岳。

雪線は、すでに二千四、五百のところまでおりているらしく、その一線から上はまぶしいような輝きようである。

農鳥、西農鳥と重なった格好のよさ、広大な間の岳のカールが新雪の中でも一際さわやかに映えて、天空のコロシアムのよう——。

北岳のバットレスは釣尾根の向こうから、例の凄いプロフィールをのぞかせている。第一尾根など、くっきりした明暗の技巧で、その登攀ルートの微細な点まで指摘できるほどである。

もう、いい。もう、いいのだ。

これさえ、みればいい。

ぼくは、また、数ケ月アトリエの中に落着いてとじこもることができるのである。ぼくだけの大空の天井のしたで、雪山にかこまれて、いとも、ごうしゃな昼食を堪能すると、野呂川へ向かって峠をくだる。

さすが、こちら側は日陰、道には雪も残り、その雪の上に、ぼくの足は真新しい靴形を克明に刻みはじめた。

(『山とある日』)

焼酎もった湯山の旅

八月二日　快晴

上野—湯沢—山の湯

秋田方面への急行はどうしてこうもこむのだろう。理由は明白、昼と夜に適当な列車は一本ずつしかないからである。いつもの実感なのだが、なぜもう少し急行を増やそうとしないのだろうか。楽にのれたためしがない、つまり、東北の人は口下手で、よくよくでないと文句をいわないため国鉄からいつまでもいいこにされているように思えるのである。

きょうも一日中、満員のデッキでしゃがんだきり、湯沢でやっと足腰をのばすことのできたからだには駅前の広場をぎらぎら照りつける夏の太陽がおそろしくまぶしかった。古い地図ではここに温泉記号がのっているが今は湯はない。ハイヤーで七キロほど離れたところにある俗称「山の湯」とよぶ鉱泉へむかう。

ゆったりと流れる大河を前にして大広間を二つ三つくっつけた殺風景な建物、おりしも林間学校開催中で小学生の団体が入れかわり立ちかわりやってきてはたいへんなこみあいよう。子供たちがわいわいさわぐ大広間の端にザックをおくと、水筒にしのばせた焼酎をこっそりと呑む。さいわい、どの学校も日帰りできているので夕方には先生に連れられ引きあげていった。潮のひいたあとは森閑たるもの、広間の真中に蒲団をしく。

八月三日　曇

山の湯—湯沢—大曲—生保内—鳩の湯

あまり上等でない釣橋を渡って、ねっとりとしたむし暑い空気をかきわけたとたん、長屋のようなものが二棟たっていた。チョビひげをはやした屈強の主人と、その母親かもしれない老婆がひっそり、これが鳩の湯である。まわりは沈んだ緑一色、その緑が雫となって今にも落ちてきそう。

建物のまわりをまわっておどろいた。ぼくも焼酎党だがこのおやじにいたってはたいへんな者らしい。小屋の裏には空びんが山をつくり、それでも足りないとみえて建物と建物のすきまというすきまにもぎっしりつまっていたのである。とある屋台で焼酎をおごると、カッポカッポと一息にのみ干すおやじを別に知っているが、おそらくこの人もカッポカッポそれもしんにゅうのかかったくちであろう。これからみれば、ぼくなどたかがしれている。

水筒をもって河原に出る。湯は石の間からこんこんと湧きでて、ススキがまわりを取り囲んでいた。野天風呂での酒宴はまことに豪快だったが、夜は蚊の大軍になやまされて殆ど眠れなかった。

八月四日　晴

鳩の湯─玉川温泉─焼山越え─御所掛け─大沼温泉

鳩の湯から玉川温泉への谷添いの道は手入れがよくとどいていた。しかも悠々として人にも会わず、両岸の山々は裾広くおっとりと広がり、蝉の声も降るようだった。

焼山ごえは文字通りのやけやまごえ、がらがらの火山灰を踏みしめて向こう側の御所掛けの湯へ、御所掛けはそのたたずまいからして湯治場らしい雰囲気を持っていたが、いっぱいと、ことわられ大沼温泉までくだり、売店の二階へとめてもらった。相宿となった人はぼくとの境に持物や机を並べ、国境をつくった。たぶん、禁酒主義者で水筒から呑んでいるものが気に入らなかったのかもしれない。ぼくは彼の方から国境侵犯の挙に出ない限り気をつかうこともないのだから、わが領土内でゆっくりとかたむけた。

八月五日　曇

大沼温泉―蒸の湯―八幡平越え―松川温泉

八幡平はまことに美しく、まことにやわらかい風景、その印象もまた夢のように淡くたよりない。人それぞれ好みがあろうが、ぼくはあまりきれいすぎる風景をすかない。

松川温泉、ここもすしづめ、けれどもエカキがよくとまると聞いていたので商売用の名刺を出してみたら、主人は「これは弱った、弱った」といいながら、やっと一部屋あけてくれた。そのかわりごちそうはないという。ほんとに夕飯の時に大きなうつわが並びはしたが、それには一握りのおかずといえばいえるしろものが入っているにすぎなかった。売店から罐詰をかってきてどうにか飯をおえる。こちらも無理をいったのだから我慢をするとしても東北も変わりつつある。少なくも、この宿ではまごころは、そろそろ消えかかっていた。いささか撫然たる気持だった。こんなときはまた焼酎が友となる。

八月六日　曇

松川温泉―三ツ石越え―滝の上温泉

岩手山ごえもなんとなくおっくうになって三ツ石経由で滝の上温泉へ越える。笹原がどこまでもつづいて嫌いな蛇がいまにも出そう、木の枝でバサバサ払いながら登り切ると豁然とひらけて峠、きれいな草原を前にして岩手山はがっちり雲をまとってなかなかに立派、やっぱり登っておいた方がよかったと残念に思ったが、もう、間に合わない。ここから温泉までかなり急な降りがつづく。

滝の上温泉はめずらしくすいていた。おやじさんは品格のある風体の人だった。案内を乞うと、まず、じろりとにらんでから玄関へ出てきてぴたりと坐った。そして、下駄をもって河原へいき靴から足をすっかり洗ってきなさいという。そんな人がやっているだけに隅から隅まで実に清潔だった。言うことを聞いて作法を崩さなければ親身のもてなしをうけることもできるが、生意気なことでもいおうものなら門前払いを喰らわせてやろうという気骨のある老人だった。

ここの湯はタイルばりではなく昔なつかしい木造りだった。窓をあけると星空、水筒に手がのびる。

八月七日　晴

滝の上温泉―日沼―乳頭山―黒湯―孫六温泉

滝の上温泉から乳頭山への登りはかねておどかされては

いたがなかなかにえらい。日沼の先にはちょいとしたガレを登るところさえある。乳頭山からは間近に荒々しい風貌の秋田駒、はるかに残雪を彫りこんだ鳥海山。頂上から黒湯側はうってかわったひらけかた、黒湯、ここも案じたとおりの満員、庭の真中に立派な金精さまが祭ってある。女子高校生の一団がそれを中にとり入れて記念撮影をしていた。金精さまと知ってか、知らないでか。

黒湯下の孫六温泉に泊まる。湯治の人が別棟でなん家族か自炊をしていた。ぼくも山から山への旅をいくらかはかさねてきたが、まだほんとの湯治の味は知らないのである。今は昔、峠や汽車の中で湯治にいくという人たちとよく一緒になったものだ。ふとん、米、みそまで大きな風呂敷包みにして、それを背負い素朴な顔にうれしそうな笑みを一杯にたたえた農家の人たち、一年の骨やすめ——そして、それに近いものが今なおここには残っているのを知って無性に経験したくなったのも、あながち酔いのなせるわざとばかりはいいきれない。

ここには、入浴の規則をまもらないと逆上するというおっかない断わり書きをした湯があってそれがいやに印象にのこった。

八月八日　曇

孫六温泉—駒ケ岳山荘—女岳—男岳—国見温泉—雫石

だいたい、駒と名のつく山には立派なものが多い。秋田駒も名山である。その堂々たる姿は見ごたえのあるものだ。ぼくは前からこの山へは一度、登りたいと願っていた。しかし、今は殆ど車で登れる。駒ケ岳山荘でバスをすて四十分で頂上にたってしまった。女岳から男岳へ、男岳から国見温泉へ新しくできた道をくだる。旧道の横尾根と合するまでの約一キロ、これはまことに素晴らしい道だった。こんどの旅で第一位というより、過去の山歩きの中でもそうやたらにはない深い美しさにあふれ、色とりどりの花の間をうねうねと縫う印象深い道、めったにないが山を歩く幸運はときにこんな小道に出あう。足はおどるように進むが、心は反対に歩くことによってこの幸福の果てなんことをくやむほどだった。

旧道と合すればもう平凡、はるかに望む田沢湖の白い湖面だけが唯一のなぐさめとなる。その平凡な道を国見温泉へ、国見と呼ぶ名はロマンチックだが、新築中の派手なロッジが待っていて、もはや興味のうすいところとなっていた。ごめんをこうむりバスで雫石へ、雫石は地方色ゆたかな町として一部の人に名を知られているが、行きずりの旅人には、これまた平凡な田舎町にすぎなかった。

また、明日から栗駒山へ湯山をたずねて旅がつづく。それにしても雫石の宿で飲んだビールは生ぬるく、なんとも不味いものだった。

やっぱりぼくは焼酎のスカッとした味がいい。

《Yへのてがみ》
酒ばかり呑んでいてと――お叱りごもっともですが、量はそれほど飲んではいないのです。朝五勺、昼五勺、夜二合でしょうか。アルピニストらしからぬといわれましても、自分でアルピニストともクライマーだとも考えていないのです。
とにかく、なにものにもとらわれることなく興味のおもむくところ一切を吸収したいのです。その一つのあらわれとしての岩登りをしているのを見た人が勝手にクライマーの仲間だとおかしな評価をくだしてしまったのです。現象としてみれば――いい年のおやじが岩登りをすること自体が比較的珍しいならこれも無理からぬ観察でした。
もともと、一切を吸収することは妥協を排することですから孤立はまぬがれないものでしょう。それなのに、つい、おだてられて山登りの型の一つと考えられるクライミングについて理屈めいたことを並べたてたこともありましたが、あれはやはり自分の心の中にだけこっそりとどめておけばよかったのにとこのごろはひそかに自らの軽はずみを後悔しています。

人は人、われはわれ、わが山を行く——いま、落着いているところはそれです。そういう心境が言わずかたらず通用する山行のなかで岩登りのおともをしたり、ピッケルを持ち出すことをお誘いする日も近く来ることと思います。これは態度の問題であります。ですから、わたしの山登りをこの態度だけの問題にしぼって——態度だけで山登りを律することは不可能でしょうが——これ以上突っ込んでいけばわたしもあなたも、たがいにパートナーであることをまず、解消しなければなりません。そしてそれぞれ単独行者とならざるをえないのではないでしょうか。

まあ、この辺でやめておきましょう。

(『山とある日』)

コーカサスの暗い朝

寝袋のチャックをひきさげる。

頭だけは妙に冴えているのに胃袋は重たく、口のなかはねばねばしてなんとも気持がわるい。テントの外へでる。

いつもなら冷たい氷河の風で身ぶるいをするところだが、けさは風もなくどんよりした力のない大気、ピーク・ブルノーの巨大な岩壁も灰色の雲におおわれて、空には小さくひかる星屑一つみあたらない夜あけである。

こんな肉体的不愉快さもさることながら、ぼくは精神的にも、いま、大きな心配ごとをかかえこんでいる。

とやかく説明するより二、三日前のところから日記をとりだした方がはやい。

七月十七日（日）晴後しゅう雨

田中、車隊員、ピーク・ブルノーへA・M七・〇〇出発。

松本副隊長、青野隊員、A・M一〇・三〇ディフタウ南壁へ出発。

芳野隊員、病気快復してB・Cへもどる。

昼近くから驟雨。午後、烈しく降る。

P・M六・三〇　田中、車隊員、ピーク・ブルノーから帰る。雨のためビバークをよして、ラッシュで頂上往復、楽なルートであった由。二人とも怪我（田中隊員打撲傷、車隊員肋骨骨折）の後なれば今回はソ連隊の完全な看視つき登山だったとのことなり。

松本隊の成功を祈るや切。

山は夕方になっても姿をみせない。

七月十八日（月）晴後曇

朝は晴れていたが、八時頃から雲がひろがる。

田中、車隊員、停滞。

P・M一・三〇　チェコ隊にアクシデントありとの伝令かけこむ。ジャンギタウで二名遭難。雪崩。一名重傷、一名死亡。

救助隊、ただちに出動。ヘリコプター悪気流のベジンギ氷河を前進キャンプへ向かう。

B・Cにきて以来、一日おきぐらいに何かアクシデントが起こり、その度に騒然とする。

それを「気にするな」と身ぶりでしめすB・C管理のチーフの親切、身にしむ。

芳野隊員、隣りのテントが夜おそくまで騒いで寝られなかったと機嫌がわるい。ここは禁酒がたてまえとなっているが、外からの持ち込みは或る程度大目にみている。コシタンタウの美しき夕映え。

七月十九日（火）　晴後曇後雨

夜あけ、晴天、星空、朝早くから曇、午後から小雨という天気がつづく。

B・C中央にある旗柱にはチェコ隊遭難をものがたる半旗がひるがえり、ゲストラの氷雪もどことなく淋しい朝だった。

田中、芳野、車の三隊員は朝食後シヘリダへ向かう手筈だったがアクシデントによる混乱のためジープをチャーターできず、P・M二・三〇満員のローリーで出発。

出発前、ドクターの一人から芳野隊員へぶどう酒一本のプレゼント、彼はおしげもなくぼくにそれを廻してくれて、「二日待って、必ずウオツカを差し入れてやる」とローリーの車体にしがみつきながら手を振っていた。

きょうから、ぼくはひとりとなる。

終夜、テントをたたく雨をきくと松本隊のことが気になる。偏頭痛ひどく、肩がこり、転々とする。

七月二十日（水）　晴後曇後小雨

半旗はうなだれている。

下着のせんたく。テントと荷物の整理。花摘み。

ひげそり。鏡にうつる顔のなんとげっそりして、老人くさくなったことか。

天山のどこだかむずかしいところを登ったというスポーツ・マスターが林檎を差し入れてくれた。ここの林檎は小さくてすももぐらい。ほんとに山の好きな人で、日本の山の話をかたれというが――こまった。そして、こんどきたら「俺と組んで、コシタンタウをやっつけよう。登れると思う新しいルートがある、岩はお前にまかせるし、氷は俺にまかせろ。ヤポンスキーは岩登りがうまい」とほめる。たぶん、外の仲間の岩登りをみてぼくもうまかろうと見当違いをやっているらしい。

七月二十一日（木）　曇時々小雨

P・M一・三〇　恐れていたものがきた。ディフタウでのアクシデント第一報が入る。

松本隊と同行動中のソ連隊（スメルノフ氏とドクター・ユーリー氏）二隊とも南

壁から登頂後、アイスリンネを下降中、アプザイレン用のハーケンぬけ、ドクター二千メートル転落、即死。松本隊の安否さだかならず。数名のスポーツ・マスター、軽装で前進キャンプへむかう。ぼくは軟禁の状態となる。されど、親切はかわらず。

半旗は、けさ、やっと元へもどされたばかりだというのに——こまったことになった。

P・M三・三〇　ベジンギ氷河左岸から大きな落石あり。

昼食のドラがなっても食堂へいく気せず。B・Cのすべての眼がこの異邦人の一挙一動にそそがれていることを感じる。そして、はるかな日本にいるこの計画に関係のあった賛成、不賛成すべての人々と「お願いします」と見送りをしていただいた家族の方々の眼がいちじにどっと矢のようにつきささってくるのを感じた。

P・M四・一〇　あらたに編成された七名の救助隊員が重装備で登っていく。ひとりが背負っているジュラルミン製の担架が光る。

B・Cは暗然たる空気につつまれ、ピンポン室に人は集まっているが小声でささやきあっているのみ。

松本隊については「大丈夫だと思う」という程度。けれどこれもあてにはならない。車隊員が骨折をしたときも「車はまだ生きている。だが、B・Cにつくと同時に息を引きとるだろう」と、始めは報告があってそこにひとりいた芳野隊員をびっくりさせたこともあったのだから。

P・M四・三〇　B・Cの旗は風の具合で半ばさがって半旗のようになっている。稜線に四名の人影、何か連絡かとおもいかけつけてみたが、ミッセスタウから下山してきた他のパーティ。

日本隊は無事だ、それは確かだと教えてくれた。

安心から膝ががくっときた。同時にこれからとるべき手段について、いろいろの思考が頭の中をはねまわる。登攀パーティとしては別であっても同行は事実である。アクシデントについての実証者は松本隊の外にはない。そのときの状況如何によってはたいへん面倒なことになる。

P・M五・〇〇　チェコ隊のアクシデントは収まったのだが残留の者が何名か氷河の方へ登っていく。中の一人の女性はザックの上に花束をのせ、さいごから二人目の者は老人らしく長い杖をついている。歩く足どりも山に馴れた者ではない。きのう、到着した遺族ででもあろうか。

P・M六・〇〇　再び稜線に人影二つあらわれたるも尋ね人にはあらず。

P・M八・〇〇　テントへもどる。石の上にたちつづけた足は棒のようになっていた。

待ちかまえていたスポーツ・マスターから松本隊は明日かえる、それまでB・C周辺を離れてはならないと正式に言いわたされる。

これが、きのうまでの日記のぬきがきである。そして、きょう、七月二十二日の夜明けを迎えた。

薄明のなかで食堂にあかりがついている。朝食の用意だろう。そういえば、きのうから何も食べていない。食欲が全くないのだ。

いつもはくらい事務室にもあかりがついていてジュノルフ氏らしい影が窓ごしにみえる。ドクターの遺体収容の準備だろう。

コーカサスでの一番暗い朝が、ぼくを中心に次第にあけていこうとしているんだと知り、また、じぶんの着ている黒いキルティングまでがまるで喪服のようだと思った。

そして、きょうこそ、卑怯者になってはたいへんだ、なってはならないと自分に言いきかせた。

あと一時間もすると、またしてもジュノルフ氏の手で半旗がかかげられる。

そして、八時にはB・Cの全員がそのまわりにあつまる。きちんと縦隊をつくって横へ幾列にもならんだ社会主義国家各国パーティの左の端にただ一人の日本人アルピニストとして、ぼくは立つ。

松本隊ははるかな氷河のかなたで、ぼくはここで、三人それぞれ、みずからのアルピニズムを尺度として自分の全行動を審判し、みずからくだした審判の結論にもっとも忠実に服さなければならない朝がくる。


（『アルプ』一二〇号・昭和四十三年二月刊）

穂高生活　——昭和三十年七月——

七月二十五日（晴）

松本はうだるような暑さである。上高地行きのバス道は、先日の豪雨のためところどころ破損、目下ブルがさかんに修理している。山の中の工事はほんとに男らしい仕事だと思う。前から思っていたことだが、絵かきにならなければ、こういう工事のような仕事に、一生をかけたいものだ。汗と泥によごれたその美しさよ。ブルの轟音をぬって涼しい風が吹きぬける。

七月二十六日（晴）

昨日、徳沢にテントをはった。芝草の気分のいいところをえらんだが、ブヨと蚊のひどいところだった。朝になったら、アッチコッチが赤くなっていた。荷が重いので、涸沢までのえらいこと。本谷橋から上は、まるでむし風呂に入ったようなものだ。北穂沢は思ったほどこんでいなかった。定着しテントをはる。

七月二十七日（晴）

北穂南稜から頂上へ。昨日のつかれがなおっていないらしく、むやみに汗がでて息がきれる。食欲もあまりない。北穂小屋で滝谷入りの届けに記入をしていたら、なにをしているのだとしかられた。まさかこの老人が、滝谷へいくとは思わなかったから、なにかいたずらがきでもしていると思ったのかも知れない。白桃のかんづめとビールだけがのどを通る。第二尾根を面白そうなところまでくだって、またゆっくりと楽しみながら登ってくる。岩であう人たちは大変ていねいである。歳をとっているのに、岩場のことをかなりよく知っているので、これは名のある登山家とでもみられたのであろう。しかし、第二尾根を再び縦走路近くへもどってくると、こんどは縦走者が、もう一息だ、がんばりなさいと励ましてくれた。可哀そうに、この年でさぞ苦しかろう辛かろうと、あわれんでくれたのに違いない。自分でもどっちつかずの年齢なのだから、しかたがないと思った。

涸沢でも北穂でも、ヘリが小屋へ物資を運んでいる。ヘリが着こうとすると、頂上の紙くずがいっぺんに舞い上がる。それをみると、ずい分紙くずがあるものだと感心するとともに、上高地からザイルだけもってヘリで頂上まで、岩登りを終えてからまたヘリでかえる——そんな日が早くこないかなあと思った。——昨日の重荷がまだこたえているらしい。

七月二十八日（晴）

つかれているので、距離のみじかいところへと北尾根へ出かける。五、六のコルへ登っていくと、四峰で落石にやられたという人がすれ違った。元気ではあったけれど、頭をしばったハンカチに血がにじんでいた。五峰の上部や四峰は岩がゆるんでいてたしかにわるい。奥又白の方へ落石させてはいけないと思ったので、なるべく涸沢側を登っていった。三峰の頭をまいて二峰へ出て、前穂頂上へ、いつのまにかまたガスがまいてきた。考えてみると、ぼくは晴天の北尾根というのはあまり登っていない。いつもガスの中の登攀だったような気がする。きょうもそうだ。

つり尾根から三、四の雪渓へ出て、テントへ帰着。食欲はまったくなく、固形物はなにもたべたくない。無理をしておかずだけたべる。

七月二十九日（晴）

ともかく天気がいいのが何よりで、毎朝ぬけるような空の青さである。

朝早く用意をしてジャンダルムへ。飛騨尾根の第一テラスでゆっくり休む。こんどの山行で、穂高はどんなに混んでいるだろうと心配をしていたが、岩場ではそんなに人にあっていないし、涸沢でも思ったより静かなものだった。それに岩もわるいところはわるいし、そんなに大きく変っているところはないような気がする。

早目に下山にかかる。ザイテングラートにむかって、どこかの私立高校の女の子が何十人という団体で登ってくる。一糸乱れぬ統制である。奥穂高往復だという。こんこん夜穂高小屋は超満員であろう。写真係の活躍が大わらわである。来年の入学案内書には、この写真がトップをかざるにちがいない。ときどき聞えるファイトというかけ声がまことにいさましい。

キャンプに戻ると、テントを撤収。いくらかは軽くなったはずなのに、なんと前より重くなったような気がする。数日、飯の食えなくなったからだでは、体力が激減してしまったためであろう。横尾谷までさがってキャンプ。ふしぎなことに涸沢であれほど苦しかった胸の鼓動がおさまったところなどみると、なにかの調子で、高度馴化が出来なかったものらしい。

七月三十日（晴）

重荷をかついでまたくだりはじめる。上高地までの遠いこと。吉城屋ではじめて食事らしい食事である。やきめしを食べる。考えてみると、初日に五千尺でカツドンを食べてから、はじめてといってもいい固形物である。それにしても、ろくろく腹のたしになるものはたべずに五日間、あんがい人間のからだはよく保つものである。

岩にかかったときだけは、心臓の苦しさも身体の不調も忘れていたところをみると、岩登りは、よほど精神を集中させる遊びであるらしい。

（『きのうの山　きょうの山』）

南アルプス彷徨

　私は、ここ一週間早春のフォッサ・マグナの旅をつづけてきた。フォッサ・マグナなどというと、いささか気障にきこえもしようが、そこがフォッサ・マグナなのだということが旅への心を誘ったのだから、やはり、そう呼びたい。

　辞典によれば、フォッサ・マグナとは日本海沿岸の糸魚川から東海の静岡をむすぶ断層線で、日本の地質構造のうえで東北日本と西南日本を大きくわける大陥没地帯のことといわれている。

　この断層線の西縁は南アルプスの赤石山脈にそってそれになるのだが、ザック党にはひとりも会わないという気楽な毎日であった。せめて、こんな自由を求めての旅をするときぐらいは、自分と同じ趣味をもつ旅人とはあまり会いたくないものだ。

旅のおわりにあたるきょうは、遠州秋葉山の山麓、坂下に宿をとっている。することもなければ、地図でもみるより無聊をまぎらわすすべもない。暗い電灯の下で地図をひらいてみる。

「高遠」、「市野瀬」、「大河原」、「赤石岳」、「時又」、「満島」、「佐久間」「天竜」、「磐田」とつづき、つないでみると畳たて一枚半におよぶ距離となった。

バスも利用はしているけれども、この数日の道順を指先でなぞってみると、ほとんど、真北から真南へ直線をひいている。はるけくも来つものかな——そんな感慨が胸をうった。

つぎに、地図を一枚ずつとりあげてみる。その一枚一枚の地図に含まれている山々の記号が目に入る。そして、それらの山々でくらした多くの過ぎさった日々の生活がそれへかさなる。「高遠」では権兵衛街道の入笠や守屋山、「市野瀬」では、駒、仙丈、そして北岳、「大河原」ともなれば北岳からつづく間ノ岳、農鳥、はなれて塩見岳、「赤石岳」ではその名の赤石から荒川岳、東岳（悪沢岳）、そして大沢岳、中盛丸山、兎岳、なんといっても大きな聖岳、南へさがれば上河内岳から光岳への山稜——鳳凰付近をのぞけば、南アルプスの巨峰群のほとんどはこれらの地図のなかにふくまれているではないか。

それなのに、こんどの旅では山らしい山はいくつもみていない。

天気がわるかったわけでもない。

つまり、フォッサ・マグナの旅は山をみるためには不都合な場所を通っている道だったともいえる。

人はがっかりしたろうというかもしれない。けれども私は、あの巨峰群の裾をぐるぐる回りながら、ロクに山も見えなかったことで南アルプスの大きさ、深さをいまさらのように知って、かえって充分満足した気持をもった。これは負けおしみではない。

茅野――杖突峠――高遠――伊那里――分杭峠――鹿塩――大河原――地蔵峠――遠山郷――青崩峠――水窪――西川《さい》――秋葉山――遠州森――袋井、これがこんどの行程なのであった。毎日、昼はひとつずつ峠を越え、夜は夜で街道筋の忘れられたわびしい宿にねて、旅をかさねた。

さいわい、ここに地図もある。私は私なりの南アルプス放浪記をとりとめもなく語ってみたいと思う。

釜無川「高遠」

釜無川の入口に武智とよぶ鉱泉宿がある。

いずこにもおしよせたブームの余波をうけ、いまでは山の斜面を階段状に切りくずし増築をして、夏場ともなれば、かなりの人を迎えいれているようすだが、ほんのすこし前までは、へんぴな南アルプスのなかでも、ほんとに忘れられた宿だった。

ある年の秋、駒ケ岳を越え、六合の石室へ一泊した私たちは、翌日、鋸岳の岩稜を縦走してこの谷へくだってきた。

朝の出発がおそかったうえに、つるべ落しの秋の陽におわれ、横岳峠へさしかかったときには、真赤な夕日が木曽駒連峯のかなたへ沈みかけていた。これからくだろうとする釜無川も谷底のこともあって、もう夕闇につつまれ、青白く深々と足元にしずみこんでいた。

名のごとく、この川には大きな滝もなければ、淵もない、傾斜もゆるく、河原いっぱい小さな石ころを敷きつめたぐあいで、どこでも歩ける。私たちはライトを使い果しかけていたので、河原の石の上をかなりのスピードでくだりはじめていた。

やがて、いよいよ暗くなり、まったくの闇となった。

このじぶんから私たちの足元では、パッ、パッと火花が散りはじめた。当時の山靴には鉄鋲がうってあったから、それが石にあたって、火花をちらすのである。この辺の石がことさら鉄との摩擦において、火花の散りやすい性質を備えているものなのかどうかはしらないが、気味のわるいくらいパッパッと、それははねるのであった。

いままで、夜道もずいぶん歩いたこともある。しかし、これほど鮮やかな火花に出あったのははじめてであった。

やがて、月が出て、火花の色もいくらか弱まったかにみえたころ、対岸に林道をみいだした。林道へ這いあがると疲れがどっとでた。もう、しゃべる元気も失い、月光にてらされて、白々と続くその平坦な道を黙々として歩いた。

真夜中近くなって、はじめての人家のあかりらしいものをみつけた。それが、この武智鉱泉だった。

一泊を依頼して風呂場へおりると、風呂場の戸口が万華鏡にもにたきれいな色ガラスでかざられていた。

その色ガラスは、さっきの火花がそっくりそのまま凍りついたのではあるまいかとの印象をうけた。
二、三年前、私は再びこの鉱泉を訪れたが、もう色ガラスはなかった。
かわらないものはといえば、釜無川の遠い遠い奥の奥、鋸岳から横岳峠へかかる山稜が、くっきりした傾斜をつくりだすその傾斜のむかしながらの斜度だけだった。つまらない火花の追想にかまけている私の傍らを、マイカー族が排気ガスをまきちらし、新しくつくられた人工の景勝地へ、これもまた、新しくできた車道を上流へとはしりさった。

甲斐駒ケ岳「市野瀬」

これは比較的近年のこと。毎月一回、一年十二か月、雪をふんでやろうと妙なことを考えついた。それで六月に甲斐駒へでかけた。

私は北沢小屋から仙水峠への道がすきである。ゆるやかな疎林をぬってゆっくりと登っていくと、摩利支天の岩峰が突如として、その怪異な入道頭を見あげる高さにあらわす。これはまことに圧倒的なみものである。大武川の谷から霧が舞いあがり、その切れ目にみえるときなど更に立派である。日本に山多しといえども、摩利支天を脇侍にしたがえるこの甲斐の駒ケ岳ほど、周囲のどこからみても、男性的風貌をしめすものはすくない。そのかみ、「甲斐ケ根」と呼ばれていたとか、その名に恥じない王者の貫禄をもっている。

駒ケ岳は、これだけ立派な山だ。だから、のぼりでがあるし、くだりでがある。この日も表口の黒戸の尾根を山麓の台ケ原まで、長かったこと、長かったこと、あながち、年の故ばかりでもあるまい。

日野春あたりからみてみたまえ、あんなにもりもり奥へ奥へと高まっていく山は、そんなにはないはずである。

日野春で、山の無事を祝っていっぱい呑んだ。おつりを数えないでしまいこむ習慣のある私は、あとで考えると、どうも多すぎるのである。呑み屋さんがまちがえて、二百円ほどよけいによこしたらしい。おつりといえば、三日前の鹿塩川は儀内路で呑んだ牛乳、これも三十七円のところ、二円を払うのを忘れてきた。〆て二百と二円、私はほかの山ではどこにも借金はないが、南アルプスにはそれがある。なんとかしてかえしたいと願いながらも宛名がわからぬので、そのままとなっている。

もはなそうか。

二円の借金のかたに書くわけではないが、ことのついでに鹿塩川、分杭峠のことでもはなそうか。

分杭峠「市野瀬」、「大河原」

分杭峠とは高遠の「伊那里」から大鹿村の「鹿塩」へこえる峠である。ここは数年前に国鉄バスが運行されるようになったが、今は中止となり、林業のトラックだけが通っている。

と、いうのも大鹿川上流の村々が、先ごろの甲信一帯をあらしまわった台風のため、その被害いちじるしく、今では先祖伝来の土地を捨てて、集団移住をしてしまったため、バスの必要性が消えてしまったからなのである。

伊那里でバスを捨て、すぐ右手の霜に凍りついた日陰道をたどって一時間、道は大きなカーブをえがいて、峠の方へとのぼりだす。この辺はもう一面の残雪で、疎林のせんさいな影が雪のうえをあやどっていた。

やがて左手に、稜角の張った大きな山が見えだしてくる。あんまり肩幅ががっしりしていたので、ひょいとみたときは「あゝ、駒ケ岳が……」と思ったが、地図をみるまでもない。駒ならもっと北で、ここからはかくれているはずである。

いうまでもなく、これは仙丈岳、ことに奥地蔵へかけての岩稜が素晴しい。いや、素晴しいといえば、落葉松の梢ごしにみえるその頂の白光である。

もう、ここまでくると峠はすぐそこ。

峠は、くずれた赤土が残雪のうえへくまをつくり、「切り通し」といった感じのする場所だった。

地図で案じる大鹿村側は傾斜もゆるいし、集落にしても、峠下のすぐそこからあらわれてくることになっている。私もはじめは集落があるいじょう、このご時世のことだから、バスはすくなくとも途中まではいっているだろうと、たかをくくってやってきたのだった。

ところが、集落があったと思われる場所はいまもいったように、いずれも廃村、廃屋なのである。傾きかけた軒先には割れた鍋や、桶の破片がちらばっていて、かつて、人々が住んだという生活の名残りだけが、ひとつのよどんだ空気をつくり、三月の青空の下、早春の雪のうえを、そこだけどんよりと支配しているように思えた。

これと対応して印象的なのは、この鹿塩川の本流はもとより、本流へ流れこむ谷という谷、沢という沢に施された砂防工事のみごとなコンクリートの壁である。それは鋭い線で、周囲のやわらかい山腹をいたるところでたち切っていた。

もちろん、台風後の工事にちがいないが、この巨大な砂防工事には、どのくらいの巨費と労力が投じられたものなのか、おそらく私などには、想像もできぬ巨額なものだったにちがいない。

集落は集団移住をし、工事にたずさわった人々も引きあげてしまったいま、この残雪の道では行き会う人はひとりとしてなく、廃村を迎え、廃村をおくり、コンクリートの壁と壁とをむすんで、延々とはてしなくつづいていくのであった。そして、さいごに儀内路で牛乳にありつき、二円の無銭飲食をしてしまったというわけである。

しかし、私にはひとつ強く心に残ったことがある。

ある廃村の、ある廃屋で、くらい土間をのぞきこんでみたら、奥の棚の上に、色もあせたセルロイド製のキュウピッドの人形が、たったひとつ、きちんと置かれていたことである。この人形の持主だった幼児はどんな子だったのだろうか。

そして、どんな気持から、これを棚の上へのこしてたち去っていったものなのであろうか。

その晩は大河原へとまった。

そこからは赤石岳の周辺が、びっしりと雪をつけて、屛風のように立ちふさがっているのがながめられた。

この大河原へは小渋川が流れこんでいる。私の地図「大河原」には上流の小渋の湯のすぐ下流に×じるしをつけた場所がある。この×じるしは実をいうと、私が死んだかもしれない地点をしめしているのである。

小渋川「大河原」

そのときは小雨模様の霧の深い毎日が四日もつづいた。荒川小屋の空地へはったわがズーム天幕は、荷物ごとぐっしょりぬれはてていた。雨は小降りだが、漠々とした濃霧のなかで、はんの木の枝だけが薄墨色にゆれていた。

下山をすることに決する。

大聖寺平はふだんでも風の通路にあたっているが、このときは、いや、もうひどい風、三歩進んで顔を伏せ、五歩歩いては一息といったあんばいで、それでもなんとか越えて、広河原小屋へむかっていそいで樹林帯へとびこむ。そこではもう風もない。まるで、嘘のようだ。うす陽さえさして、はるか下に、小渋川がのどかにながめられた。

ひざのがくがくするながいながいくだりを、くだりにくだって広河原小屋へ、小屋には、すすけたやかんが転がっているだけで、誰もいなかった。

小渋川くだりも大事をとって、捲道があるときいていたから、それを通ることとして探してはみるのだが、これかと思うものを発見して踏みこんでいっても、いずれもそれらはまた河原へおりてしまい、どうしても、ほんとうの捲道のしっぽがつかまえられない。

そこへもってきて、小渋川もまだそれほど増水しているとも思われなかったし、水も澄んでいる。それなら今のうち、早いところ谷通しにくだってしまえと決心をした。

小渋川の徒渉は、右へわたったかと思うと左へわたるといった調子で、何回ともなく川の中へはいる。

高山滝をみおくるあたりまでは、河原の踏みあとも徒渉点もしっかりふめていて、不安もなかった。

このころから、また、雨。

岩かげでポンチョをかぶり、いそいで出発。

目に見えて、水量が増しはじめ、水の色もにごりはじめてきた。

どうもすこしおかしいなと気付きはじめたときには、おろかにも、小渋の湯への登り口をとっくに素通りして、まだ谷伝いにどんどんくだっていたのである。

いらいらしているうちに、大きな堰堤が前方にみえだした。その堰堤の上へでればコンクリート伝いでか、さもなければ工事道がのこっているだろうから、それをつたって、なんとか歩道へでられようと考えた
そこで、これでおしまいだとおもわれる徒渉にとりかかった。もうちょっと引返すか、もうちょっと先へでるかすれば、いくらかましな徒渉点が探せたのだが、刻々とふえていく増水ぶりに、たしかに焦ってもいた。

それが、わるかった。

なんとかなるだろうと甘くみて中程まで進んだが、いけなかった。

いけなかったと悟ったときには、もう、一センチ進むことも、一センチ退くことも出来なくなっていた。

立往生にも限界がある。靴でふまえた砂がずるずる流れはじめたのを感じた。ここで、ぐっと、一波、濁流が襲えば、もう、それまで。

意を決して、もどろうと、いささか体重の配分を移しかえはじめたとき、「ファッ」ときた。軽くもちあげられたからだは横転し、もう流されていた。

目前のコンクリートの壁がずんずん近づき、小渋川の水を一息に呑みこんでいる黒い穴がみるみる大きくなってきた。

もう駄目だと思った。駄目だと思ったらすぐ諦めがついた。

流されながら、まわりの景色が見える。尾根にはえた松の木が一本みえて、――なんだ、俺も案外、つまらない景色のところで死ぬんだな――と、思った。

それとひきかえに、どうしてだかわからないが、「ありがとう」という気持が心の底からこみあげてきた。声をだして、そういったものなのか、何にむかってありがとうといったのだか、いまもってわからない。

そのときである。

すぐ、二、三メートルさきにつるりとした形の大きな岩がみえた。

これが生死の境だとはっきりわかった。

その岩にしがみついたといったら嘘になる。ほんとうは、どうでもいいやという消極的な気持で腕をのばしてみたのにすぎないのだ。

ところがだ。私の指はそのつるりとした岩の小さなくぼみにひっかかったのである。そのとき初めて、これは助かるかもしれないと思った。

とたんに、本気になりはじめた。

それからが長かった。

実際は短時間だったのかもしれないが、――とにかく、岩はつるりとしているので、うっかり力を入れれば、指は離れる。それを離れないようにしながら、次第にからだを引きつけ、さらに確実な手掛りをつかむまでの時の長さ。

やっとのことで、はいあがった河原の上では、しばらく腰もたたず、坐りこんでいた。うれしいという実感がおこるまでには、まだ、まだ、時を必要とした。

どのくらいやすんでいたのか。

やっと、立ちあがって、堰堤の下にかかった梯子を登りはじめた。

登りきってみると広い道で、そこがちょうどバスの終点になっていた。もう、この日の終バスは出たあとなので、こんどこそしっかりした道を、いまくだった小渋川、いま流されたばかりの小渋川を右手にみて、ごていねいに、かみの小渋の湯へまいもどった。

ザックからも、靴からも、ジュブ、ジュブと水が噴きだすし、なんとも、みっともない始末だった。

私は、この旅からかえってから、巫女の口寄せの口調をまねて、——「小渋で別れてはや一年、冥土の旅をかたるなら……」と、ぶつぶつつぶやき、冥土とは、いったいどんなところだろうと深刻に考えこむ癖がついてしまった。

これが、この×じるしのことで、五十六歳の夏の失敗なのだが、私には、もうひとつ×じるしをつけてもいい地点が南アルプスにはある。それは、北岳のこと。

北岳「市野瀬」

私の書庫に一冊の年報がある。『登高』という名で昭和七年発行、当時、所属をしていた日本登高会のものである。すっかり古びて、紙も黄色く変色しているが、そのなかで昭和六年十二月の北岳のことをかいている。

いまの北岳とは隔世の感があるし、自分でも記憶が忘却のかなたへ消えさっているところもある。あそこはいったいどうしたのかなと考えても、どうもはっきりしない部分もでてくるし、ほかの山での映像と重なってしまった個所もある。しかし、いい、いやられていたかもしれないのだから、ぬきがきをしてみたい。ちょうど二十歳の年のことで、単独行であった。

何故、北岳へいったのか、はっきりしないが、本邦第二の高山ということのみではなく、もっと、ロマンチックな発想から出発したものであったような気がするのである。

まちがっているかもしれないが、そのころ、どこかの講演会で、これも故木暮理太郎氏ではなかったかと思うのだが——この北岳を形容して、「青竹をたわめたように力のみちた山」といわれた、その「青竹をたわめた……」のひとことで、二十歳の心は北岳へとんだのだったと覚えている。

十二月十五日（雪）

まだ、降っている。岳は、私が山へ入ってから毎日の雪つづきだ。きょうは大樺沢を偵察にいく。いま食料と日数に制限をもつ私は、また、この天候では大樺沢を登って北岳へ達するというような登攀は実に無謀に近い。偵察というほんとうに軽い気持で、沢のようすをのぞくつもりでいったのではあるが、とうとう板状雪崩に遭遇するという、みじめなことになってしまった。

ゴーロ沢の狩小屋から、まもなく広い河原にでる。野呂川はここで平らな磧をつくっている。大樺沢の出合付近は、沢がまだ埋ずまっていないので歩きにくい。

もちろん、きょうは上までいく気持は全然ないし、用意にもかけている。それなのに、私はどうしても途中から引返す気にはなれなかった。山が呼ぶとでもいうか、あるいは、もっと強い「白の悪魔」に魅せられたとでもいうのか、夢中になってのぼっていく。こころのそこでは、自ら、死に近づいていくことがわかっているにもかかわらず、また、アクシデントはアクシデントであるが故に回避せねばならぬこともしりながら、私の足は山へ引きつけられていく。

雪はますます降る。

貧弱な防寒具のからだはひえきっているのに、魂の焔は真赤な一点となって、この雪の中で燃え狂っている。おそろしい終局も目にみえている。たしかに、この時の心理状態は異常なものにちがいなかった。

いよいよ、「お池」の方の尾根にとりつこうとして、かなり急になってきた大樺沢をトラバースをしようとした。

この辺までくると、部分的に雪のかたく締まったところもでてきて、そこを三つばかりカッティングを続けたとき、足場を切ったピッケルの先から、つゝと一筋の裂け目ができた。

と、みるまに、十センチぐらいの厚さにふきつけられた板状雪が、下層の粉雪面を境にして、ぐすりと動きだした。そして、それは、やがてスピードを増して雪崩れだした。私は、とっさにピッケルを上部へ打ちこんだので、これには捲きこまれずにすんだ。

それなのに、ほっとするまもなく、不幸にも残っていた上の部分が、ゆっくりと動きだしたものである。

ピッケルにすがって、足場をかためようと懸命に雪を踏み固めていた私は逃げるいとまもなく、大きな圧力を背中にうけて、もんどりをうち、頭を下に大の字の形で流されはじめた。

すぐ、スピードが増してきたのを感じた。

頭のわきで、板状雪がこなごなにくだけとびちるのをみたのがさいごで、わけがわからなくなってしまった。


気がついた時には、樺の木の枝につかまっている自分をみつけることができた。考えてみると、雪崩に捲きこまれて流されながら、沢の途中でこだかくもりあがっていたところ（たぶん小滝と思われる）でバウンドをし、その雪の段から脇の藪へ、うまいぐあいにほうりこまれたものらしい。そこで、無我夢中で枝へしがみついていたものと思われる。雪崩の主流から離れていたことが幸いしたのであろう。

こわごわ、からだをしらべてみたが、横腹が痛むほか、たいしたことはない。みじめな姿で、足をひきひき、なんども、なんども休みながら藪をえらんでくだる。

ゴーロ沢の狩小屋へ帰着したときは、真暗になっていた。のどに通らぬ食事を無理に流しこみ、いたむ腹を押さえて寝についた。

記録をみると、この時は十二月十二日、東京をたって芦安どまり、十三日、芦安から夜叉神峠をこえ、荒川合流点付近でビバーク、十四日、ゴーロ沢の狩小屋へ入って、その翌日の出来事である。

いくら、若いとはいえ、ひどすぎる失敗をしたものだ。しかも、こんな追書きをつけているにいたっては、われながらいい気なものだったと恥ずかしくなる。

「北岳は、私に雪崩という経験以外にもっと大きなことを教えてくれた。それは〝登山者はある場合、山への烈しい情熱のために、その理性を失うことがないとはいい難い〟ということである。そうして、その異常な心理状態の場合に不幸にも起ったアクシデントも、無謀という非難の一言のもとに片づけられてしまわねばならないのであろうか。いま、私は、オデルが書いているエベレストでのマロリーとアービンの最後の登攀の心持をつくづく思う。」

あとを追って頂上へつくと霧、それが、すうっとはれて、いまの人がぴょっこり、ぴょっこり、はるか下の這松のふちをおりていく。まるで兎のようなはね方だ。あの人は、ほんとは兎で、きょうは人間の真似をしているのかもしれない。この山上の庭園には、人を兎に、兎を人に転身させる魔法がひそんでいるのかもしれない。

はやい月が、そろそろではじめる時刻のことである。

遠山川「赤石岳」、「時又」

南アルプスといえば、長い軌道ぞいに歩く初日の苦しさが、まず、頭にうかぶ。その代表的なものはといえば、遠山川の軌道であろう。

若くて、元気のいい人なら、一日で聖岳ふもとの西沢渡まで達するのもあながち無理ではないが、私のような年齢のものが露営一式の重荷を背負って、夏のさかりを一日でいくのは容易なことではない。そこで、そのときは初日には古い道をたどって中根、下栗とむすび、大野から北又渡へでて、その辺で一泊、翌日、西沢渡へはいろうとうまく考えついた。

予定通り、遠山川の河原からみれば、みあげるような高さにあるこれらのいままでは忘れられた静かな集落から集落をつないで、八丁坂を遠山川へおりたが、そこからは、もう、ほんの一息の距離である北又渡までいくのがいやになってしまった。うまいぐあいに河原からちょっとこだかいところで、真白な砂をしきつめた小さな平地があった。その砂の色があまりきれいだったものだから、とうとう、誘惑されて天幕をひっぱりだしてしまった。

ここからは、大きな岩にさえぎられ、軌道の奥はみえない。天幕場の十メートル先には、遠山川の清洌な水が淙々としてながれ、白い砂のこの小平地をのぞいた河原は、月見草の黄色い花で埋めつくされていた。

夕方ちかく、大岩のかげから、突如として大きな音がひびき、さっと目の前に軌道車がとびだす。それは、山仕事をおえた山人を満載して、里へ走りさっていくものであった。

妙なところで、天幕をはっている私をみて、みんな、笑いながら、手をふってくれる。

私も、手をあげて、こたえる。

なかには、なにか、どなる人もいるのだが、それは轟音にかき消されてきこえない。

――飯の仕度にかかる。

だんだん、夕方が近づいて、くらくなってきた。

この車が走りさってから、こ一時間ほどたったら、またもや軌道車が「ごうっ」とばかりにくだってきた。人々を満載していることでは前と同じだったが、ふしぎにもこんどの人たちは、まったく私に気づかぬかのごとく、首ひとつまわさず、走りさっていくのである。線路ぎわの天幕と私に気づかぬはずはない。なんとも妙ちきりんな変な気持になった。

まっくらのなかで夕飯をたべながら、ふと、思いついた——。

もういちど、軌道車がおりてくるのではあるまいか。

そして、三度目の軌道車にはだれひとり、運転手すらも乗っていないのではあるまいか。

ものの順からいえば、そういうことにならなければならない。

まったくの無人の軌道車だけが、轟音もすさまじく、天幕の横を走り去る。

あした、北又渡の営林事務所を訪ねると、そんな時刻に里へおりた軌道車はないという。

それにちがいない。——ぞっとした。

天幕へ入っても、なお、いつ轟音がひびくかと、気になってならなかった。

よく朝、これはいい天気だった。

ゆうべ、変なことを思って寝つきがわるかったことなど、嘘のような青空であった。元気に天幕をたたみ、軌道を歩きはじめ、大岩をまわりこんだ途端だった。

およそ、二メートルに近い大きな青大将が軌道車にひかれて、線路の上へよこたわっていた。それをみて私は、あゝ、このせいだったのかと、なんとなく思った。二メートルに近い――うそではない。私は、もっと長いかと思えた奴をこの軌道ではみたことがある。あれは凄かった。あれも夏のさかりとはいえ、全身ががたがたとふるえた。

京丸「佐久間」

遠山川ともなれば、川下の遠山郷、このかくれもなき山村のことにもふれたくなる。遠山、その名のごとく、そのかみはたしかに五里峠とかよばれ、飯田から一日がかりの小川路峠をこえると、峨々たる南アルプスの山あい深く、忽然とひらけた上町を中心としたこの里、いまでは平岡からバスで簡単に入れるけれど、当時はまったくのかくれ里だった。

その小川路峠も、いまは利用する人もなく、廃道に近くなりつつあるのではなかろうか。一昨日、みたところでは上町のせまい屋なみのうえ、小川路峠にとってかわり、はるかな急峻な斜面をきりひらき、みごとな車道が飯田へつづいているようだった。このように、南アルプスも、いまや、変貌しつつある。

そんななかにあって、みすてられたように静かに残されているのが、これから話そうとする京丸である。


京丸の所在地は気田川の上流なのだから、南アルプスの主稜からはずれている。しかし、広い意味からいえば、南アルプスの一画とはいえよう。そうした地理的条件が幸いして、現在までなお山村の風情をたもち、埋もれた歴史とともに、ねむっていたのである。

正確には、いま京丸は一軒の家しかない。だから、厳密にいえば村ではないのである。

遠州七不思議のひとつに「京丸牡丹」の伝説がある。

気田川下流に住む人が、ある日、ある時、川上から流れてくる妙なものをみつけた。ひろいあげてみると、それは長さ一メートルをこす牡丹の花弁だった。人は、このかみの方に何があるのかと川上にあこがれた。あこがれた人は川伝いに登っていった。そして、思いもかけなかった山の奥に、立派な村があるのを発見した。それが、京丸だったというのである。

さて、いまいるところは秋葉山麓の坂下である。ここを基点として京丸へいくとすれば、バスを乗りついで気田へ、そこからハイヤーで石切集落へ、集落からおよそ二時間、森閑とした山道を登ると、突如として、こんな山奥でと目をみはるような大きな屋敷があらわれる。これが京丸で、いまのこっているたった一軒の、藤原忠教氏のすまいなのである。

秘境というと、たいていは平家の落武者が住みついたといわれるものだが、京丸という地名や、藤原姓など、京とのゆかりをあらわすものだし、付近には神馬ケ原とか、蔵門、玄蕃ケ岳などと、それらしきものをしのばせる地名が残っている。

藤原家の記録によると、京丸には、むかし十二戸の人家があったとか、それが次第にへっていまでは本家の藤原忠教氏一戸だけ、その十二戸はいずれも藤原姓を名のっていたという。

この本家の忠教氏の家も、当時は陣屋構えで両側に二十五間の長屋をもち、門をかまえ、建築は極めて壮大だったといわれるが、慶応元年、火災によって多くの古文書とともに、灰燼に帰したという。

私が訪れたときも、たしかに、そうであったのかもしれない建築あとともみられる平地が、斜面をきりひらいて残っていた。

そして、このたった一軒の屋敷が、急な山の斜面で夕日を真向からうけとめ、静まりかえっているのをみたとき、何か深い感動を覚えた。

けれども、なぜ、この藤原姓を名乗る一族がこの山峡の地で、屋敷を築くようになったのか、ふしぎに思っていた。

その後、きいたところによると、これにはふたつの説がある。

一説は、約六百三十年前、南北朝戦乱の時代に、後醍醐天皇が公達をひきつれて東海道をくだり、気田川添いに信濃へ行幸をされたが、そこで崩御をされたので、侍臣がその首級を捧持し、再び気田川へもどり、ここならば他におかされることのない安全な土地として、京丸の地をえらび、付近の高塚山を墓所と定めたというのである。

他の一説は、応永の年、後醍醐天皇の皇子尹良《たかなが》親王が信州飯田をご通過中、ところの野武士どもの襲撃にあい、ついに力つき自害をされたので、侍臣、藤原佐衛門佐が首級を捧持し、京丸の地にこもったといわれている。

私にはなにもわからない。しかし、なんとなく後者の方がありそうなことの気はする。

屋敷のすぐ傍を流れる小沢にも太刀洗沢などという地名ものこされていた。

ともかく、神馬ケ原、牛馬ケ原、大平はつ、岩岳山、にかこまれたこの一帯は、たしかに謎めいたもののあるところだった。

藤原家は椎茸の栽培が主業であり、旅館ではないが、依頼をすれば旅人もとめてはくれる。とまった旅人たちの名をしるした帳面をみたが、主峰群からはなれているせいか、登山者はいたってすくなく、歴史、民俗の研究を目的とする人々が多かった。

そう、そう、忘れていた。京丸牡丹のはなし——当主の忠教氏がある人にかたったという思い出ばなしとはこうなのである。

「それは大正二年、まだ少年のころ、雨の降る日におとなのさす傘ぐらいの白い牡丹が咲いているのを、となりの藤原佐衛門氏といっしょにみた。それで、雨のあがるのをまってみにいったが、その花は見えなくなってしまった。その花弁が谷を流れて下流でみると、一メートル近くもあって、九十六歳で死んだ人が二回目をみたといっていた。この花は六月にさき、六十年目に一回しかさかないといいつたえではいっている」――のだそうである。

藤原家の屋敷の庭から、この花がさくといわれる場所は、京丸谷をへだてて対岸にみえる。正面にぼっこり頭をもちあげた岩岳山の頂上直下の岩場で、通称、この付近の岩壁を牡丹谷とよんでいる。

私は、とても、そこへいってみたかった。しかし、着いたのがすでに夕方だったし、翌日はまたそこへよる時間もなく、京丸谷から小さな峠をこえ、小俣川をくだって気田へもどってしまった。まことに、残念である。

さて、なんとなく、いいことばかり書きすぎた。

というのは、京丸をたずねるには、長雨のつづいたあととか、妙にしめっぽい霧の日などは避けた方がいい。

南アルプスには――「蛭みちは先に、虻みちはあとから」――蛭のでる道は先に通れ、虻のでる道はあとからいけという意味の、まことに実利にそくした言葉がある。その蛭の巣窟を通らなければならないからである。

先刻の遠山川でもそうなんだが、蛭というやつは、気味のわるいものだ。古くつくられた道で、しかも、いまはあんまり利用されていない道、たとえば遠山川の八丁坂、ここでいえば、京丸へ通じるどちらものふたつの道、そういうところで人を待っている。

たらふく血を吸ったやつが脈をうちながら、えり首や脛にいくつもぶらさがっているのなど、まことに気味のわるいものだ。

おまけに、蛭に吸われたあとの出血は容易にとまらない。蛭はむしりとっても、あとから、あとから血は噴きだしてくるのである。晴れた日なら、木の葉の裏や、石の下にかくれていてでてはこない。

石切部落へのハイヤーのなかで、蛭はどうだと運転手にきいたら、「きょうは大丈夫だろうが、あの道はすごい」といって、片手の掌を空へむけ、五本の指をクニャクニャと動かし、「こういうふうにかたまっている」といった。

まむしも多い。彼等のくさむらでの昼寝をおどろかせないようにしたい。この方は蛭とはちがって、生命にもかかわる。

とりとめもなく、おしゃべりをした。

それなのに、だいじな主峰である聖も、塩見も、農鳥のことも、それから、ピッとつったった地蔵仏のある鳳凰のことも、山頂の岩が光るから光岳とロマンチックな名をもつ山のことも、はなしてはいない。

でんつく峠、三伏峠などの大きな峠もかきのこした。

さらに、この大山脈を縦に一文字に流れさる大井川の流域のはなし、それに平行して「川」というより「江」とよびたいほどの大天竜、気田川は一応すんだとしても、まだ、寸又川、阿部川、しゃれた格好の笊ケ岳、あっちこっちに点在する高原や山の湯、歴史的には京丸よりも有名な奈良田——とにかく、南アルプスは底がしれない。

北岳は、ふるくさい雪崩のはなしで終ってしまったが、高度差六百メートルのバットレスでの岩登りにも、ふれなければいけなかったのかもしれない。

しかし、はじめに、フォッサ・マグナという名にひかれてこの旅ははじまったといった。

だいたい、それはなんと理屈をつけようとも、いわゆる「登攀」とは別個のものであり、関係もないものなのだ。いや、そんなものに心をひかれはじめたことじたいが私自身、「登攀」そのものから見放される年齢になっているからであろう。

いわば、私の南アルプスでくらしたひとつの季節は過ぎさった。この過ぎさった季節が、きたるべき次の季節を約束しているものなのか、それとも、次にくる季節は過ぎ去った季節となんの関係もないものなのか、それはしらない。そして、それはさして問題とする価値のあるものとは考えられないが、しかし、このつかみどころのない一文が、白籏さんのきれいな写真集にのせられるのかと思うと忸怩たるものがある。

私は私なりの南アルプスを表現したいと願った。

私の南アルプスは、常に大きくて、とりとめもなく深く、まだじゅうぶん、未知なるものをふくんでいる山域なのである。

彼は南アルプスを愛し、南アルプスで育ったような人だ。著者のレンズは、つねに直線的であり、はっと、私の共鳴をよびおこさせる。

南アルプスは森林の山である。したがって林業関係の飯場が散在をしている。あるとき、中年のかんとくさんと道づれになった。がっしりしたからだつきのその人は、いそぎ足で追いついてきた。その時の風景を、こんな文に書いたことがある。

日暮れが近いというのにまだ一時間以上も登らなければならない。

一服。

山も谷も蒼茫として暮れようとしている。

自分も上の飯場へいくからそこまで案内をしよう、といって追いかけてきてくれたこの人に、南京豆を数個わける。粒が大きくて味のいい加州ナッツというヤツである。一粒、口へほうりこんだ彼は「これはうまい、いい味だ」としきりにほめてくれたくせに、どうしたことか、二つ目をたべるのをやめてしまった。

——別れ道へきた。

彼の武骨な片手になお豆の残りが、五つ、六つ、しっかりとにぎられているのをみた。

彼の飯場には、まだ五人ばかりの若え衆がいる。「あんまり、うめえので一粒ずつやろうと思っての……」と、いかにも恥かしそうに笑った。

私はとたんにうれしくなって、残りの豆を袋ごと、辞退する彼に、無理やりにに

ぎらせてしまった

この中年の飯場のかんとくさん、南アルプスの山人を代表するひとつの性格であろうが、私にはこのかんとくさんの姿のうえへ、まもなく出発するマカルー遠征の準備にいそがしいはずの著者の姿が、重なってしまってならないのだ。

なぜだかわからない。昨年、彼がヒマラヤから帰り、私はパミールへでかけるという合同歓送迎会の席上で会って以来、しばらく、ごぶさたをしていたからでもあろうか。

彼はある自著のあとがきでこんなことをいっている。

「昭和三十九年六月一日、それは南アルプスが国立公園として第一歩を踏み出した日である。その発表を私はまるで恐ろしいもののように聞いた。かえりみると、長かったようにも、また短かかったようにも思える、私の南アルプスでの十数年。私の山歴の一時期を画するものとして、心のよりどころとして愛してきたこの山地が、国立公園決定の報とともに押し寄せる心ない観光業者や遊山客のために、土足で蹂躙されはしまいかと恐れたからである」

「国立公園になることによって南アルプスが一般にクローズアップされ、この山域に入山する人が急増したことは事実である。その中の何パーセントの人が、南アルプスを心から愛するようになってくれるかわからないが、たとえ一人でも増えることを願わずにはいられない」

「この山地が誇る千古の原生林や渓谷が伐採による蚕食とかダム工事のために昔日の面影を失いつつあることは悲しみにたえないが、こうした南アルプスを愛する人たちの手で、新しい南アルプスの印象がつくられるかもしれないし、そういった期待を持てるようになったのは、やはり、この地域が国立公園として指定された恩恵だということはできないだろうか。

南アルプスはこれからの山である」

まったく同感である。著者のいうごとく——南アルプスはこれからの山である。そして、白籏さんこそ、南アルプスととりくんでいけるカメラマンなのである。

（白籏史朗写真集『南アルプス』昭和四十五年八月・朝日新聞社刊）

詩と散文

三月　旅愁　北壁　寒垢離　碧空　雨と落葉松　文様　黒い橇　蝶とBivak　春山登攀　挑戦　底なだれ
春の嵐　落葉　うさぎの目　蟻　荒寥とした風景　滞岩時間　秘境　岳の月　落石　池ノ平で　蒼天
絶交　なだれ　七本のローソク

三月

ひなたぶくろ。
雑木山の落葉のしとね。
鵯《ひよどり》、百舌《もず》の巣。
そして、連なる国境の山。
枯芝の香りと北面の残雪。
長い長い夕方。
そこで——
熊《アイツ》もそろそろお目覚めというわけか。

（『日翳の山　ひなたの山』）

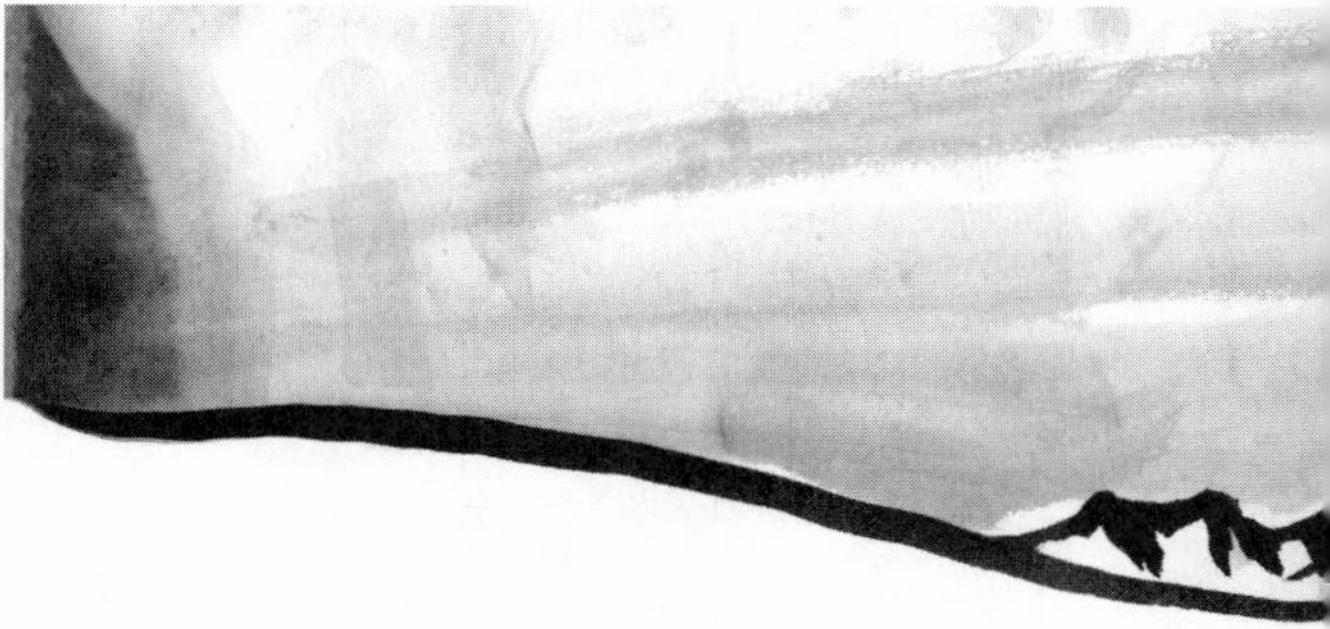

旅愁

海峡をわたる三等船室は、ごろごろと寝ころんだ人たちでいっぱいである。いちように疲れきった空気。

ぼくは、その間に小さな隙間をみつけて、スキー靴の紐をとき、キスリングに寄りかかり、青森で仕入れた焼酎をとり出す。例の強烈な臭いと、ムッとのぼってくる酔に旅への夢想がかきたてられる。

聞くともなしに耳に入る話声——前の二人は中央官庁へなにか陳情におもむいた帰り、屈強なからだの一群れは出稼ぎの人たち、親子連れのおばさんは不幸があって北見へ帰るところらしい。

みんな用件を持っている。仕方なしに乗っているのだ。

が、今日のぼくは違う。

ふところの旅費がなくなるまで、東へ行こうが、西へ行こうが全く自由なのだ。

たとい旅費の捻出に人知れぬ苦労はあったとしても――。


東京は晴、青森ではみぞれ、島へ渡ればおそらくは白い世界であろう。

行く先をきめない旅、行きあたりばったりの旅、無駄ばかりの旅、その日その日の旅ごころ。

こんな旅を念願しだして何年、容易に果し得なかった贅沢を、こんどこそやってみよう。


うねりが少し高くなった。

焼酎はまだ残っている。

茶碗の底に北への旅の愁をひそめて――。


（『日翳の山　ひなたの山』）

北壁

本谷圏谷の底では霧が深くてなにも見えない。

その奥の方から間歇的に凄い音が聞えてくる——飛騨から国境を乗り越えた風が北穂の「北壁」に激突して渦をまいている声なのだ。こいつは魔物のうめくようにも聞える。


モレーンの上で身仕度をととのえたぼくたちは、少しばかりこわかったけれども、予定通り「壁」の方へアイゼンを踏み出した。

ときどき、霧が明るくなるのでこの分なら登攀にはさしつかえないだろうし、もう少し高く登ればネーベル・メーヤーから抜け出して快晴の壁を楽しめるのじゃないかと甘く空想を抱いていた。

アイゼンはきいて高度はぐんぐん高まる。風のうなり声はだんだん近くなる。やがて霧の中から灰色のものが行手をさえぎった。「壁」の下に着いたのだ。風はいよいよ強い。飛ばされないように用心をしながら立ちあがっても、ヤッケはたちまち空気をはらんでだるまのようにふくれ上り、ザイルはいきなりピーンと凍雪の上に弧を描いて宙に躍った。

「もう五月だから、いくら荒れたってたいしたことはないよ」

と、ぼくは、ぼく自身にいいきかせるようにいって仲間の渋面に笑いかけた。ルートは旋風を避けて左へ左へと廻りこんだため、岩登りとしては、ほとんどフエースクライミングに近くなってしまった。

それから、もうただ、上へ上へとかき登る――恐ろしく悪かった。〝落ちるかな〟と思ったところがいくつもあった。

五月の晴れた太陽の下、くろい岩に掌をふれた感触――「壁」の中にスラブを求め、チムニーを探し、頂きの突角に雲海の「槍」を見ようなどという甘い夢はどこ

のことやら——。
——最も悪い岩登り——もう生と死の幾何学的線上の一存在でしかなくなった指先はギロッチンの指揮者であり、爪先は運命の決裁者であった。
長くて短い、ギリギリの時間がすぎていった。
岩は消えて氷ののっぺりした斜面がとって換った。「壁」の上部に達したのだ。風のかたまりがおそいかかるたびに、耳がツーンと痛い——。

てっぺんに立った。いや、てっぺんだと思っている。傾斜は全くなくなっていたし、まわりにもそれらしい高いところはなかったから――しかし、ここへ着くなり嵐は最高潮に達し雪さえまじえてきた。風は方向をもきめず前後左右、はては上下からぼく一人に向ってたたきつけるように感じる。

烈しい恐怖が火華と閃いた。ぼくも仲間もピックを突きさして這いつくばっていた。

帰りはもっと、もっと悪かった。

どうして切りぬけられたのか覚えていない。顔も手も凍傷にやられていた。

しかし、デポに戻るとやっと激しい緊張から解放されて瞬間的な愉悦がほのかによみがえった。

スキーに履きかえて圏谷の底まで降ると、意外、全く嘘のようにうしろの方が明るくなって、見る見るうちに霧ははれてきた。

カールのモレーンにはやわらかに日がさしだし、飛騨の空には一箇所だけれども目も覚めるようなセルリアンブルーの青空が抜けていた――。

こんなことがあるものかしら。

なんだか小馬鹿にされたようで、当《あて》がはずれて気がぬけた。
突如、「壁」が、「北の壁」が現われた。
氷の上にきららに新雪を鎧い、がっちりとしかも天空を遮って——。
ぼくらは滑るのも忘れて雪煙吹きあげるそれをながいこと見あげていた。

(『日翳の山　ひなたの山』)

寒垢離

薄陽《うすび》さし沢底《さわぞこ》浅《あさ》く澄《す》み徹《とお》り
夕雲《ゆうぐも》の光《ひかり》とどめて頬《ほほ》さむし
三日月《みかづき》のいつまで低《ひく》し冬夜行《とうやこう》
向《むか》つ嶺《ね》の月《つき》も越後《えちご》に凍《い》て果《は》てて
（『日翳の山　ひなたの山』）

碧空

若い密猟者はそこに立っていた。

彼はぼくらの物音に一度は鋭く振りかえったが、その主《ぬし》が単なる登山者に過ぎないと見てとると、たちまち前の姿勢にもどってしまった。

傲然と背中をむけて岩稜を踏んまえた姿は微動だにも動かない。猟師がもっとも猟師である美しい瞬間である。

彼は、たしかに、いま、獲物をねらっているのだ。

息をのんで見ていると、突如カモシカのような身軽さで岩稜の向うにヒラリと姿

を消してしまった。

あたかも、五月の碧空に吸いこまれ、とけてしまったともいうべき素早さで……。十分の後にぼくらがそこに立った時には、もうどこにも彼の姿は見当らず、ザラメ雪の雪渓が大きく眼前に展開されていた。

(『日翳の山　ひなたの山』)

雨と落葉松

白樺よりも樅《もみ》を好み、樅よりも落葉松《からまつ》を愛するようになってすでに二十年、梅雨の落葉松の林は、その一つ一つの小さな針に一つ一つの雫《しずく》をつけている。

この可憐至極な宝石《エメラルド》の美しさはまさに天上のものである。

なんといわれようとも、詠嘆や感傷が山登りの世界から完全に捨てきりえないものであるかぎり、いいのではないか、一年に一回し

か見られない季節の饗宴の中へわれとわが身を置いてみるのも——これが北欧風の淫蕩の精神というものさ……。

エメラルド、真珠、そして、かすかに淡い桃色の微風と渋いグレーの雨——。ああ、梅雨空の下に落葉松の林を歩いた者だけが知っている！

（『日翳の山　ひなたの山』）

文様

さて、と、のみを取りあげてから考えた――。

ぼくは今、山のパイプに彫りを入れようとしている！

それは、もう依頼してから一年ばかりになる。その木地を昨日Eさんが持ってきてくれた。木は栃、ロクロで荒彫がしてある。そいつにいともうるわしの文様を彫りこもうとしている――。

のみの滑るツルリとした感触や、刀痕の示す小味な陰影や、いきで艶やかな肌の色までその武骨な荒彫の上に、オーバーラップした幻の如くうつり、昨日のあつまりではなにをきいているんだかよくわからなかったくらいだ。

海よりも山が好き、南より北が好きというぼくのことだ。中世紀風の古雅素朴、これはどうしてもはぶけないし、ああそれならあえてスイスやスカンジナヴィアまでいかなくても、ドイツはバイエルンやバーデンでも、ああ、そうだ。北イタリアの単純、真摯な牧人たちの文様、それがいい。月桂樹や巴旦杏樹《はたんきょう》のかわりには、大好きな薄雪草をからませればいいし、上の方へはごく細かくかれらの小唄をイタリア風に刻みこむ。

「わたくしたちは固く結ばれた二つのハートだった。わたくしたちは一本の鎖で結びつけられていたのだった……」

それとも、それとも、もっと身近なアイヌ文様。鯨と鯱。それもいいなあ——。

いやいや、いっそ、中国風に！

夢からさめた。ぼくはまだなにも彫っちゃいない。

（『日翳の山　ひなたの山』）

黒い橇

橇《そり》といえば馬橇をおもう。

独ソ戦で越冬中のドイツ軍も、兵隊や食糧を運搬する自慢の機械化部隊の補給用油が凍って、思うように活動できない時、馬橇は前線でたいへんな働きを示したそうな——。

北の国で冬がくれば、どこの土地でも同じこと、車にかわるのは橇である。

ロシアや北欧あたりのそれは、ひどく軽快で、細い唐草模様かなにかを形どった手すりがあって、大きなランプが定紋入りの車体を照らす、夜会服の上に厚い毛皮をまとった貴婦人がヒラリと降りたつのにいかにもふさわしいが、わが愛する日本の馬橇はそんなものではない。重厚にしてしかも鈍重である。

馬は南部駒だと馭者は威張るが、それにしては大分オットリとしているし、ペンキのはげかかった客室も風呂桶然としているのだ。武骨であり、素朴である。これが真中に行火《あんか》を入れて、「ギイッ、ギイッ」ときしりながら、やおら動きだす味は、なかなかすてがたいものである。

ぼくはいつもおもうのだ。もしぼくが彫刻家だったら、きっと今までいくつかの馬橇を彫っているに違いないと。

材料としては、石、絶対に転びそうもない頑丈な馬、ガッチリと動きそうもない橇をタガネを握って彫ってみたい。

それなら日本の橇は、いつもこんな重い物ばかりかというとそうでもない。

軽快無比なものに北海道の犬橇がある。

北海に特有の毛の深い——力の強い犬を飼っていて、それにちいさな橇を曳かせる。スキーで踏み固めた雪道、その上に薄く粉雪の積った初冬の朝など、想像もできぬスピードでかけるのである。

札幌のある冬、毎朝スキーに出かけるぼくは円山公園を三角山へ抜けようとすると、きまって一頭の犬橇に出あった。真黒な外套の男が、これも真黒な犬に曳かせ

て、きまった時間に公園の大樹の森を、矢のようにかけぬけ、かけ去ってゆく、それにである。
夜明けの人といえばぼくたちだけの公園の中で、きまって会う二人は、いつか瞬間の挨拶をすばやく交すようになった。橇の男はニッコリと笑って去ることもあるし、「おはよう」と言葉を投げかけることもある。ぼくもこの通り魔との軽快な冬の朝の会話を、いつしか楽しみとしているのに気がついていた。
そうさ、二人の交友もこんな風にして、それでも二十日ばかりも続いたろうか。

ある日だった。橇はこない。一日中、気がかりだった。その翌日もやはりこない。いつもの地点で、肩のスキーをおろすと、煙草に火をつけて待ってもみた。さらに翌日も。淋しさは心配とかわった。

気圧配置も本格的な冬の状態になって、札幌も雪片に視野が霞むような日ばかり続く。

数日たって藻岩の裏山へツアーをしたぼくは、その帰途、一軒の農家の前で、はッと息をのんだ。黒犬がいたからである。まさしく紛れもないあの橇の犬である。犬は黙って雪の香いを嗅いでいた。

雪に埋もれた門口には「忌中」の札がはられていた。

ぼくの友人は逝ったのだった。

(『日翳の山　ひなたの山』)

蝶とBivak

細長い岩棚の、前も両脇も切り刳られた「壁」の中途で、おれたち三人は岩燕の雛のように小さく膝を抱いて踞まっていた。

こうした姿勢をとってから長いことになる。

闇をついて狂いまわる暴風雨が、被るもの一つ持たない三人に遠慮会釈なく叩きつけてくる。

寝るわけにもいかない。

じっと、目を見開いているのが、嵐と死への恐怖に対する精いっぱいの、小さな、無残な、抵抗のすべてであった。

もう何時だろう——。

腕時計はガラスが破れ、菱形につぶされているのでわからない。

こんなことなら、あそこで一思いに、ノサれてしまった方が、よほどましだったと思う。

Kは横に倒れたまま、身じろぎもしない。Mはこわばり切ったザイルの上へ腰をおろして、物思いに沈んでいる。

——死の恐怖が容赦なく襲いかかる。

おれたちは朝までモツんだろうか。

思い出したように、傷がずきずきと痛む。

腹立たしくなって、やけに抑えつけると、薄黒く汚れた繃帯は血をにじませてくる。

どうとも、なれ。蓄生、蓄生！

全く蓄生、なんという降りだ。土砂降りの雨は、頭から背中へ、肩から腹へと流れこんで、いやいやなめくじが這いまわっているようだ。体温は容赦なく吸いとられて寒い。猛烈に寒い。

せめて、煙草の一服でも吸えたなら——オヤ、腰から下が痺れている——。

ああ、いったい、どうしたらいいというんだ！

その時分からだった。

寝かしてあったKの堅くくいしばった唇から、苦しそうなうめき声が高まってきたのは！　洩らすまいと我慢をすればするだけ、いっそう無気味になる声は、篠つく豪雨と渦巻く濃霧の中へと消えてゆく――。

噛みつくように励ますMの声まで、闇に反響しては空しいこだまとなって吸いこまれ、雨は、なおも糸を引いて流れている。蒼白なKの顔の上を――。

もう――駄目だ。

Kがまずやられる。そして二番目は……、おれは頭をふって考えるのをやめた。

〝こんな「壁」を登ろうなんて、初めっから考えるんじゃなかった〟

おれとMは上衣を脱いだ。上衣は水を吸いこんで、ヤケに重い。こんなものを着せてみたって、ほんとはなんの役にも立ちゃしないんだ。

はてな、手がよくきかない。
イケナイ、痺れは腰から上まであがってきたらしい——。
シャツの釦をはずす。二人でKを両側から抱いてやる。冷たい身体だ。

——三人は、そのまま、うとうととしてしまったらしい。

おれは目が覚めた。
夜明けも間近らしい——が、雨は依然として降っている。
慄然としたものが背筋を走った。
恐怖はまたもや、おれを激しく撃った。
あたりの様子はなに一つ変ってはいない——。
いや、いや、変ったことが一つ、ただ一つだけあった。なにが……？

蝶がいたんだ、死んだ蝶が——。

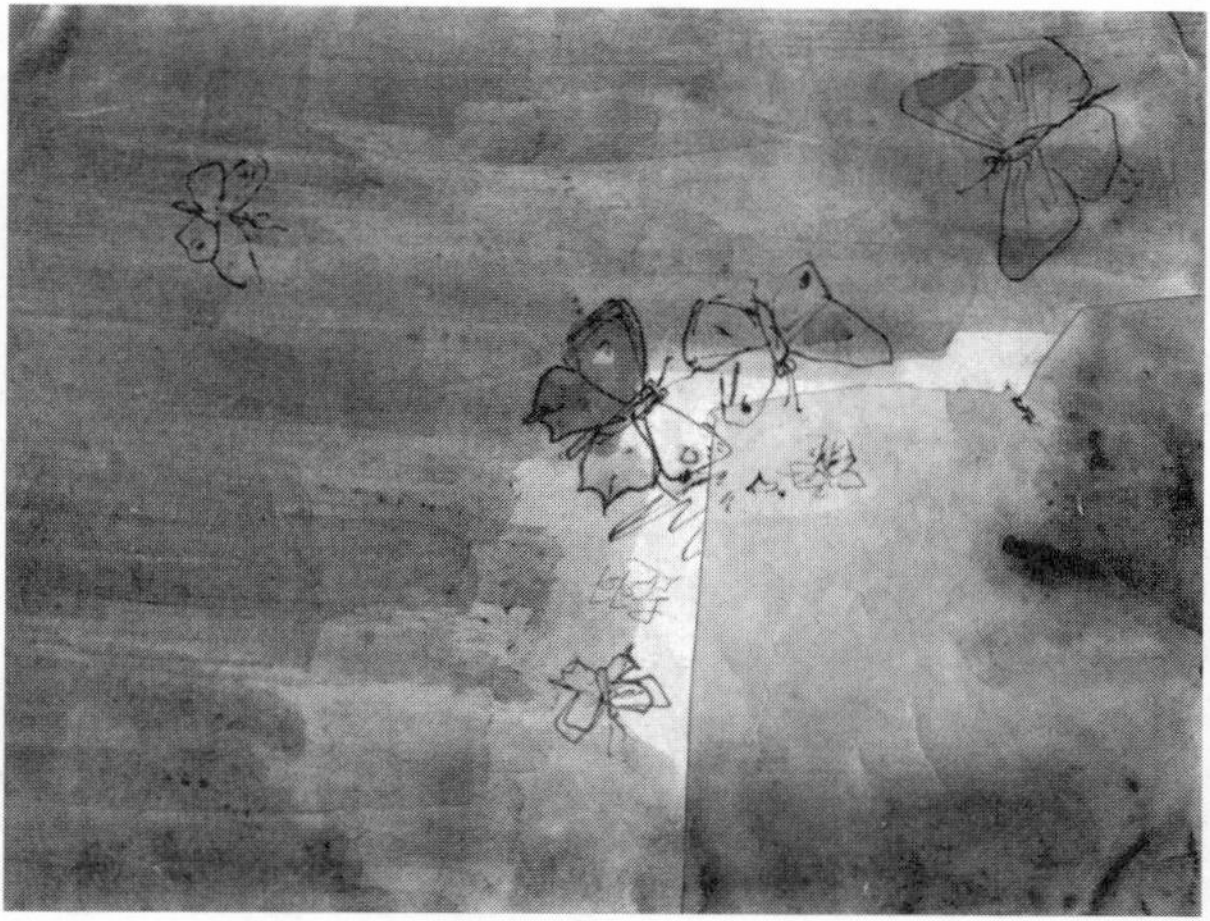

高地に棲息する黄色の淋しいアイツが脆い四枚の翅を合せて、Kを抱いた手の先五寸と離れないところで死んでいたのだ。

ふと見ると、オヤ、向うの石の影にも、ルックザックの上にも別のがはりついている。

アイツは一羽じゃなかったのか。

いやな予感が頭を掠める。

アイツは、ぴったりあわせた不透明な翅をぴたぴた雨に打たせ、風の吹くたびに頼りなげにゆれているが、動こうとはしないのだ。死んでいる――たしかにみんな死んでいる。けれども、どこからアイツらはやってきたんだろう。さっきまではどこにも見掛けなかったのに——。

いやなこった。縁起でもない。

おれは手を伸ばした。


が、すると意外、これは、意外である。

アイツは死んでるんじゃなかった！

伸ばした手の先で、同時に掌の中に、案外逞しい羽搏きの感触とかすかな翅粉とを残して、ひらひら危なっかしく闇の中へとけこんでいった。一羽が消えると、石の影のアイツもルックザックの上のアイツもそれに続いて……

てっきり、死んでいると思った蝶の群は、この嵐の真只中で「休息」をとっていたのに過ぎなかったのだ。


おれの頭は激しく乱れた。

蝶だって——アイツだって——死にはしない！

そうだ。あんなヤツだって、死ななかったんだ。

それからだ。Mに起こされるまで、ぐっすりと寝てしまったのは――。

「よく寝てたゾ」

と、感心しているMにおれはアイツのことは、ずるくも内密にしておいた。

それから、かたわらに脱いであった山靴をとりあげて、その底に溜っていた雨水を、そのまま口につけて飲み干した。靴油と皮革のにおいが入り交って、奇妙な味がした。

雨も小降りになっていた。早くも、Mはピトンを袋からとり出している――。

夜は明けた。

(『日翳の山　ひなたの山』)

春山登攀

スノーリッジは、そこで、ぷっつりと切れて、滑らかな岩にかわった。どうしても、側面の方へ巻きこまねばならない。

慎重に「確保」をたしかめると、Fは、動きだした。

姿がかくれると、ザイルだけが、ためらいがちにのびていく。

その時だ、「フアッ」と黒いものが宙をとんだ。

Fだ。雪の上におちると、身をひるがえして、ピッケルを打った。

肩に大きなショックがきた。確保の効果と、自力で止まったのと、ほとんど、同時だった。

立ちあがって、こちらへキックステップで登ってくるFは苦笑いをしていた。

ぼくが、トップにかわる。

Ｆのスリップしたところは、上層の雪がはげて、氷が顔を出している。氷をくだいて、岩へハーケンをうつ。

どうやら、これで、稜線へ、そこから頂上へでられそうだ。

そこでは、明るい紫の春の空が限りもなく拡がっていよう。

（『山とある日』）

挑戦

ゴーグルをおしあげて見あげる一ノ倉沢。

滝沢は雪どけのすごい水量をデルタの下へたたきこみ、衝立岩は豪然と雲をさえぎり、第三ルンゼは滝となって黒い壁をなめ、それよりなにより見事で魅力のあるのは本谷のクレバスである。氷河のセラックのようなその舌端はピッケルを揮う快楽への甘美な誘惑にみちていた。

――とたんにダイナミックな響きが岩谷いっぱいにとどろき、その振動は腹の底へずうんとひびく。

――本谷の巨大なデブリの傍をブロックがかすめ去り、目前のセラック状は崩壊した。

一ノ倉沢が戦いを挑む知らせである。

——ぼくは、ひたいのゴーグルをおろす。

ゴーグルの黄色の世界の中に挑戦をうけてたつ意志がみなぎった。

意志は黄色から金色の炎とかわり、ヴィンセント・ヴァン・ゴッホの太陽となって、きらめき、そして燃えあがる。


(『山とある日』)

底なだれ

底なだれがひっきりなしにおちる日だった。
斜面という斜面はいきているようであった。

この安全な高みの上で碧空にとどろく轟音となだれおちる「地こすり」のすさまじさを聞いたり、見たりしているのはまことに豪快である。

帰り道がこわくて、日のかげるまで、その高みでやすんでいた。

ようやく、轟音も遠のき、青い夕方が近づいたとき、くだりにかかったが、真昼の強烈な日射をあびた雪はくさったままで、ワッパをはいても、なお、ひざの近く

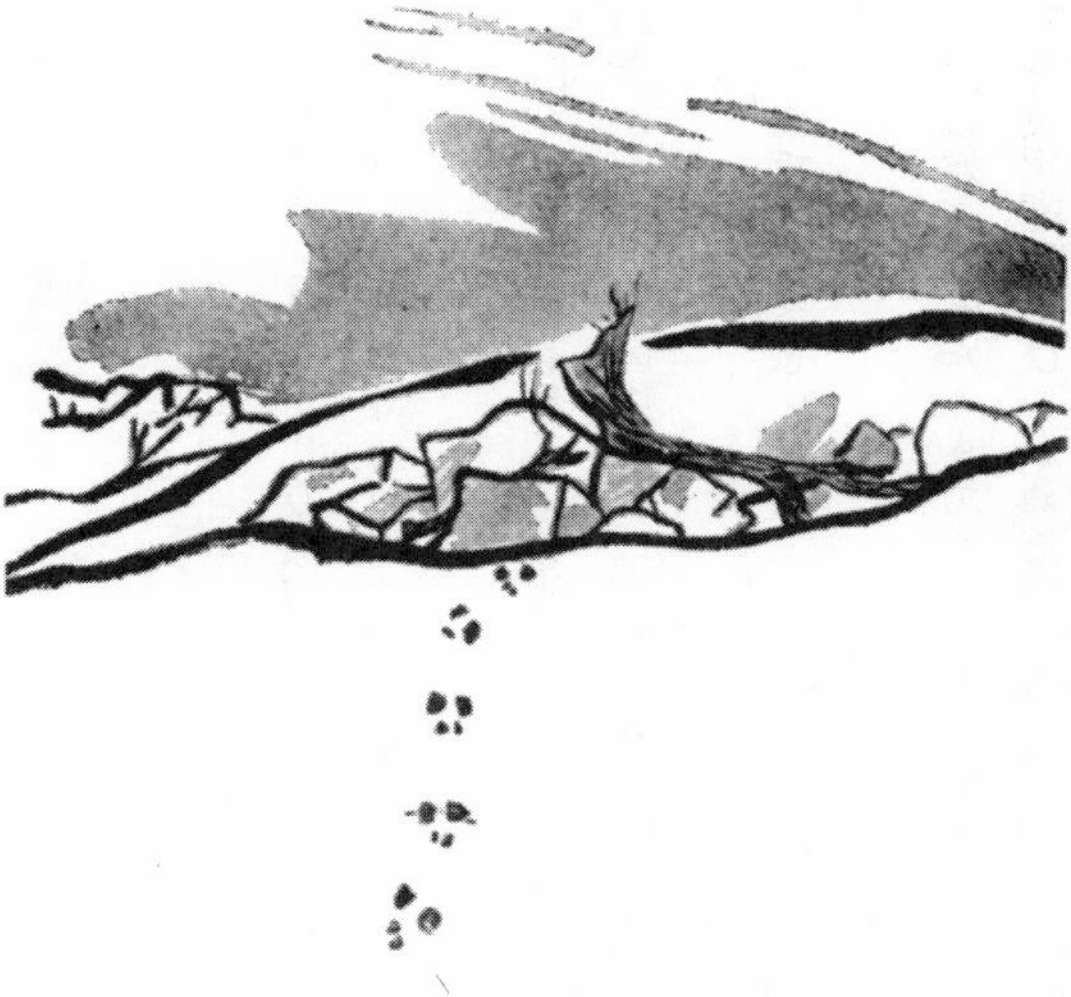

までも、もぐった。
いくらか、歩くのに楽なような気がして、——実は、そんなことはないのだが——一筋ついた兎の足跡をたどったが、まもなく、新しいデブリにたち切られ、その足跡はその下へと消え、デブリをのり越して、向う側へ出てみても、つづくはずの足跡はどこにも見あたらなかった。

それは、あきらかに、そこで一つの悲劇がおこなわれたことをものがたっていた。

（『山とある日』）

春の嵐

頂上は冬とそっくりの吹雪だった。

おまけに、それは薄気味の悪い電気をふくんでいた。

白く、円い頂上から長次郎のコルへ降るところは、案外わるい。おまけに見通しのきかないガスの中だけに、かなり緊張もする。

コルでは、みぞれ。

「熊の岩」のあたりまでくだると、ガスの中から脱出をし、視野一杯に、薄日のさした長次郎谷がひろがった。

まだ、かすかに——上の方で雷鳴がとどろく。

あたたかい岩に寄りかかって、ザイルを巻きなおしているパートナーが、

「春の嵐」

と洒落たことをいった。

ザイルからは薄氷の破片とザラメ雪のしたたりが、日のあたる雪の上へ落ちていた。


（『山とある日』）

落葉

とうとう本降りとなった。

散ったばかりの落葉が足元を埋めて、目のさめる美しさだった。

あらゆる種類の赤と黄色はもとより、銀色のもの、鼠色のもの、それに葉裏が思いもかけぬ漆黒のものさえまじっていた。その中の一枚は、いつからか山靴の甲にぴたりとはりついている。

もしこれが、晴天だったら、こうも美しくはない。雨にぬれたからこそ一枚一枚の葉がつやつやと輝きに満ちている。

しとどにぬれたワイシャツの衿をかきあわせながら、深い霧の中で、はてしもなくつづく華麗な午後を、うつりゆく色から色に酔い痴れながら楽しんだ。

靴にはりついた一枚は、まだ、落ちない。いったい、どこまでついてくる気だろう。

ぼくの靴はそれを後生大事にかかえこんで、またいっそう濃くなった霧をわけていく。

（『山とある日』）

うさぎの目

「どこで降ってるのかな」

雨の音はたしかに耳に入るが、目前の岩壁は白く乾いたままで、霧だけが這いまわっていた。

それから五秒、——ポツリ、雨がきた。

白く乾いた岩に雨足が槍のようにささると、そこだけ黒くまるく濡れる。黒い円の数はみるみるひろがり、沛然たる豪雨は稲妻さえともなった。

きたぞ、あわてるなヨ、ぼくのからだは闘志でふくれあがった。

危険が近づいたのを知って、とくにゆっくりとザイルをたぐる。麻ザイルは水を吸ってもうかたい。

ラストが登りつくと、垂直のスラブへ目をみひらいてつぎのピッチをのばしはじめた。

カッと、みひらいた目を洗う雨が痛い。目をあらった雨は顔から首筋へ、胸から腹へと遠慮なく流れこむ。

――頂上につくころには、雨は去った。

けれど、プールからあがったときのようにぼくらの目はまっかに充血して、うさぎの目より更に赤かった。

（『山とある日』）

蟻

外はすごい暴風雨である。
たたきつける雨と風。
それがうなりをともなって襲いかかる度に天幕はピリピリとふるえる。

さっきから、ぼくの目は天幕の一隅に釘づけにされている。そこには一匹の蟻がいて支柱をよじ登ろうとしているのだ。

ジュラルミン・ポールは全く手掛りのないスラブ同然、何度も小さくスリップを繰りかえしながら、徐々に高度をかせいでいく。
ときどき、立ち止まるのはルートに行きづまったしるしでもあろうか。

ポールの上部にはランタンがぶらさがっている。

——ぼくの興味は、俄然、わいた。

彼が、このまま、このスラブを無事に登りつめたとしても、大オーバーハングを形づくるランタンの底を突破できるか、どうか、これは保証の限りではない。

——やがて、ハングの下に着いた。案の定容易なことでは手が出ないらしく、何度も足をだしかけながら、ちゅうちょしている。

——やっと、前足を出したかと思うと、そのまま、ずり落ちそうになりながら、後足を宙に浮かせながら——移った。

——しばらく、動かない。渾身の力をだし切って悪場を乗り切った時のように息をととのえているのかもしれない。

——気がつくと、ぼくはいつのまにか半身をおこして、自分が岩登りをしているような緊張に身をかたくしていた。
——暴風のことなど忘れ去っていた。

（『山とある日』）

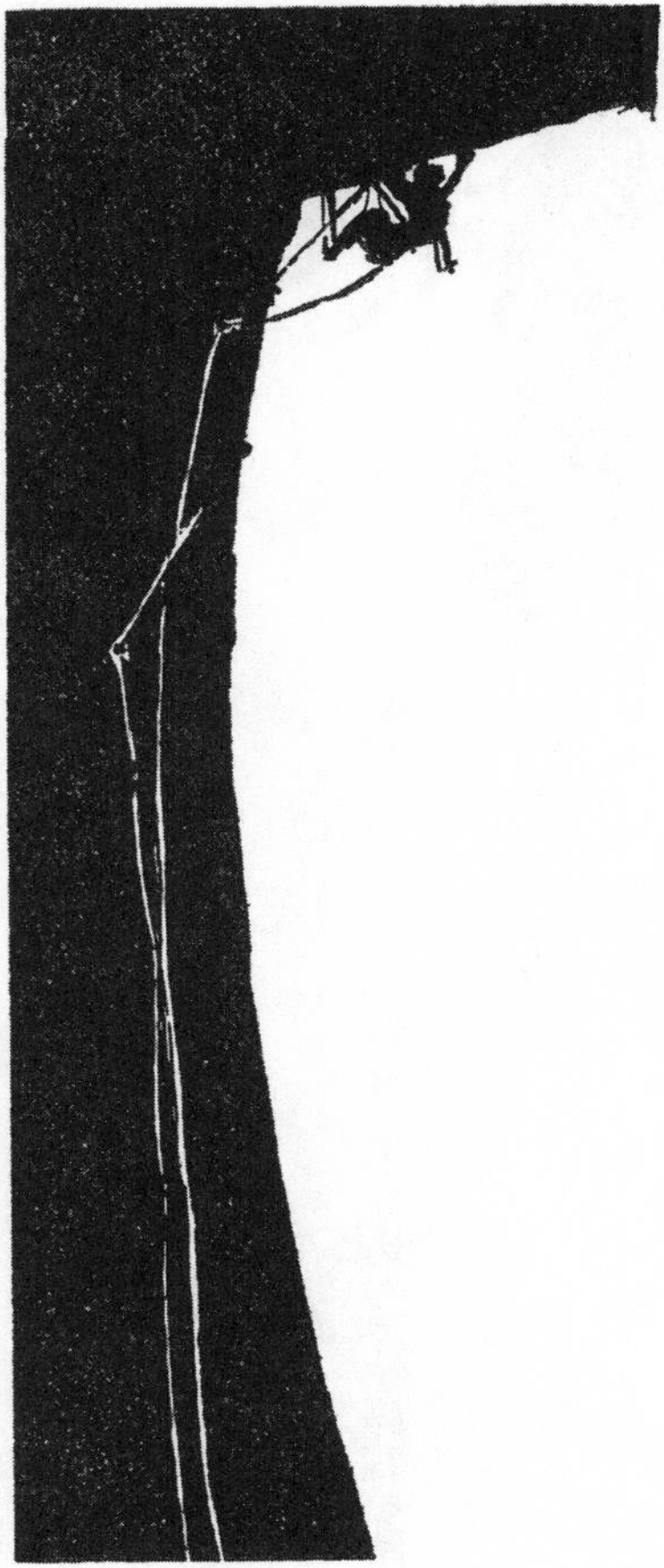

荒寥とした風景

壁は終わった。

例のように、綱をたぐり込んで、砕石を踏む。

砕石は足元で崩れた。

やがて、目前の岩の山は消え去ってたそがれ近い大空の空気が、ぼくを包んだ。

北尾根に出たのだ。

圏谷をへだてて国境がみえる。涸沢岳、北穂高と続く山稜の、なんと荒寥たる色と形で

あろう。
正直な話、景色をみる余裕など全然なかったのだ。いつも股の間には、梓川の白い河原が平べったく、はるかなる距離の向こうに無気味によこたわっていた。

ぼくは、綱を解きながら、身体のシンから、力が抜けていくのを感じる。

がっかりした気持で、再び眺める穂高の尾根はいよいよ荒寥とした姿である。

テルドンブル・ブルーレの深い色と鋭いスカイラインとは北斎の版画にのみある、あれであった。

（『山とある日』）

滞岩時間

パイロットに滞空時間というのがある。その多寡によって経験技倆をおし測る目やすの一つとする。

これにならって滞岩時間という言葉ができた。そこで、ぼくも面白半分に自分の滞岩時間を測ってみた。結果は公表する勇気も出ないほどみじめな数字だった。癪にさわって、これに雪と氷を加えた登攀時間も測ってみた。これまた同じような結果だった。

それならば、ぼくはあとの時間を山々でなにをしていたというんだ。

睡眠、休息、停滞、ボッカ、食事、それだけだったろうか。

いや、まだ、あまる。はっきりしない時間が限りなくのこる。

――しかし、ぼくのアルピニズムの形成にはこのはっきりしない時間が大きな役割りをしていたことを本能的に信じている。信じられた代償だろうが、はっきりしない時間は素晴らしい贈物をくれた。それは、山と会話をかわす方法である。だから今でも「山々」と打ちとけて語りあうことができるというもんだ。彼の機嫌のいいときには、そのように――不機嫌のときは、そのように――。

（『きのうの山　きょうの山』）

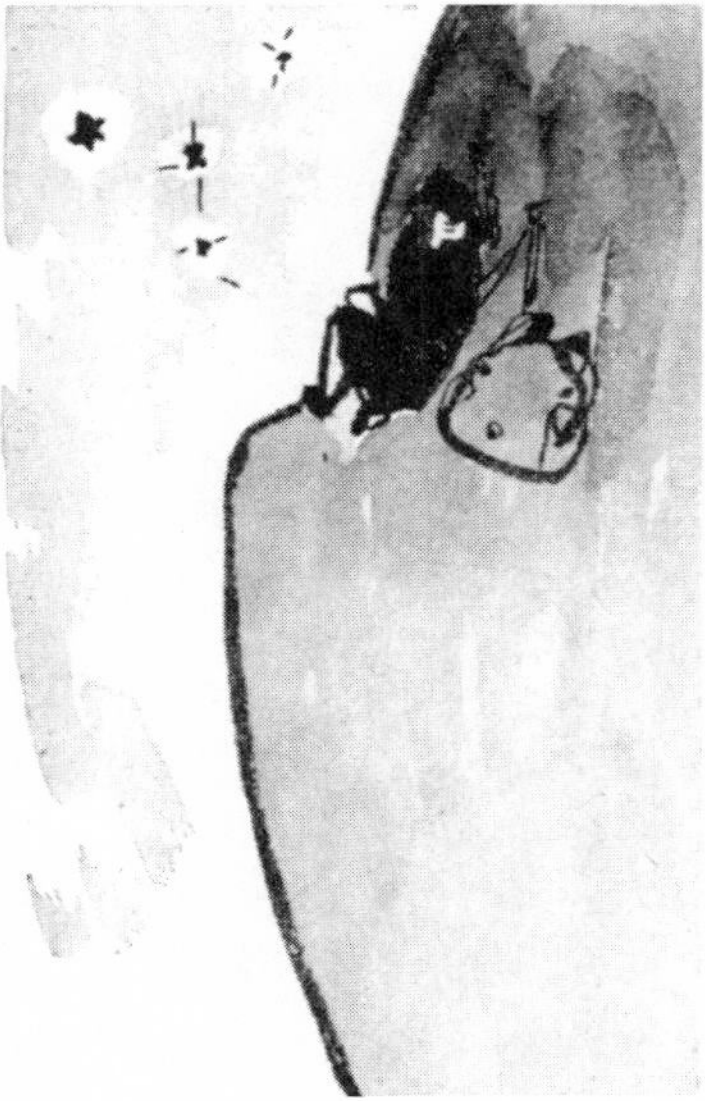

秘境

「秘境」ということばについての……ぼくの概念——。

——そこは、どっちから入るにしても、必ず峠を越えなければならない。

——そして、峠を境に、かつ然とひらけて新しくはじまる風景はがらりと次元を異にしたものでなければならないし、断絶した印象を与えるものでなければならない。

——そこでは、古びてはいるが、がっちりした構造の大きな家々が、すくなくとも数軒はたむろしていなければならない。

——晩秋の透明な空気が家のうしろのきれいに耕された斜面を支配し、きのう、ちらついたばかりの雪が畝のふちをうすく彩っていなければならない。

——家と家をつなぐ石の多い小道は、子供達の「鬼ごっこ」の場所であるばかりではなく、星の夜は狸が酒を買いにいく道であり、月の晩は狐の親子の通る道でなければならない。

——それに……ええ、めんどうくさい。例えば、新潟県中魚沼郡田沢村字倉下は、それに近い条件を備えて、その日のぼくを迎えてくれた。

——でも、これは、ぼくだけのことだ。秘境とは教えられるものではなくて、その人の心が発見するものだ。

（『きのうの山　きょうの山』）

岳の月

こぶ尾根を登って夕方には小屋へつくといっていた若い友達がなかなかやってこない。

まちがいはないと思うが、ぼくはサブザックの中にかんビールを入れると、迎えがてら奥穂の頂上へでかけた。念のためにヘッド・ライトも用意したが、その必要もないほど、月は満月に近く、やがて中天に至ろうとしている。稜線のガラ場に出ると、とたんに月光を一様にあびた破片岩の大きな傾斜がきらきら輝いていた。そこは物質が消え、精神の支配する「透明」の世界であった。

蓼汀の句にあり

——岳の月われ亡き後もかくあらむ

（『きのうの山　きょうの山』）

落石

山のことをもっと、もっと知りたいと思ったら、山のけもののように、たった一人でできるだけ多く山の中で寝てみることだ。小屋へもとまらず、テントも持たず、山と人間とを遮断するものは、なるべくなくして――

そんな人にだけ、とくに秋の山はひそかに語りかける。ちいさく、鋭く……。

この句も、その一つ。

秋の夜の落石一つ鳴り終る
憲治

(『きのうの山　きょうの山』)

池ノ平で

馬鹿に冷えると思って目をさますと、テントがサラサラと鳴っている——雪である。

胸がわくわくして目が冴えてくる。これではいけないと無理に目をとじているうちに、また、ぐっすりと寝てしまったらしい——。

こんどは、いやに明るいと思って目がさめた。とたんに雪を思い出し、テントの垂れをあげる。

乱立する針峰はキラキラと雪に輝き、濃紺の空を突きあげている。雪煙は虚空に尾をひき、躍動の気が一切を支配していた。

深秋の剣沢を歩こうなどという抒情も、昨夜の雪近しの感傷も吹き飛び、「山に在り、これこそ山である」というもっとも豪快な一日が視野いっぱいに展開した。

仙人池の方へ、新雪の上を一筋足跡がつづいていく。兎のワナを調べにいった仲間のものだ。

めったに出合うことの少ない素敵な朝だもの、テントの撤収はのばすことにしよう。

（『きのうの山　きょうの山』）

蒼天

日曜日で快晴だというのに、瑞牆《みずがき》山頂で人一人もいないなんて珍しいことであった。朝の出発をほんの少し早めただけなのに、そのおかえしがなんと大きなものであることか。

空は底ぬけにすき通って、この岩峰はすっかり乾ききり、南アルプスだけが真白に遠くからぼくをとりかこむ。

あんまりたくさんの山々が、がやがや話しかけるので一人で答えるのにはとまどいをする。

駒と話をしていると、八ヶ岳がやきもちをやく。小さいけれどおしゃべりなのは地蔵仏。八ヶ岳がのんびりといつまでも受けこたえをしているので地蔵仏はやきもきする。

やがて、山をくだって黒森までくると、いまおりたばかりのみずがき山が大声で、ぼくを呼びとめる。

なんといって？　それは言えない。

茅枯れてみずがき山は蒼天《そら》に入る　普羅

（『きのうの山　きょうの山』）

絶交

正月だというのにぼくはひどく怒っている。どうにも我慢ならないことを聞いたからだ。

——ある男が昨年の八月末に十九ヵ所のスキー場へ予約をした。積雪量の多寡とにらみ合せて、さいごは一つにしぼる。年末まで引きのばしておき十八ヵ所はキャンセルしてしまう。

ところで予約とはどんな意義をもつのか。

旅館に宿泊準備の責任をもたせる以上、申込者も行く予定があることを前提とした責任をもっている。この場合はあらかじめ十八ヵ所（それも予約金を払わずにすむ純朴なところ、今なお相互の信用が価値を保っているところ）をキャンセルするのを予定の行動としての申込みであるから申込者の責任など全く感じていない。しかも、その結果で他の十八組のスキーヤーが宿泊を断わられるかもしれないことなど考え及びもしないのである。

「暮から正月へかけてならキャンセルしたってフリの客がたいていありますヨ」と恬然たる顔つきで、むしろ、旅館獲得術のうまさを誇っているに至ってはたたきのめしたくなった。

ぼくだって自分を立派な人間だなどとゆめにも自惚れてはいない。しかし、「守礼」の精神の中で山と冬を想う者だ。山登りを道徳で語るな――よく、わかっている。それにしてもだ、これはひどすぎる。

この男も山と冬を愛していることはたしかなのだが、敢えて絶交を宣した。

（『きのうの山　きょうの山』）

なだれ

雪崩の時刻をさけてダイヤの組まれているという会津線は、チッチャな汽車だった。

うすよごれて、背中の板はかたく、しめきった窓の外は、杉と、まばゆく輝く日向側の雪に青くしめった日陰側の雪、車内はスチームがよくまわって日光が斜めにさしこむ晴れた日の春の昼汽車。

みるともなしの倦怠の時間をたちきるように、只見川をへだてた向う斜面が、サーッと動いて幅ひろく白いものが走った。――ガラス窓にさえぎられて音はないが、それは、全くやにわにだった。

ぼくの前にチンマリすわっていた老婆も
「いやだネ」といいながら身をよじる。
しかし、馴れというものはおそろしい。言葉ほどではなかったようす、まもなく、
うとうとと寝てしまった。

青空に音を消したる雪崩かな　杞陽

（『きのうの山　きょうの山』）

七本のローソク

マットの厚さを透してのしんしんとした雪の冷たさで目がさめる。ツェルトの外では、相かわらず、雪が降りつづいているが、山も、谷も、そして岩壁さえも美しい曲線をえがいて漆黒の闇に静まりかえっていた。

ベニヤ板の上にローソクを一列に並べてマッチをする。

――あたたかくなった。

焔は静かにもえ、かすかにゆれる。その明るい色は過ぎたクリスマスのおどりの夜をしのばせて、まことにデリケートな美しさであった。

豪快だが、非情である山の生活の中で、めったに出会うことのないせんさいなひとときである。

ツェルトに降るサラサラという雪の音をききながら、「マッチ売りの少女」のもつ童話《メルヘン》は、この老いたる登山家の前によみがえり、そして、なお、脈々と生きていた。

いつまでもローソクに手をかざしながら、アンデルセンの壮大なドラマをがらにもなく追っていた。

これも、赤い七本のローソクがかもしだす焔の魔術であろうか――。

――静かな二月の夜である。

(『きのうの山　きょうの山』)

論叢

次への出発　「登攀者」の序章として　「挑戦者」の序章として

日本のアルピニズムの行方——むしろアルピニズムへの感傷的希求として

次への出発

ＲＣＣⅡは、いま、ひどくむずかしい立場にたっている。

それは、一年前にいわれていた沈滞の泥沼から脱出可能か不可能かという土壇場に置かれているからである。

一体、その沈滞をもたらした要因とは何であったであろうか。

同人、各自に起った身上の変化や年齢の推移にもその原因はあったであろうが、それはさておき、ＲＣＣⅡの理念が、その一時代の精神発揚の場として選んだ未登の氷壁群が国内に数少なくなり、かつてエリートの血潮をわかしたそこは、ようやく、ゲレンデ化するという当然たどるべき傾向をあらわし始めてきたという事実の前に、共通の目標を容易に求められなくなってきたことに主因があろう。

この時、ひそかに忍びこんだ沈滞の魔手は仲間の周囲を重苦しく包みはじめていた。

ＲＣＣⅡの選んだ登山行為のように純粋にして困難なる登攀の中にのみアルピニズム的な諸問題を発見し、それを解明にあたろうとした態度、それ自体の傾向や努力にあやまりはなかったとしても、国内というもっとも手近かな場にそれを具現化するに足る「ビッグ・クライミング」を見失ったとき、その理念発想の基盤の深さについて、厭でも、ここで試めされねばならない宿命にあったといえよう。

そして、今年一年間の集会は、度あるごとに、この沈滞を打ちやぶることに集中をされ、いうなれば新しいビジョンについての発見に主目的がおかれていた。

集会は、回を重ねる毎に自然発生的に一つの方向を生みだし、そして、その方向こそＲＣＣⅡの次の道であらねばならないと、総会において正式に決定をされた。

その具体的なことについては、見通しについての或る程度の裏付けがなされるまで、誤解を避けるために文による発表をさしひかえたいが、抽象的に一言でいうならば、従来の国内的な視野をすて、国際的視野に切りかえた見地から、アルピニズムの諸問題をとらえてみようとすることである。

と、いうと気の早い人はＲＣＣⅡは明日にでも遠征登山を目的にした集団に切りかわるのかと思うかもしれない、早まってはならない。ＲＣＣⅡの性格は依然としてアルピニズムの研究室であり、また、実験室でもある。この性格は、いささかも動揺させてはならない。

ただ、実験室でとりあげられる問題が今までとは全く異った眼で選ばれたものになるであろうということである。そして、新しい眼でとりあげた問題を解決するために、必要であるならば、ただちに海外への遠征登山を計画するのにもやぶさかではない。

あるいは、また、新しい別の眼は国内のクライミングに気付かなかった重要な問題をみつけだすかもしれない。おそかれ、早かれ、ゲレンデ化する運命にある国内の登攀を、真に「よきあそび」たらしめんがための研究や実験をとることも考えられよう。ヨーロッパ・アルプスの峯々に、今どき、ウィンパーやチンダルの夢をみてたとしたら、誰しもそのアナクロニズムを笑うであろう――とは、いいながら、我々も国内のせまい岩場の中に初登攀の亡霊になやまされてきた。亡霊は亡霊にすぎないことを認識したとき、カラリとしたスポーティーなアルピニズムの世界が日本にも発見出来ようし、沈滞からの脱出も可能となろう。

この線にそって、立ちあがりのきっかけは現在出来つつあるとしても、それが軌道にのるまでには、まだ、まだ、同人一人、一人が自分自身にも、あるいは自分の外側にも多くの困難や解決すべき問題が山積していることを知っている。けれども、障害は一つ一つ地道にのりこえていかねばならない。

これは、エリートが真のエリートであったか、どうかを確める試金石ともなろうし、ここで、この困難に挑戦する意志を失ったならば、かつての輝やかしい業績さえ、理想主義的な夢想者の眼をもったディレッタントの集合体に過ぎなかったではないかとのそしりを受けるかもしれない。

いまこそ、ＲＣＣⅡを構成する個人が新らたにとらえられる共通の問題解決のために「創造者」としてのきびしい意識に徹しなければならない。

(『ＲＣＣ時報』三号・昭和三十九年四月・ＲＣＣⅡ刊)

「登攀者」の序章として

その男は高原に咲く可憐な花や、谷あいのせせらぎに詩や音楽を感じ、それらをこよなく愛してもいたが、彼がそれよりも、もっと強くひかれたものは、青い森林を越えたところにある荒寥とした岩壁と、その上にひかる氷雪の目もくらむ頂の光とであった。

氷壁、岩稜、霧、太陽、そして風雪の世界は神々の御座へとつづく道であり、魂の解放をゆるされる唯一の場所かと思われた。

そして彼の心の中に、かの氷雪と岩をもって構成する峻厳な世界が、その山容を崩さずどっしりと、聳えるようになると、かの森の緑や、花や、泉という神の優しい賜物も、もはや彼の魂のまことの開放の場とはなりがたく、「心の山の実体」としてはなんらの深い意義をも与えてはくれなかった。

「山」はいつでも渦巻く霧と、ごうごうと鳴る嵐の中から呼びかけていた。

彼は出掛けた。

そして、攀じた。

――より高く、より困難なる登攀、これこそアルピニズムの混沌とした潮流のうちで、もっとも、根の深いオーソドックスな道であると信じていた。

人呼んで、この男を「クライマー」という。


RCCは、彼のような傾向を強くもった男達の集団である。

それだけに、その山行はきびしい。

一九五八年、風雪の北岳バットレス中央稜初登攀におけるビバークの夜、第二次RCCのドラマチックな礎石が築かれて以来、ここに、同人達が生と死をへだてる厳しい世界において、身をもって果たし得た氷雪の初登攀記録をとりまとめて世におくるにあたり、沈黙を好む饒舌を嫌う仲間たちにかわって、この勇気と頑張りによって書かれた記録の序章ともいうべき発言を許していただきたい。

――より高く、より困難へ立ちむかおうとする登高意欲の追求と、それにともなう実践とを継続するならばその延長線上にあらわれる行動も、時にはいわゆる「登山」の既成概念の範疇を根本からくつがえすがごとき苛烈な現象を生むことがある。生むというより、それ以外にそこを登る方法はなかったといってもいい。人、また、これを「スーパー・アルピニズム」と呼ぶ。

多くの人は、みずからの経験を通して推察思惟の可能範囲以上にはみ出した行動を目撃したとき、恐怖と嫌悪の情をもって、これを否定しようとする。その武器としては前時代的な倫理感と、情緒のかくれ簑にひそんだセンチメンタリズムを引っさげてである。

かつて、われらの先縦者が巨大な登攀を果たして、やっと、辿りついた休息の一刻にその登高方法や使用用具について、降りそそぐ攻撃の矢玉をうけ、とまどわねばならなかったことが幾たびあったことだろうか。

容赦のない非難の嵐のなかに凝然として立ちつくす彼等をからくも支えたものは、未踏の高峯へつづく登攀こそ、間違いもなくアルピニズムの主流であり、自らはその主流を構成する一人であるとの衿持であった。

いわば、これはアルピニズム擁護の前衛精神ともいうべきものである。

すべての文化現象のなかにあって、前衛活動の見うけられないものは亡びゆくものの姿であろう。前衛活動があってこそ、すべての文化は緊張し、発展をする。されど、前衛はつねにその行きすぎの理由をもって攻撃され、破壊されようとする。けれども、行きすぎのない前衛活動は考えられないし、攻撃されるのも、また前衛たるものの宿命であるとして、彼等はこれに耐えたのだ。

窮極的な意味では「登山」とは、山と登る人との間にうまれる全人格的な一種の関係であって、それが具現化されたものが登山様式である。その意味において、様式はあくまでも個人に属するものであるかも知れない。

しかし、最大公約数の一致という立場を発見したならば、集団を形成して共同の目的を達成しようとすることも、あながち無意味ではないはずである。

個人の力には限界がある。いかにすぐれたクライマーも信頼に足るパートナーを欲することがある。

RCCは、精神的サポートに、行動的サポートに、よきパートナーを求めあうクライマー達によって結成された。優れた力の結集なくしては果たせない困難な未踏の氷壁が、なお、国内に相当残されていたという事実を当時の彼等は正視していたからである。

それらの氷壁は、忽ち彼等の果攻な攻撃の標的となった。

壁は次から次へと陥ちていった。

それらの開拓にあたっては、これまでの登攀の限界をはるかにこえる困難なものが多く、強靭な意志をザイルと金属に託し、空間の孤独とビバークの寒気に耐えて頂への道をきりひらいていかねばならなかった。

この国内での氷壁攻撃がつづいている間に、これと平行して、ある者は国外へのエキスペジションに参加をし、登山技術に加えて複雑な遠征テクニックの獲得、また、他の一人はヨーロッパアルプスに近代テクニックの精随をたずね、大きな成果と自信を仲間のところへ持ちかえった。

それらのもの、すくなくとも我々にとっては貴重な経験と足跡とをまとめあげたものが、この記録である。

ここには、花や風や蝶の甘い囁きはきこえない。あるものは、いずれも人間のもつ可能性をその極限まで昇華させて、非情の世界に新しく旗をうちたてたクライマーと名づける十字架を担なった者の魂の歌である。それがなんであろうと、生と死の冷酷な限界状況においてなされた行為ほど人の心をゆさぶるものはあるまい。アルピニズムの何であるかをつねに思考している人達にとっては、そのゆさぶりが、ヒューマンな感動となって心をうつであろう。

記録には、国内の無雪期の初登攀は省かれている。これは、初登攀が行なわれなかったこととはならない。実は相当数にあるのである。

年報的意義を含めた「報告」の記録なのだから、それらのすべてをも掲載するべきであるとの意見もあろうが、RCCのもつ伝統と、その前衛的な性格にかんがみて、国内の岩場における無雪期の初登攀記録を「RCC報告」誌上に、ことあたらしく発表をする時代は遠く過去のものになったと認定し、また、登山の発展史的見地から評価をくだしても、高い価値をそれらに認めるわけにはいかなかったからである。

また、ここに発表をみた記録の内容についてであるが、山あいての人間にとって苦手の文章表現をとらざるを得なかったことと、原稿の枚数にも制限があるため、計画、準備、トレーニング等のすべてをふくめた記録をしるすことが困難であったことである。いきおい、外面からうかがわれる戦いのすさまじさのみを語り伝え、登攀の安全性への関心度を書きあらわすに不足をしているものがあるかも知れない。

まことに、困難な登攀に挑む者は容易なそれを行なうものよりいっそう厳しい関心を、その安全性に対して払っていることは今更言うまでもない。

したがって、一見、幸運の女神の庇護によったかのラッシュ・タクティクスと思われる行為にも、それを決行する前までにパートナー及び周辺との間に充分な諒解と、烈しいトレーニングがとり交わされたうえでのものであった。記録のどれ一つを取りあげてみても、容易なグレードに属するものはないのだから、その文章の表現するものはつねに氷山の一角であり、裏面にかくされた準備がこの記録の何倍かの厚さとなって蓄積されているのを知っていただきたい。

もし、この記録によって、第二登、第三登を志すクライマーがあったならば、登攀前の準備や、トレーニングの詳細を知ってからにしていただきたいと考える。以上は、わかりきったことであるが、これらの記録が後続者にとって「悪魔の記録」にならないようにと念願をしているからにほかならない。

山には、つねに危険がある。

山が峻しく、困難になればなるほど、危険率は累加の一途をたどる。クライマー達は、可能なかぎり緻密な計算によってそれを避けようと、準備をし、努力をする。けれども、困難で複雑な登攀の決行にあたっては、いかに緻密な計算に終始したつもりでも、算出の手抜かりや、計算洩れがでてきやすい。その時、幸いにして運命の賽の目が此方に有利に出たならば目的は一応成就するであろうし、不幸にして裏側が出たときは失敗となる。しかも、クライマーにとって失敗はただちに死につながることが多い。

われわれも、不幸にして何人かの犠牲者をだしている。

この点は、この機会にも、社会へつつしんでお詫びをしなければならない。

クライマーとは、山でやられるかもしれない運命をすでに担なっている者なのである。

運のいい者はこれを避けられるだろうし、運の悪い者はやられる。

山が高く峻しく、困難になればなるほど、そこは人間の生存に適さない地域となる。人間が生存するためには、あまりに不適当でありすぎるほどのあらゆる種類の危険によって張りめぐらされているといっても過言ではない。氷雪と岩は、人間を拒否する。だからこそ、ここに挑む者は、危険を克服排除するために知能と肉体のすべてをかけて努力を払う。

それほど綿密に計画を練りあげられた登攀でもいささかなりと計算違いがあったことを発見したならば、たとえ登頂はなしえても「完全登攀」であったとはいいがたい。

RCCは、つねに完全登攀を理想とする。したがって失敗が認められたならば、そのアクシデントの転移が「生」「死」のいずれに帰するものであろうとも、鋭どく、深く、原因を掘りさげ次への出発にプラスとするのが我々の態度でなければならない。「ある経験は、別の経験によって乗り越えられた時に、はじめて自分のものになる」というのはゲーテの経験成立論だが、クライマーとしての態度もこれ以外のものではない。

また、記録の多くが見られるごとく、いずれも氷雪、岩に徹した厳しいものであるため、RCCの同人達は高踏的な一種の至上主義の殻に閉じこもり、登山思潮の他の一切の流れを認めていないのではないかとの疑いをもたれるかもしれない。

そうではない。

クライマー自身にしても、そのメンタル・ライフに、それぞれ強弱の個人差はあろうとも、攻撃的分子と静観的分子とを同存させている。烈しい登攀のあい間をぬって、もの寂びた峠を訪れたり、静かな山の旅にでることもある。

また山を愛する者のすべてが、クライマーであらねばならないほどという偏狭な考えをも登山界にのぞんでいるものでもない。

登山の様式はつきつめるところ、さいごは個人に帰着する問題だと先程も言った。ただ、RCCとしての信条について問われれば、躊躇なく「より高く、より困難なものに挑むものこそアルピニズムの主流と考えている」と確信をもって答えよう。

この考えが不明瞭になったとき、集団としてのRCCの存在理由もまた、消滅してしまうのである。

このような考えをはばかるところなくうちだした集団が登山界に存在することも、前衛存在の意義において必要なことだと思うのは、あながち身勝手な思いあがりであろうか。

さて、これらの記録でわかるとおり、これで国内に存在していた主な氷壁はほとんど全部片づけてしまったわけである。

残存しているものは絶無だとまではいわないまでも、第二ＲＣＣとして結成当時、第一次目標としたところの「残された氷壁群」の攻略は一くぎりついたもとして、ここに「ＲＣＣ報告」発刊へ踏み切ったゆえんでもある。

とすると、ＲＣＣはいま明らかに曲り角に立っている。伝統であるところのその前衛精神はいずれへむかって、第二次目標を定めようとしているのであろうか。

ここに一つの事実がある。

殺人峰の異名をもつアマ・ダブラムの登頂が、新しい技術、用具を駆使した第一級の登攀技術と鋼鉄の意志にささえられて完成されたものであることはあまねく知られるところだが、ヒマラヤに展開されたこのすさまじいビッグ・クライミングも決して一日でなったものでもなければ、幸運のもたらした結果でもなかった。ステップ・バイ・ステップの大原則は厳然として存在をしていたのである。彼等とてローマへの道は遠かった。

チロル・ドロミテをはじめとする故郷の岩壁で充分な訓練をうけたクライマー達は、ヨーロッパ・アルプスの新ルートの開拓、タキュルの東壁、ドリュの西壁などで更に技術の向上をはかり、その確たる自信と経験のうえにたってヒマラヤでの驚嘆すべき記録を完成したのであった。

RCCもこの例に倣うであろうとはいわない。この通りのコースをとるのだともいいきれない。

しかし、日本内地の氷壁が前述のRCC的観点からみるならば「己に陥ちた」とも考えられるとき、当然のこととして、ダブラム登攀隊の教えるケースから大きな示唆をうけとっていることを正直に告白したい。海外からの摂取の時代は終って、交流の時期に入っているという文化史的解釈もこの際、進路を決定する大きな要素となる。

われわれのまなこも、極めて自然な推移をとって、国外の未踏の峯々に対し今日までよりも、より強く、興味と注意をふりむけられることになろうか。

けれども、そこには登攀技術に加えて政治的、経済的両面の測りしれない多くの困難極まる問題を外にはかかえていようし、内にはクライマー自身が、また、障害となる諸条件にとり囲まれているであろうことは、あらかじめ容易に推測のなりたつことである。

以上は、集団の意志としてのRCCの信条に限って述べたことであり、同人個人と集団の意志との結合の在り方については如何なる形をとるのであろうとの疑問に対し、別の解答を用意しなければならない。しかも、ここではそれに詳しく触れる余裕もない。しかし、誤解をさけるために一言ふれたいのは個人の登攀歴にみられる発展消長と、集団との関連性についてである。

われわれも実際、長い間には生理的変化により、境遇の関係により、或は年齢の点から、社会的拘束から、その他種々な原因によって困難の克服に自我の拡張を認識しようとする攻撃的態度のみを継続しえない状態にいつかは到達するであろうことは明らかである。

登山史がしめすように、多くのパイオニアが生命を山の祭壇にささげ、岩と氷雪に自らの魂をやきつけるごとき忍苦試練の営みは、まことに光輝にみちた真摯な人間精神の発揚であったといえよう。このようになんら功利的目的をもたない衝動によって、ヘンリー・ヘークがいう「利得の終るところに美がはじまる」行為を如実にしめしてくれる素朴な心に対して我々は深い感動をもつ。まことに、このような殉教者にも似た熱情と高邁な態度はそのままクライマーの道であろうが、しかし、長い人生の間、一人の男がこの同じような心境を永続させうるであろうか。このように張りつめた気持は、ある時代には可能でありえようとも、二条のザイルとアブミに生命をかけ、空間へのりだすあの緊張しきった岩登りや、あるいは蒼氷に根かぎりのカッティングを続ける場合にさえも、おのずと緊張と弛緩の波が交叉するように一生をかけてのクライマーの心を貫らぬかせるためには短い瞬間的な情熱のみをもって、その現在の行動を外面的な現象から律しさることは、とうてい、集団としての永続性に乏しいものと考えねばならない。

また、歴史学的にみるならば、一人のクライマーはクライミングの歴史をつづる鎖の輪、カラビナの役しかもってはいない。近代アルピニズムが、スポーツ的要素を多分に含んでいる性格から、登攀もまた他のスポーツと同じように能力・プラス・アルファによって完成をみる。アルファとは若さである。若さが根性にささえられて伸びていくとき、次の鎖の輪は真にすぐれた鎖の輪となり、新らしく歴史をつくる者へと成長する。

そして、当然、時の流れとともに時代をつなぐ鎖の輪の交替が考えられる。

このことを、確実に認識して、はじめて集団としてのＲＣＣの意志（実は同人全体の意志の最大公約数なのだが）と、それぞれ同人一人一人が現在おかれている自らの立場にあって可能なかぎりの積極的協力態勢とを結合させることが出来る。それは、今や、一個の信念とまでに成長した自らのクライマーとしての精神を利得を離れた高い位置に昇華させた価値ある行為であるともいえる。このとき、第二次目標への推進力が、力強くうまれ、道はおのずと開かれはじめる。

かくして、我々の意志はＲＣＣの内部にも、外部にも、それらを超越して次の時代を担なうクライマーの血潮のなかに脈々として流れつづけていく。
この地上に、ただ一つたりと未踏の氷壁が残されているあいだは、バトンの旗も次から次へひきわたされ、ひきつがれ、天と地の会うところ、神々の御座にひるがえるであろう。

なぜならば、「登攀者」の意志とは、太古このかた、原始の密林の奥から現在まで、そして未来までも、人類を「人間」たらしめた偉大な力が形をとってあらわれた一つの、――本質――それ自体にほかならないと信ずるからである。

(ＲＣＣⅡ報告『登攀者』昭和三十八年七月・山と溪谷社刊)

「挑戦者」の序章として

第Ⅱ次ＲＣＣ報告第二号にあたるこれを『挑戦者』と題する。

挑戦とは、何に向かっての挑戦なのか。

――或る人は、山とは神々の住むところ、それをも恐れず冒瀆非礼の態度として、これをうけとり、すばやく、反撃の姿勢をみせるかもしれないが――しばらく、私達のいおうとする言葉にも耳をかたむけていただきたい。

一言にまとめてみると、日本の登山界を澎湃《ほうはい》と覆う島国的でウエットで、しょせん、閉鎖的であるといわれる、過去のアルピニズムに対し、これを打ち破り、新しい扉をひらこうとする若いエネルギーがおこした行動は、まさに挑戦と呼ぶにふさわしく、その戦列につらなる人々を「挑戦者」とよんだのである。

これだけでは説明が不充分の誹りをうける。アルピニズムの忠実な使徒をもって任じていた一線クライマーの眼前を支配する当時の情勢は、いったい、いかなるものであったであろうか。まず、ここらあたりから考えてみたい。

第Ⅱ次RCCは一九五八年に創立をみたアルピニズムの研究集団である。したがって、同人達はアルピニズムの現在をその過去のもつ栄光といかにむすびつけるべきかを真剣に意識し、且つ、登攀の実践を積み重ねてきた。また、岩と雪とをはなれては存在を考えられない近代アルピニズムは、今後、どのような方向へむかって進路を定めるべきであるかということを、いつも敏感に感じとろうともしていた。

けれども、彼らがみたものに、数少ない日本の岩場のうちで目立つ存在を誇っていたものは殆ど登りつくされてしまい、このうえ「より高く、より困難」という近代登山の命題に答えようとするならば、従来、登攀を不可能視されていた氷壁群の攻略一本にテーマを絞ってみること以外、実践的課題を失っているという現実であった。

しかし、これは、おそかれ早かれ、アルピニズムの歴史のうえで正当な位置を占める国内での最後のテーマであるとして採りあげられねばならないものと堅く信じられていた。

それすら、用具と技術の著しい発達に支えられて、数年の後には登られるべき課題となっていた対象は次から次へと終焉し、忽ちのうちにこの目標も頂点に達してしまったのである。この自己の限界を「より高く、より困難」なものの中に見い出そうとする試みは、また、自己の拡大をひたすら願う心にも通じているといえようか。

それにはテーマが必要である。そのテーマを見うしなった一線クライマーのうえには、当然、混迷と沈滞の空気がしばらくは重くるしく漂いはじめる時期が到来するが、己にアルピニズムとよぶ不死鳥は、その底にあって生まれでる胎動を力強くつづけていたのであった。

時が来た。

果して、目あたらしいある登攀形式が生まれた。

一つの氷壁の登攀だけでは満足できず、いくつもの困難とされている氷壁を結びつけて、より厳しい条件の中で、より以上の自我の拡張を求めようとする試みと実験である。

第Ⅱ次ＲＣＣ報告第一号『登攀者』に例をとると、屏風岩中央カンテから四峰甲南ルート（一九五九年一月）や、厳冬の三つの壁、屏風東壁、前穂東壁右岩稜、Ｄフェース（一九六二年一月）等のしめすものなどである。そして、それらはいずれも生命の極限において、自己をみつめようとする恐るべき登攀記録であった。

それがすさまじければすさまじいだけに、これにむかってわずかの同情者と、多くの否定者とが存在した。

同情者は弱々しくいう。

彼等が、すんなりと若い闘志をぶっつけられる――繋いだりしないで――巨大な氷壁が国内に存在しないことは、なんともまことに残念なことであると。

また、これに対し、否定者はきびしい。

なんという突飛なことが起ったのだ。日本の登攀史を純粋にまともに発展させたいとねがう者にとって、悲しいことだ。この次は、どういう試みが行なわれるのであろうか。おそらく、この次に出るものは、より変則的であって、わが登攀史のもつ光栄ある伝統をむりやりにねじ曲げていくほど病的といえるものではなかろうか。こう考えると痛憤やる方がない。

さらに、否定者は言葉をつづける。

〝本来、わずかな岩壁や氷壁にしか恵まれない日本の山にあって、岩と雪のアルピニズムを追求しようとすることが、はじめから無理なのであり、クライマー達が氷壁登攀に抑えきれない精神と技術との飽和状態を糊塗する現状がもうあらわれてきたではないか。岩壁から岩壁をむすんだり、氷壁と氷壁を繋いだりして登山とは到底いえない行為がそれである。これは誇りあるクライマーの没落を意味するほど重大な危機であろう。

日本の山では、このように、もはや、外面的に高度化された形式は次に来たるべき何物をも期待できない過飽和の極限にある。アルピニズムの滅亡が到来したのである。それなら、この行き詰まりをどのように展開させるべきであろうか。もし、外面的な形式を求めることが不可能ならば、いきおい、内面的な方向にこれを求めねばならない。いま、あれほど激しい心をもって氷壁に挑む若い人々の群は、その心を内なるものにふり向ける時がきたのである。情熱にもえたその激しい心が内なるものに振り向けられたとき、そこにまことに素晴らしい登山の態度が生まれ、永遠の生命をもつ、いきいきした山登りの姿があらわれてくる〟という意見である。

いかにも、もっともらしい論理である。

しかし、若い彼等は納得をしなかった。

そして、こう、反駁をした。

〝今後の登攀について、外面的形式を求めることが不可能であるとするならば、いきおい、内面的なものにこれを求めねばならないという意見は、それ自体、大きな誤りを冒している。

なぜならば、この意見の前半は日本的風土と特殊な因果関係からアルピニズムそのものを論じていたのに、後半に至って論点を一人のクライマーの消長の歴史にたくみにすりかえを行なっている。たとえ、一人のクライマーが事情によってアルピニズムの戦列の座を降りたとしても、アルピニズム自体は、それとは何らのかかわりなく次の時代のクライマー達に支えられて、厳然と軌跡を明確にしていく強靱な性格を備えているものである。この意見には、いま、曲り角にあたるわが国のアルピニズムの迷いにつけこんで、それを情緒の世界へ吸収してしまおうとする巧みな落とし穴が潜んでいることを知らねばならない。〟

若い発言は、なおつづく。

〝困難なルートを二つも三つもむすんでみることは、第三者にとっては焦燥の果ての狂える所業とみられたかもしれないけれど、われわれは正気のつもりである。なぜならば、日本の氷壁のもつスケールは小さい。世界一流のクライミングに匹敵する登攀距離を求めて、その中でわが身を験してみたかったのだ。そして、自分の修練の結果がどの程度のものであったか一応のめやすをたててみたかったのである。

「より高く、より困難」なものを国内という枠の中で追求するならば、こんな形式も時にはあり得るであろう。その試みが何故いけないのであろうか。アルピニズムの対象としての氷壁が次第にせばまっていくとき、アルピニズムの追求者は、アルピニズムの正当な継承へつづくと思惟される実験を、まず、手近かなところで行なおうとするのは当然ではあるまいか。その地点への出発点としたかったのだ。

われわれは若い。

アルピニズムの新しい扉を国外に求めようとする行動こそ、われわれに課せられる時代の要望であらねばならない。行き詰まってみえるのはアルピニズムではなく、クライマー自身である。

また、国内でのポーラー・メソッドを必要なトレーニングとしてみとめながら、われわれのとった実験だけを非難するというのは筋が通らないのではなかろうか。いったい、その本質において、どれだけの違いがあるというのであろうか。

でも、なぜ、誰も、国内的視野を脱出して国際的視野の立場にたってアルピニズムのテーマを自由に選ぼうとしないのだろうか。インターナショナルの高次元の世界のなかでさえ、テーマは消失しているとでも自惚れているのであろうか。それとも、われわれが気付かずしておちこんでいる鎖国二百年の歴史の殻の中でしかアルピニズムについての思考は成立しないのであろうか。

でも、われわれは、われわれの現在を感覚的に否定されるかもしれない。われわれは、まだまだ、いたらない人間である。われわれのいうことは、おそらく「NO」を喰うだろう。しかし、こう考える。「NO」を喰らったうえでの見識と勇気でありたいのだ。そうでなければ、若さの特権はないのではないか。〃

アルピニズムの鎖国主義者に向かっての、この若い生命のたくましい反駁論は、彼等のうちにのみとどまらず、岩壁や、氷壁に黙々として限りない登攀を重ね、しかも、同じ問題で深刻に悩みつつあった当時の他の尖鋭なクライマーを刺激し、大きな影響を与え、やがて、強い支持を得るにいたった。

彼等の前には、新しい扉がひらかれた。

視野は豁然としてひらけた。

沈滞に変わって草創の気がみなぎった。

眼前には、はるかに巨大で、はるかに困難な山々が立ち並んでみえた。

そのはるかな山の前に、ひと際、鮮明な一群の峯々がある。

ヨーロッパ・アルプスである。

すでに登りつくされ、ツーリストの手垢にまみれていた筈のそれらが、彼等の望むはるかな遠い山々への無限と感じられる道程のなかで、どうしても必要な別の側面を明らかにして、新鮮なすぐれた価値をともない、再登場してきたのである。

その別の側面——欧州の一流クライマーによって開拓されたディフィカルト・ヴァリエーション・ルートは双手をあげて極東の彼等をさしまねいた。そこは、まだ、日本の若者にとって全く未知に近い世界が残されていたのである。

そこでは、氷壁から氷壁をつなぐという苦しみもなく、国内での経験と蓄積されたもののすべてをひっさげ、せいいっぱい、みずからの限界を長いヨーロッパの伝統の中で評価づけてみることが可能であったのである。

さて、そこで、このアルプス行き実現のために、再びはじまった猛烈なトレーニング。そして、血の出るようなおもいでためる貯金。

はじめに「挑戦者」とは島国的アルピニズムへの挑戦であるといったが、本来、アルピニズムは自虐の精神を離れては考えられない。と、するならば、もはや、ここでは、『挑戦者』の挑戦した相手は、実に自己そのものへであったのであると言い切ってさしつかえあるまい。

こうして、もはや定まった運命の糸に、少しずつたぐりよせられるようにして、一九六五年の夏、アルプスに集結した人々の中に彼等もいたのである。

そして、その中には、私達のところへ再び元気な姿をみせてはくれなかった林与四郎、渡部恒明両君の顔もみえた。

挑戦者は、運命の神のすぐ前に、いつも座を占めている。挑戦者が「挑戦者」であればあるほど、運命の神には思うがままの傀儡となる。

アルプスの夏は華麗であるがみじかい。そのみじかい夏の夜の夢は、運命の手にしっかりとにぎられていた。

クライミングには必ずあらわれる生と死の接点、その上に存在するもの、生と死の深奥――絶対の意志――そこに、アルピニズムの底しれぬ深淵があった。

修練ではどうにもならないというものの支配を、クライマーは断わることが出来ないものである。


幸福を追求するのと同じ熱心さで「幻滅」を求め、正統を信じながら「異端」をよそおい、そして登る――彼等、「挑戦者」。

きょうも、北壁を滑る雪崩の轟音がきこえる。

この報告書も、まず、ここからはじまる――ものなのである。


（第二次ＲＣＣ編『挑戦者』昭和四十年十二月・あかね書房刊）

日本のアルピニズムの行方——むしろアルピニズムへの感傷的希求として

私にとって、アルピニズムとはこういうものであると言い切ることは不可能に近い。

アルピニズムとはこういうもの、アルピニズムとはかくあるべきものなどと一つの規定が文章化されたとき堕落がはじまり、本質はどこかへ消え去っていくように思うからである。規定をした人にとっては本質であっても、他人にとっては一側面の表現としての共感しかもたれないかもしれない。だからといって、やはり、こういう追求の仕方も必要なこととされている。ものの側面に過ぎないかもしれないが、側面の中には本質が存在することを信じ、側面から手をつけることによってその本質を把握しようと試みるのも人間が過去に覚えた一つの知恵だといえようか。

私なども日常会話のなかで、しばしば、アルピニズムなる言葉をつかっている。——「その方がアルピニズム的であろう」とか、「彼のアルピニズムは」とか、「日本的アルピニズムからいえば」とか、まことに考えてみれば不用意極まることで弁解のしようもない。

ところが、また、幸いなことにこんないいかげんに言葉をつかっても、結構、相手に意志を通じさせることの出来るのもおたがい人間どおしの面白さである。「岩と雪」をその出発点と考えるならば日本的アルピニズムなどあるわけがないとはっきり言い切る人もある。また、日本の風土と国民性の特殊なあり方から日本独自のアルピニズムがなければならないという人もいる。

私はこの意見のどちらもわかる気がする。アルピニズムについて考え方の基盤となるものの相違から出たのであって、アルピニズムの本質についての解釈には両者ともいささかも変りはないと信じている。私にとって大切なのは本質の捕え方にあるのであって、与えられたテーマのように〝日本の〟という三文字がつこうが、つくまいが、この一文に限ってはあまり気にしてはいない。

ということは〝日本の〟という三文字にウエイトをおいて読まれる方にはまことに申し訳ない仕儀であるが、かようにアルピニズムについての把握の仕方がそれぞれ異なる人々を相手にして話をしているときでも、一向に不便を感じないのだから世の中はうまくしたものである。これも、たがいに山登りが好きだという一点で、すべてが諒解されるのであろうか。

では、アルピニズムとは山登りを続けているうちに出来てきたもの、、ごと、、についての考え方を指すものであろうか。いや、またこう決めつけると自縄自縛におちいってしまう。こんなむずかしいことに底の浅い頭をしぼってみたところでたかが知れているし、それより、アルピニズムは感覚的に捕える方がいいのだとおもっている。

かつて、私は次のように書いたことがある。

――窮極的な意味では「登山」とは山と登る人との間に生まれる全人格的な一種の関係であって、それが具現化されたものが登山様式である。その意味において、様式はあくまで個人に属するものであるかも知れない——

この考えは、いま、なお、少しも変ってはいない。登山とは全く自由なものなのだ。自由であればこそ、そこにはいろいろの様式が生まれもする。その多くの様式にかかわりなく、また、登る山や、選んだルートがどうあろうと、ほんとうにそこへ登りたいと思いつめた結果の登山がいくつか存在することもしっている。

別の言葉でいえば、どうしても登りたくて、登りたくて、その結果、登らざるを得なかった登山、そんなもののなかにアルピニズムの発現をいつも感じる。そして、そういう山登りをしている人の生活や言葉の中にかくしようもないアルピニズムの片鱗をみる。この「思いつめた登山」は様式にはかかわりないとはいうものの峻嶮、高峻な地域でおこなわれたものがなんとしても多いことは事実である。これは、山と人との関係が現実化されたものが行動であるとするならば当然の帰結であるであろう。

また、そういう人々にもっとも強く心をひかれ共鳴を感じるのもどうしようもない私のもっている生来の傾向なのである。

むかしから、すぐれた多くの登山家が、それぞれの山登りについて、いずれも、これ以上の真はなかろうと思われるほど、美しくも宝石のような優れた章句をかきのこしている。

私はその言葉の中でも、

「いまだ、かつて人間の指の感触を知らない未踏の岩壁や、絶えず雪崩におびやかされるガリーの横断にまことの登山がもつ根本的意義がある」とした英国人の名登山家マンメリーの考え方にまずひかれる。

太陽が強く照る日ほど影は濃いように、その人の山登りが深ければ深いほど、鋭ければ鋭いほど、そのアルピニズムもまた深くて鋭い。マンメリーの言葉が強い説得力をもって迫るのもそのためであろうか。

私は誇るに足る登攀記録もない。未踏の岩壁に挑む力ものこっていない。しかし、たとえば未踏の岩壁に登れなくても、また、雪崩のガリーを横断できなくても「思いつめた山登り」の態度を端的に表現した章句の代表的なものとして、これに強烈なアルピニズムを感得するのである。

したがって、アルピニズムは登る山、選ぶルートにあるのではなく、登る人の態度の問題であるとする考え方に賛成である。

そして政治や、宗教や、芸術の本質もつねに不変であるように——アルピニズムの本質も不変であると信じている。

もし、変化があるとすれば登山観と様式のうえにであろう。では、一九六六年以降、それらはどう変るであろうか。如何に変化をみせるであろうか。それは、とても推定はつかない。私は予言者でもなければ、占い者でもない。

しかし、これでは答にはならない。いまもいう私が強くひかれる「つきつめた登山」について日頃おもう疑いをのべ、「その行方」というテーマに続く問題を提起することによって、ゆるしていただきたい。しかも、これは私のアルピニズムにおいては一番深いところで重要なつながりをもっているものなのである。

芸術と山登りとは、感覚的、感情的、しかも行動的で、その他いろいろの面からたいへんに似かよっているところが多い。

歴史によるまでもなく、文学とか絵画などの世界では、その道へ一途に命を賭けなければならなかった結果、発狂した人がある。伝記をひもとくまでもなく、画家のヴァン・ゴッホなどその一人の例であろうか。自らで解決をしなければならない一つのことの追求に生命を賭けるならば――勿論、その人のもつ素質や境遇にも関連のあることながら――不断の精神的緊張が肉体の限界を越えたとき、その人は発狂することによって救われる以外に生命を保持する手段はない。

「つきつめた登山」の道をいくとき、その窮極は一つの狂気の世界へつながるといえる。

大島亮吉氏は「Virtue」という語の基準をそこなわず、山を愛し、山を登っていきたいという態度を明らかにされ、その通りの山と人との関係の中において、そのまま、正統派という言葉がすっぽりあてはまる見事な結実を、かつてない高さでしめしておられたが――私も、また、この態度を普遍性のある全く正しいものとして共感をもつものである。それなのに、その反面、もっと鋭い狂気へ続く道がどこかにあるとおもわざるを得ないのはどういうわけであろうか。

狂気への道は不健康であり、ひどく病的であるが、実をいうと健康でないとか、狂人じみているとか、そんなことは問題ではなくて、そういう天才（この言葉が妥当かどうかは別として）の場合には、そうした定義を越えた一層高いものの存在を感じるからであろう。

「より高く、より困難」を求める「つきつめた登山」の旗じるしは、ある高さまでは自我の拡張を願う心のあらわれとして認められもしようが、その限界から先はなんであろうか。あきらかに狂気への道へつながる。

天才は或る意味で反社会的であり、個人と社会の関係がうまく調和せず、その矛盾のうちに短命に生涯を終ることが多い。彼等は悲劇の英雄ではあるが、普通人としては完全な「失格者」である。山へ登るがために職業を転々として、そのいずれにも落着かず、家庭をも破壊したとするならば、あきらかに失敗者であり、結局、登山だけに適当だった人間であったわけである。

しかも、一人の登山者としてすら、一般のそれとして考えるときには失格者であった。

これは、そんじょそこいらによく見かけられるエセ天才きどりなどとは全く違う真面目な意味で、まことの天才にはよくあり勝ちな現象であろう。

しかも、さらに心ひかれるのは、彼等がもっとも純粋な心を傾けて山を愛しぬいた人間であったであろうと思われることである。

人を嫌い、つねに一人でいたかった孤独の人間でありながら、朝から晩まで岩と雪を恋い、また、遠い未知の土地をさまようことにあこがれ、そこに生きる真実の道をもとめ、しかも、決して満足することなく、矛盾に喘ぎつつ発狂者への道を空しく抵抗を重ねながらもひきずられていく男——こんな哀しいしかも無垢な人間があるであろうか。

前にもいうとおり、私はそんな哀しい人間を将来に期待してはならないという一般的常識のなかに生きているつもりである。

しかし、心の別の場所では、こうした哀しさにいまなお到達しないでいる「つきつめた登山」の実行者のもついい気なまぬるさへの不満——がひそんでいるのである。自らでつきつめていると思うことは、つきつめていないと同じであることをその人たちに知ってほしいのである。

こんなことを言わせるのも、自分をいわゆる「つきつめた登山」の実行者であるとおもいこみ、われこそ「新しい価値」という自己像にナルシスの夢を見たとき、その自己像そのもののもつ偽善性をきびしくつきたいからだともいえる。

私のこういう感慨のでてくるもう一つには、この「つきつめた登山」と対照的な位置でぬくぬくとぬくぬくまってうそぶく低俗な世間の常識的アルピニズム論に対する反抗もある。そして、いずれにせよ、この両極にみられる救世主的ポーズをくつがえしたいからなのである。

アルピニズムとは発狂寸前のところにその極はあらねばならない——このような性格を宿命的にもっているものである。

しかし、発狂者をだしてはならない。

なのに、発狂者の出現をのぞんでいる。

この矛盾はきのうも、きょうも、私を苦しめたように、明日もまた同じであろう。

どだい、私のおもう「アルピニズム」とはこのように恐ろしいものなのである。それなのにこんなことを考えたり、しゃべったりするのも、発狂への天才の道など思い及ばない遠いものとしても、軽いノイローゼぐらいにはふみ込んだのであろうか。

友達の声が遠くからきこえてくる。そして、その声はだんだん大きくなってくる――。私を健康の世界へよびもどそうとしているのであろうか。

声はいう――

――アルピニズムは遊びだ！

――アルピニズムは遊びだ!!

――アルピニズムは遊びだ!!!

（『岩と雪』八号・昭和四十一年七月刊）

解説・追悼

山の師表　上田さん

安川茂雄

ひとりの人間の人生には、いろいろのことがあるが、人生では〝師表〟というべき存在が大なり小なり在るはずで、四十八歳の私にも身勝手に心に思う師がいる。文学の世界では故高見順、石上玄一郎、井上靖氏など私にとっては〝師表〟というべき存在なのである。到底、およぶべくもない〝師〟ではあるが、秘かに自分の胸裡に〝師〟として畏《い》敬することはこれまた人生の生きる意味であり、愉しさといってもよいであろう。

山においても当然のことながら多くの〝師表〟が私にはある。むろん自分勝手に決めているわけだが、例えば故大島亮吉氏など一面識もない、活字をとおしての〝師〟なのである。『大島亮吉全集』を編んだのも、私なりの故人への畏敬のためであった。大島さんを知りえたことで、私の山との人生はずいぶんと変った。

山にのめり込むことになったわけで、それと同じことが上田さんの場合にもいえるのである。画伯を知りえたことで、山と私の人生は測り知れない影響をうけた。五十歳近い今日まで山登りをやれているのは上田さんのお陰かも知れない。故中村清太郎画伯、故田部重治翁、槇（有恒）さん、佐藤（久一朗）さんなど多くの〃山の師表〃とすべき先輩たちはいたが、山行を共にして、もっとも身近に山を語りえた人は上田さんしかいない。

正直いって上田さんを喪ったことは、私と山との人生において大きな欠落であった。この〃欠落〃という意味は、私と山との挫折といってもよいだろう。人間どれほど生きるのか分らないが、安んじて山も語り甘えられる先輩という人はそう大勢はいない。上田さんは、そういった私にとっての貴重なアルピニストのひとりなのだった。私のごく身近で本当に山が好きだという〃師表〃は、前記の佐藤さんと上田さんの御二方であろう。御二方の心から山を愛しているといった人生はなんともこころよい。同じ〃師表〃としても佐藤さんは〃おやじさん〃であり、上田さんは〃あにき〃の感じなのである。RCCⅡに入会したのも故奥山章の誘いがあったにせよ上田さんが同人の一人であって、上田さんと山へゆけるという魅力は大きかった。これほどユニークなアルピニストは多くはいないだろう。

日本登高会の若きリーダーとして谷川岳や後立山における足跡の多くを私は知っていた。また、「上田徹雄」として山の雑誌にみごとな画文を記していたし、山に馴染んだ頃、私はどれだけ愛読したことだったろう。

この一冊の本は、上田さんの山のアンソロジィーともいえる。生前山の本は二冊書いており、『日翳の山　日なたの山』（昭和三十三年八月五日　朋文堂刊）『山とある日』（昭和四十二年十一月十日　三笠書房刊）であって、いずれも画文集である。刊行にあたって朋文堂、三笠書房とも大なり小なり私がかかわりをもったのだが、今回の一冊も私が目次のアレンジをして〝あとがき〟を書くこととなった。この紙幅の乏しいなかで上田さんのすべてを語ることは針の穴にラクダを通すにひとしいことで到底不可能である。また、同時に故人についての凡てを知るものではない。だが、山についていえば上田さんとは語りつくしたつもりである。上田さんが五十歳代、私が四十歳代、よくもあれだけ山の話を情熱的にかわしたと思う。生涯もう再びあれだけのアルピニズム論について語ることは私にとっても不可能であろう。

たしか昭和四十一年のことだった。上田さんが主宰していたＲＣＣⅡのグループで、カフカズとヒンズークシュへ二つの登山隊を派遣することになり、上田さんがカフカズ（コーカサス）隊の隊長となり、ヒンズークシュ隊は私が隊長となった。一年近い準備期間中、週に幾度となく上田さんと会った。たしかに明治、大正生れの山好きにとって海外の山、氷河の山を踏むことは夢のまた夢であって、興奮するのは当り前のことだ。上田さんも私も山との人生のすべてを賭けたといってもよいであろう。

上田さんも私も生涯のうちでこの年の山行は忘れがたかった。この本の中にもカスカズは印象深く描かれているが、やはり上田さんの結晶は画業にあったはずだ。文章としては短文のみで十分に語り描きつくしたとは残念ながら今になってみると思えないので惜しまれてならないのである。絵のことは素人である私にはよく分らないが、上田さんの水彩画はいぶし銀のような微妙な味わいがある。二冊の水彩画についての単行本を晩年執筆されている。『たのしい造形水彩画』（美術出版社刊）であり、『上田哲農水彩教室』（鶴書房刊）があることを見逃がしてはならないだろう。

上田さんを正当に評価するならば、むろん画人としてであろうが、これらの山のアンソロジィーは山人としての上田さんの片貌であって、私の知る限りの上田さんも山の人であった。また、酒の先輩でもあった。

まずここで画人としての上田さんについて水彩連盟の会報『水脈9号』の追悼号中に〝上田哲農略年譜〟が載せられてあるので左記に転載させていただく。

一九一一年　八月二十一日天津に生れる
一九二八年（十七歳）　この年より登山に志す
一九三三年（二十二歳）　文化学院美術部卒業
一九三六年（二十五歳）　二月一一日偲乃婦と結婚
一九四六年（三十五歳）　水彩連盟展受賞、会員推挙
一九五〇年（三十九歳）　一水会賞受賞
一九五一年（四十歳）　日展特選受賞、一水会々員推挙
一九五二年（四十一歳）　日展無鑑査、以後毎年委嘱出品、一水会々員賞受賞
一九五三年（四十二歳）　巴里サロン・ド・ラールリーブル展出品
一九五五年（四十四歳）　国立近代美術館「日本アメリカ水彩展」依頼出品
一九五六年（四十五歳）　三月、水彩連盟事務所担当

一九五八年（四十六歳）国立近代美術館「アメリカ巡回水彩展」委嘱出品
一九五七年（四十七歳）朋文堂より『日翳の山　ひなたの山』出版
一九六三年（五十二歳）日展審査員
一九六四年（五十三歳）日展会員推挙
一九六六年（五十五歳）カフカズ登山隊長、ソ連辺境地区旅行
一九六七年（五十六歳）六月、水彩連盟事務所辞任。三笠書房より画文集『山とある日』出版
一九六八年（五十七歳）一水会委員推挙　国立近代美術館「近代日本の水彩とデッサン展」依頼出品　美術出版社より『たのしい造形　水彩画』出版
一九六九年（五十八歳）改組第一回日展審査員　鶴書房より『上田哲農水彩教室』出版　パミール登山隊長　中央アジア旅行
一九七〇年（五十九歳）十一月三十日死去
その他「朝日秀作美術展」依頼出品「毎日現代展」依頼出品「毎日国際展」依頼出品　日本登高会創立会員　日本山岳会員　第二次ＲＣＣ同人　第二次ＲＣＣ代表　ダンスはタンゴのタイトルを取る

前の年譜で分かるように上田さんは外地で生れ、京都で育ったと仄聞していたが、性格的には〝江戸ッ子〟といってよいだろう。つまり啖呵のきれる人であった。この一巻の本は私なりに山人、アルピニスト、クライマーとしての上田さんの山の文章のアンソロジィーとしてまとめたのだが、かなり私なりの好みが入っており、その中で大切な点は上田さんの画業を別として、たいへんな文人だということである。恐らく画人としての上田さん、文人としての上田さんがあるとしたならば、この一巻の山の本に収められた山の文章は到底私など及ぶべくもないほどの凝った淡々とした紀行、随想の結実なのである。前記の年譜のなかで上田さんが五十八歳の折にパミールにでかけたが、このとき上田さんは隊長、私は副隊長として中央アジアのレーニン峰へでかけた。一月近く上田さんと山で片桐のおぢさんが丁寧に慥えてくれたテントで暮したが、このパミール高原での山の生活は、上田さんと私のたいへん貴重な日々であり、いまは亡き上田さんを憶うとなんともいえず胸があつくなるのである。

上田さんが、アルピニストとして、さらにクライマーとしての本当の面目を示しているのは、なんといっても山への厳しさであろう。心底から岩と雪の世界に没入して愛してやまない姿勢は、同時に山への〝狂信者〟、〝狂人〟への憧憬であった。どちらかといえばわがくにの山好きはスポーツ登山とはいいながらも、闘争的であり、かつ静観的な山への態度が主流となっていた。〈『挑戦者』の序章として〉の一文において示されたような果敢な吐露は、私をはじめ若いクライマーにどれだけの励みとなったことであろう。

「焼酎もった湯山の旅」など日本の山旅も好きであった上田さんのデリケートな山への心情にこそ〝上田哲農の山〟があったと私は信じるのである。すべてこの一巻のアンソロジィーを読んでいただけることで、山好きの上田ファン、或いは読者の人びとは、この一人のプロフェショナルにして、遊びの山の達人について十分に理解されると信じる。狂うほどに好きであり、かつ遊びの世界という上田さんの山に対する境地は、これから私が学ばねばならない人生の大切な目的のようであるが、果して到達できるかどうかの自信はない。

この一巻の本を編みえたことで、せめて私の山の〝師表〟への微衷を示せたと身勝手に考えている……。

すでに述べたように上田さんを語るについては余りに紙幅が乏しいのだが、『山とある日』においては勝手なことを書いているので、ご参照たまわりたい。それはそれとして私事にわたるが、どれだけ画伯の手によって私の本が、装幀をされたか知れない。佐藤さん、上田さんの装幀によると私のつたない山の本はなんとなく安心できるのである。ことに『霧の山』、『パミールの短い夏』などに示された上田さんのご尽力は忘れがたい。

いま私の卓上に偲乃婦夫人のご好意で拝借した一冊の茶色のノートが置かれてある。昭和三年前後からの上田さんの山歴と画筆についてのノートで、最初のメモは「甲府、黒平、増富、韮崎」、「大山」、「大岳山」、「白馬岳、祖母谷、鐘釣」などである。実に詳細なノートで昭和十八年まで記されている。このノートをここで発表できないのは残念であるが、いつか機会があったらと考えている。

いま拙宅にはお宝といってよい上田さんのかなりの作品がのこされている。例えば『山とある日』の巻頭の口絵になっている「チンネの星」、また本書の口絵となっている「墓と白い太陽」など拙宅のちっぽけな壁面にかかげられている。

だが上田さんについてもっとも自慢できるのはたった一冊の本なのである。

前記の『山とある日』には百部の限定版が刊行頒布されているが、その一冊を上田さんから拝領している。百部の第参番で、署名の外に、「限りなき感謝をこめて、安川茂雄様」とあり、さらに「山の涯てに『山』ありて／きょうもまた……」という四行の短文が記されている。実に懇切な署名文だと思うのだが、それ以上にこの著者の誠実なというよりも表現しがたい異常な（？）……という外のない私への厚志は生涯でもいくどと味わうことのない体験であったろう。特製本も本文ページの紙質がいくらか上質であり、表紙が茶色の裏皮であること以外にさして普及版とちがいがないのだが、私の一冊には一巻全ページの挿絵に画伯が水彩で（むろん手書きで……）色を入れてくださったのである。殊更にお願いしたわけではないのだが、十日間もかけたということで、私にこの一冊をくださった折に、「この一冊に十日間かかったんだぞ」といくらか怒ったように言われた。一体どういうことなのか私は一瞬分らず怪訝な思いでいたのだが、拝領した『山とある日』のページをみて瞠目せざるをえなかった。まさに十日間の画伯の私への底知れないおもいを胸底深く感じたのである。この一冊は山にまつわる私の山のお宝の屈指といえるだろう。だが、いけないことは山好きの来客がみえると、ついこの画伯の一冊をみせたくなるのである。

その私の心情は単なる一人の山好きの自己満足だけではないと思う。また、同時に虚栄のためでもなく、上田さんが十日間をかけて丹精こめて一ページ、一ページ水彩を私のためにつけていただいた一冊の山の本は、すでに山の本の次元を離れて、私の山における一人の〝師表〟の辿った一筋の嶮しくも甘美な道なのだと思うのである。

（『上田哲農の山』一九七四年・山と溪谷社刊）

上田哲農先生を偲ぶ

白籏史朗

「さあ、ぐっと飲《や》りましょう。なあに、注射なんて気にすることないですよ……」

ところは東京有楽町、駅前にごちゃごちゃと固まった一杯飲み屋の二階。油じみたテーブルの上に運ばれたぶ厚いガラスのコップになみなみと注がれた焼酎が、暗い螢光灯をその盛り上がった表面に映していた。

いまから十四年の昔、昭和四十一年だった。そのころの国電有楽町駅前はいまのように区画整理がされておらず、現在、交通会館ビルの建っている一画には、まるでハーモニカを乱雑に置き並べたように無数のバー、小料理屋、飲み屋、食堂がひしめいていた。その中の一軒「山楽」というおでん屋で、そのとき私は初めて上田哲農先生と酒を飲んだのだが、そのときの先生の第一声が冒頭のことばであった。

山岳写真を志して、ただ無我夢中に十一年間を過ごし、ようやく一切のアルバイト仕事を整理して独立したのが昭和三十七年。それから四年、山にも、写真にも、本当の一匹狼であった私にも、出版物に発表が重なるにつれていろいろなつながりができ、知人・友人も増えてきた。そしてこの年、日本山岳会に入会し、同時に、当時、上田先生が代表をなさっていた第二次RCC（ロック・クライミング・クラブ）にも同人として加盟を許され、さらに永年の念願であった海外遠征も決まって、私としては前途への展望が豁然とひらけたような感じの毎日であった。

その海外遠征のための予防注射に出かけての帰途、神田のYMCA本部でトレーニングを終えられた先生と、作家の安川茂雄氏と有楽町まで流れてきたのである。そのほか二、三人一緒だったような気がするが、私は先生とばかり話していて、それが誰だったか、まったく記憶に残っていない。

それから四年、昭和四十五年十一月三十日、上田先生は急逝され、その日からもう十年になろうとしている。私を上田先生に紹介してくれた安川茂雄氏も昭和五十二年十月に亡くなられ、私自身、上田先生にお会いした三十三歳の昔に還るすべはないが、この四年という短い期間に、上田先生からどれくらい示唆を受け、恩恵をこうむったかわからない。私にとって人生の恩人、先輩は数多い。だが、本当に心から〝先生〟と呼べる人はなかなかいないものだ。上田先生はその数少ない私の先生として、こだわりなくそう呼べる人であった。

私が先生の名を知ったのは、先生が昭和三十三年に出版された画文集『日翳の山ひなたの山』であった。その三章目、「ある登攀」に私は大きな衝撃を受けた。まだ雪深い四月の白馬岳主稜を登攀する二人連れを傍観者の眼で見ながら、実際にご自分が登られたときの状況・心理を、そのときの記録を織り交ぜての一文に、私は衝撃と同時に完全に魅了されてしまったのである。そして、メフィストフェレスに託した、

〝自分が初登攀に成功したというだけでは不十分だ。他人が失敗しなければいけない〟

というアフォリズムで、登山者のみならず、人間のほとんどが多かれ少なかれ持つエゴイズムに触れている。まだ、文章らしきものを何ひとつ書いたことのない私にとって、この一文はまことに強烈な印象をあたえ、同時に〝上田哲農〟という名をはっきりと脳裡に刻みつけてくれたのであった。

だが、上田先生に傾倒したとはいうものの、会うこともなく、顔見知りになる機会もないまま九年が過ぎ、ようやく訪れたのが、このときの中央アジア、ヒンズークシュ遠征であり、同時にRCCに入会することによって先生と邂逅し、お近づきいただけたわけである。私を先生に紹介してくれた安川氏も、私も、ともに大の酒好きで、それまで何度か一緒に飲んで夜を更かすことはあったが、上田先生とは、この有楽町「山楽」が初めてであった。ビールでもなく、日本酒でもウィスキーでもなく、先生の好物は焼酎であった。都会であろうと山であろうと、私の酒の始まりも焼酎だったし、酒といえばどんな酒でも目のなかった私は、それでも最初のうちはチフスの予防注射をつい二時間ばかり前にしたのが気になったが、そのうち毒喰らわば皿までとひらき直ってしまった。

焼酎がまわるにつれ、先生も安川氏も私も饒舌となり、話は必然的に山のこととなった。個々の山の話から山人の想い出となり、果てはアルピニズム論となって、第二次RCCの今後のあり方にまで話題は発展した。その夜、おでん屋「山楽」の焼酎売り上げが大幅に上がったのはいうまでもない。

お人柄というか、上田先生のからだ全体からにじみ出る暖かさは、私だけでなく、RCCの若手同人の全員が感じ、惹きつけられていたのではないだろうか。つねに笑みをたたえられて、眼は優しく穏やかだった。この先生にあのきびしい冬山や岩壁登攀、わけても明星山南壁開拓に異常な情熱を燃やしていることを誰が想像できたろうか。そこには慈父〝上田哲農〞だけが存在していた。

だが、私をはじめ、RCCの若手同人たちが先生を慕って、その膝下に集まったのは、五十歳を過ぎてなお、まだ烈々と燃え熾るアルピニズムの炎を先生が内面に蔵することを無意識のうちに感じていたからではなかったか。当時、そのことに関して、〝RCCに入会するほどの人間なら、当然上田先生の過去における日本登高会リーダーとしての耀やかしい登攀の数々と、現在までの道程は知っているはずで、明星山開拓に関してもいろいろと報告されていて、これも同様である。だからただ単にそうした憧れをもって先生の下に集まるのだ〞という古手会員もいた。だが、それは私にとってはやっかみ半分のことばとしか聞こえなかった。実際に上田先生のことは何も知らず入会してきた同人も多かったが、そうした同人たちもすぐ、水の低きに流れるように先生の下に集うようになったからだ。

先生のあの深い人間味はいったい何によって培われたものだったか。私の一人よがりの勝手な想像によれば、先生は創作活動にたずさわる人間のつねとして、ある意味では度しがたいほどのロマンチストだったといってよい。これは決して先生を批判するものでもなければ、悪口でもない。先生の描かれた作品、書かれた文章のどれを見ても、独特のタッチの中に私たちの共感を呼ぶロマンチシズムが脈々と流れている。これは先生の、ご自分の画業に対する厳しい姿勢と人生観の昇華したものと私は考えるのだ。夢想を追う人間には二型あって、ひとつはぐうたらで行動や論理のともなわない人間であり、もうひとつはまったく正反対の、自己に忠実で理想の実現のための労をいとわない先生のような型である。先生の作品を私はつねに共感とともに畏敬の眼で見、同時に大きな教えをあたえられるのであるが、その底に先生の大きく深い愛がこめられているのを感ずるのである。私がまことに不遜にも、先生の画や文章を見、先生ご自身を度しがたいロマンチストだというのは、先生の厳しい自己管理から生まれたこれら作品にすべて、私たちの憧憬してやまない山への愛、人への愛が底流として存在するからであり、私はそれを、先生ご自身もおそらくは生涯捨て切れなかったであろう山や人への愛の変型であり、先生のロマンチシズムの表現であったろうと考えるからである。

先生は亡くなられるまでに二冊の画文集を上梓されている。ひとつは昭和三十三年の『日翳の山　ひなたの山』であり、もう一冊はその九年後の昭和四十二年に出版された『山とある日』である。前者は朋文堂、後者は三笠書房から発行された。また先生の没後四年たった昭和四十九年、山と溪谷社から『上田哲農の山』と題して一書が発行された。その大部分は前二著の中よりの抜萃で、先生が他の雑誌や単行本に掲載された分も若干入っている。

先生は昭和三十三年、『日翳の山　ひなたの山』を出版されるとき、この書についての一文を草されているが、そこで、生涯のうちに三つの本を出したいと希われている。ひとつは上田哲農を考えるのに不可欠な山々のこと、第二は専門とする「水彩画」についての新しい技術書、第三が自選による画集だと書かれているが、この第一、第二はともに二冊ずつ上梓されたにもかかわらず、第三の画集のみ、ついにご生前中に出版できなかった。先生もいかばかりお心残りだったろうと考えるが、私たちにとってもこれは大きな損失である。そのことに思いがいたると、私は今更ながらに先生の急逝が惜しまれてならないのだ。

私は十年前、写真集『南アルプス』を上梓した。私はこの私の初めての写真集に、ぜひ上田先生の文章をいただきたかった。だが、先生のご多忙の日常を考えるとなかなかお願いすることができなかった。ところが、ようやく申し出た私のお願いに先生は快くご承知下さった。私はそのまま三回目のヒマラヤ、マカルーの遠征に出かけてしまい、帰って来たのは五ヵ月を経たのちだった。『南アルプス』はその二ヵ月後に店頭に並び、たちまちのうちに売り切れとなった。

私はこの売れ行きの好調さを私の実力だとは決して考えていない。私の拙い写真を援護し、盛り立ててくれる先生の文章の力が大きくはたらいていたのにちがいない。いや、先生の文章を読みたいがために本を買った人が大多数ではないかと思っている。

だが、この直後、先生は病魔に冒され、出版記念会にもご出席いただけぬほど病勢は進行した。お礼とお見舞を兼ねて、私と妻が十月のある日、東京、世田谷区尾山台の先生宅を訪れたとき、折悪しく偲乃婦奥様はお留守で、先生が直接玄関に出て来られた。いつものとおりの温顔に笑みをたたえられたまま、ぜひ上がれ、といわれるのを固辞して私たちは帰った。久しぶりに先生とお話をし、一夕痛飲したいのは山々だったが、ふと見た先生の足指にこらえかねた苦悶の表情がありありと現われていたからだった。そして、一カ月の後、先生は亡くなられた。訃報は晴天の霹靂のごとく私を驚かせ、悲しみは心を暗く閉ざした。

その悲しみは十年を経たいまもまだ癒えない。だが、今回先生の遺稿が中央公論社から新しい一冊として出版されるという。それによって先生の遺志がより多くの人の眼に触れる機会を得たことを、ともによろこびたいと思う。

（『きのうの山　きょうの山』）

『上田哲農の山』の文庫化にあたって

萩原浩司

『上田哲農の山』は、上田哲農氏の没後四年目に編集者・安川茂雄氏の手によって編まれたアンソロジーである。画文集『日翳の山 ひなたの山』（一九五八年八月・朋文堂刊）、『山とある日』（一九六七年十一月・三笠書房刊）から選ばれた作品を中心に、登攀評論誌『岩と雪』に掲載されて注目を集めた論考など全四六本を所収し、一九七四年十二月に山と溪谷社から刊行された。

本の装丁は井上敏雄氏によるもので、A5判ハードカバー三九七ページ。クロス（布）張り函入りの五〇〇部限定版と、簡易函入り普及版の二種類がある。いずれも表紙中央には本書のカバーでも使用したカラーイラストが配置されており、焦げ茶色の地色（限定版はクロス地）と相まって落ち着きのあるデザインに仕上がっている。本書は限定版の通し番号十三番を底本とし、原著刊行後に出版された『きのうの山 きょうの山』（一九八〇年九月・中央公論社刊）ほか、原著では掲載されなかったエッセイなど二〇編を加えて文庫版として再編集したものである。

画家にして先鋭的なクライマーでもあった上田哲農氏は、生前、先述した二冊の画文集のほか、雑誌や山岳会の会報などに多くの画文や論叢を残していた。安川氏は『上田哲農の山』を編むにあたり、これらの作品をテーマごとに分類して配列。膨大な著作のなかから、エッセイ、紀行、詩と散文、論叢の順に紹介している。

今回の文庫化にあたっては、上田哲農氏と安川茂雄氏の著作権継承者に連絡を取り、ご了解をいただいた上で新たに編集させていただいた。とはいっても、安川氏が厳選した作品や掲載順について大幅に手を入れるわけにもいかず、基本的に原著で未掲載であった晩年の作品を中心に増補し、数本を割愛するにとどめてある。出典元はそれぞれの文末に記載させていただいた。

本書の内容については先に安川氏と白籏史朗氏が詳しく解説されているので、ここでは新編集にあたって、新たに加えられた作品を中心に紹介しよう。

「山道具によせて」は、雑誌『山と溪谷』一九六九年五月号から一年間十二回にわたって連載されたショートエッセイで、オリジナルはカラーの二つ折り綴じ込みページに所収されている。この画文は『きのうの山 きょうの山』にも収められているが、同書では掲載順を一部、変えたところがあったため、初出である『山と溪谷』誌の掲載順に合わせて紹介し直した。上田哲農氏独特の用具へのこだわりと、松本竜雄、松島利夫、望月亮、芳野満彦、安川茂雄、佐藤久一朗、古川純一、堀田弘司、海野治良といったお歴々との登山用具をめぐる交流が描かれていて興味深い。

文庫化にあたり、最も多く追補したのが詩と散文の章である。『きのうの山 きょうの山』から追加採用したものが九編、ほかにも『日翳の山 ひなたの山』と『山とある日』から計八編を加えさせていただいた。採用の基準は編者の主観によるもので、「雨と落葉松」「黒い橇」や「なだれ」などは私の好みで追補してある。そして掲載の順番は、「三月」の、春に目覚めた愛らしい熊のイラストで起こし、「七本のローソク」の「――静かな二月の夜である。」という文章で締めた。

ユニークな出自となっているのは、山岳写真界の巨匠、白籏史朗氏の写真集『南アルプス』（一九六九年・朝日新聞社刊）の解説として書かれた「南アルプス彷徨」である。写真集の解説としては恐ろしく長文で、本文庫への所収にあたっても三六ページと、最大のページ数を要する大作となっている。著者は自身の山行記録を振り返りながら山旅のエピソードを開陳するのだが、それがまた面白い。小渋川での遭難未遂、大樺沢での雪崩敗退、遠山郷での不思議体験、「京丸牡丹」伝説、そして林業従事者の「かんとくさん」との心温まるやりとりなどが描かれていて、最後の最後に白籏史朗氏への応援メッセージが書かれる、といった内容である。

そして、この解説文を贈られた白籏さんが、上田さんへの追悼の思いを綴った文章が「上田哲農先生を偲ぶ」である。上田さんを知るきっかけとなったエッセイ「山とある日」との出合いや、自分の写真集の解説文を依頼するに至った経緯が書かれ、長年のお付き合いのなかで得た上田さんへの敬慕の念が文章の端々からにじみ出ている。本書の最後を飾るにふさわしい内容と判断して収めさせていただいた。

さて、最後に、本書に登場するふたつの山について解説してみよう。

まずは冒頭に掲載された「ある登攀」について。

「こいつはもっとのびやかに育つべき運命を自然の酷烈な取扱いによって、千メートルの垂直距離の間に、その長大な肉体を無理やりに押しこめられ、歪められ、右、あるいは左にたたまれて、憤怒の極点に達したという不敵な面魂をもっている。」

これは四月の白馬岳主稜を描写した一節だが、実際の姿を見たことのない方も多いかと思い、差し出がましいとは思いつつも、同じ季節の写真を次ページにて紹介する。本稿の主題はもちろん、「自分が初登攀に成功したというだけでは不十分だ。

他人が失敗しなければいけない」との一文に象徴されるように、自分だけではなく誰の心の中にも潜んでいるであろうエゴイズムを表現したものではあるが、その前段に描かれた白馬岳主稜の表現の巧みさには思わず頷かされるものがあった。

もう一山、写真でご紹介したいのは「笠倉山」。地図を眺めていて見つけ出した奥只見の峻峰に、周到な計画を立てて積雪期初登を目指す話だが、その姿を目にする人はさほど多くないであろうからここに写真を掲載しておくことにする。

それにしても、上田哲農氏の足跡をたどってみると、いかにその活動の幅が広く、奥深かったかを実感させられる。アルピニズムの思想を高らかに謳いあげる挑戦的な登攀に身をやつす一方で、東北の温泉をめぐる山旅を楽しみ、奥只見の渋い雪山に足跡を印すかと思えば、年老いてなおアルプスの岩場を自在に登る。その背景にはあらゆる山への深い愛があり、芸術家ならではの自由な発想による山へのアプローチがあり、つまりひと言で言うとじつにうらやましい山の登り方をされてきた。

安川茂雄氏が「山の師表」と讃え、白旗史朗氏が「度しがたいほどのロマンチスト」と称した上田哲農の代表作の数々を、いま一度、文庫の形で世に送り出せることをうれしく思う。

白馬岳山頂から４月の白馬岳主稜を見下ろす（撮影＝萩原浩司。下も）

蒲生岳山頂から見た笠倉山

凡例

一、本書は一九七五年一月に刊行された『上田哲農の山 限定版』（山と溪谷社刊）を底本とし、一九五八年八月に刊行された『日翳の山 ひなたの山』（朋文堂刊）より五編、一九六九年四月刊行の『山とある日』（三笠書房刊）より六編、一九八〇年九月刊行の『きのうの山 きょうの山』（中央公論社刊）より一三編を追加収録しました。

二、今日の人権意識に照らして考えた場合、不適切と思われる語句や表現がありますが、本著作の時代背景とその価値に鑑み、そのまま掲載してあります。

三、用字用語に関しては、原文の趣を損なわぬように配慮しつつ、著作権継承者の了解を得て、送り仮名、句読点を適宜補ったほか、読みやすさを考慮して表記を漢字に変換した部分があります。また、送り仮名の統一などは、出典の違いによって統一されていない部分があることをご了解ください。

新編 上田哲農の山

二〇二三年二月五日　初版第一刷発行

著　者　上田哲農
発行人　川崎深雪
発行所　株式会社　山と溪谷社
郵便番号　一〇一-〇〇五一
東京都千代田区神田神保町一丁目一〇五番地
https://www.yamakei.co.jp/

■乱丁・落丁、及び内容に関するお問合せ先
山と溪谷社自動応答サービス　電話〇三-六七四四-一九〇〇
受付時間／十一時～十六時（土日、祝日を除く）
メールもご利用ください。
【乱丁・落丁】service@yamakei.co.jp
【内容】info@yamakei.co.jp
■書店・取次様からのご注文先
山と溪谷社受注センター　電話〇四八-四五八-三四五五
ファクス〇四八-四二一-〇五一三
■書店・取次様からのご注文以外のお問合せ先
eigyo@yamakei.co.jp

印刷・製本　大日本印刷株式会社
定価はカバーに表示してあります

Printed in Japan ISBN978-4-635-04958-0